汉译世界学术名著丛书

精神现象学

下卷

〔德〕黑格尔 著

贺麟 王玖兴 译

商务印书馆
创于1897 The Commercial Press

G. W. F. Hegel
PHÄNOMENOLOGIE DES GEISTES
本书据汉堡费利克斯·迈纳出版社 1952 年版译出

汉译世界学术名著丛书
出版说明

我馆历来重视移译世界各国学术名著。从五十年代起，更致力于翻译出版马克思主义诞生以前的古典学术著作，同时适当介绍当代具有定评的各派代表作品。幸赖著译界鼎力襄助，三十年来印行不下三百余种。我们确信只有用人类创造的全部知识财富来丰富自己的头脑，才能够建成现代化的社会主义社会。这些书籍所蕴藏的思想财富和学术价值，为学人所熟知，毋需赘述。这些译本过去以单行本印行，难见系统，汇编为丛书，才能相得益彰，蔚为大观，既便于研读查考，又利于文化积累。为此，我们从 1981 年着手分辑刊行。限于目前印制能力，1981 年和 1982 年各刊行五十种，两年累计可达一百种。今后在积累单本著作的基础上将陆续汇印。由于采用原纸型，译文未能重新校订，体例也不完全统一，凡是原来译本可用的序跋，都一仍其旧，个别序跋予以订正或删除。读书界完全懂得要用正确的分析态度去研读这些著作，汲取其对我有用的精华，剔除其不合时宜的糟粕，这一点也无需我们多说。希望海内外读书界、著译界给我们批评、建议，帮助我们把这套丛书出好。

商务印书馆编辑部

1982 年 1 月

目　　录

丙(乙)、精神

丙(丙)、宗教

丙(丁)、绝对知识

丙(乙)、精神

第六章 精神

当理性之确信其自身即是一切实在这一确定性已上升为真理性,亦即理性已意识到它的自身即是它的世界、它的世界即是它的自身时,理性就成了精神①。——前面经历过的最后一个运动阶段,曾表明过精神的形成情况,因为在那个运动阶段中,意识的对象,亦即纯粹范畴,曾上升为理性的概念。在从事于观察的理性中,自我(Ich)与存在、自为存在与自在存在的这种纯粹统一,已被规定为自在或存在,而且理性的意识已发现了自己。但是,理性的观察,真正说来与其说是在从事发现,倒不如说是在扬弃直接发现其对象的这种本能,扬弃观察理性的这种无意识状态。被直观了的范畴,被发现了的事物,是作为"我"的自为存在而进入意识里

① 黑格尔把客观的真理性与主观的确定性对立起来,从这个意义上说,精神就是理性的真理性,就是具体的理性,就是客观的精神世界,包括从最低形式的家庭直至最高形式的宗教。我们通常所说的民族精神、文化精神、时代精神,也就是这里说的这种精神。它是由本书上卷讨论的意识、自我意识、理性进一步发展从而客观化而成的。——译者注

的,此时的我,已知道它自己在客观本质中乃是自我〔主体〕。但是,范畴之被规定为与自在存在相对立的自为存在,也同样是片面的,是一个正在自身扬弃的环节。因此,范畴,对意识而言,就按其普遍真实意义而被规定为自在而又自为存在着的本质。这种仍然是抽象的、却构成着事情自身的规定,才是精神性的本质,而关于精神本质的意识,则是关于精神本质的一种形式知识,尽管这种形式知识,也到处接触到精神本质的各种内容。事实上,这种意识,作为一种个别事物,与普遍实体还是有区别的,它不是任意地制定武断的法律,就是以为法律都是像它们自在自为的那个样子具备于它自己的知识本身之中;并且,它还认为自己是有权审断这些法律的仲裁人。——或者,如果再从实体这一方面来说,那么,实体就是还没有意识到其自身的那种自在而又自为地存在着的精神本质。至于既认识到自己即是一个现实的意识同时又将其自身呈现于自己之前〔意识到了其自身〕的那种自在而又自为地存在着的本质,就是精神。①

它的精神性的本质,在前面已被叫做伦理实体;但精神本身则是伦理现实。精神是这样一种现实意识的自我,这种现实意识与精神是对立着的,或者更应该说,现实意识与它自己,与作为客观现实世界的它自己,是对立着的,不过这样一来,客观现实世界对

① 在开头这一段,黑格尔概括地回顾了精神由理性发展形成的过程。首先,理性在自在存在元素中发展了范畴(存在与我的统一体),〔见本书上卷 182—262 页〕;然后,又在自为存在元素中发展了范畴〔上卷 262—294 页〕;最后,理性把范畴当作自在而自为的本质据而有之〔上卷 294—328 页〕。但理性当时还只是实体,等到这实体变为主体(自我),它就成了精神。——译者注

自我而言已完全丧失其为有异于自我的一种外来物的意义，同样，自我对客观现实世界而言也已完全丧失其为脱离了世界的一种独立或非独立的自为存在的意义。精神既然是实体，而且是普遍的、自身同一的、永恒不变的本质，那么它就是一切个人的行动的不可动摇和不可消除的根据地和出发点，——而且是一切个人的目的和目标，因为它是一切自我意识所思维的自在物。——这个实体又是一切个人和每一个人通过他们的行动而创造出来作为他们的同一性和统一性的那种普遍业绩或作品，因为它是自为存在，它是自我，它是行动。作为实体，精神是坚定的正当的自身同一性；但实体即是自为存在，它就是已经解体了的、正在自我牺牲的善良本质(gütiges Wesen)，每一个人都分裂这个善良本质的普遍存在，从中分得他自己的一份，从而成全其自己的业绩。本质的这种解体和分化，正是〔形成〕一切个人的行动和自我的环节；这个环节是实体的运动和灵魂，是被实现出来的普遍本质。但恰恰因为这个实体是在自我中解体了的存在，所以它不是死的本质，而是现实的和活的本质。

这样，精神就是自己支持自己的那种绝对实在的本质。以前的一切意识形态都是精神的抽象物，它们之所以成为那个样子，都是由于精神对自己进行了分析，区别了自己的环节，就停留于这些环节上了。这些环节的这种孤立化，乃以精神本身为其前提，并赖精神本身而得以持存，换句话说，它们只是在实际存在着的精神之中才表现为孤立存在的。这些孤立的环节，如果从外表上看，仿佛它们确实是些孤立存在的东西；但它们之向其本源和向其本质前进和归返,就说明它们只不过是一些环节或正在消逝的东西;而且这个本源和本质恰恰即是这些环节的这种运动和消解。在这里,精神,或者说,这些环节的反思,既已确立于其自身之中,那么,我们〔研究现象学的人〕的反思,就可以就这一方面简略地对它们加以回顾了:它们曾是意识、自我意识和理性。因此,当精神在自我分析中停留于这样一个环节:认为,它自己是一种客观的、存在着的现实并忽视这种现实之为它自己的自为存在时,精神就是本身包含着感觉确定性、知觉和知性的一般意识。反之,当精神停留于另一分析环节,认为它的对象是它的自为存在时,精神就是自我意识。但作为对自在而又自为的存在的直接意识,作为意识与自我意识的统一体,精神就是具有理性的意识:这种意识就在具有这个词的本义下具有它的对象,而它的对象是自在地含有理性的性质或范畴的价值的,只是这个对象对精神的意识而言还没具有范畴价值而已。此时的精神,就是我们刚刚在前章中考察过的那种意识〔——理性〕。当精神所具有的这个理性最后作为一种理性而为精神所直观时,当它是存在着的理性时,或者说,当它在精神中是一现实并且是精神世界时,精神就达到了它的真理性:它即是精神,它即是现实的、伦理的本质。

当它处于直接的真理性状态时,精神乃是一个民族——这个个体是一个世界——的伦理生活。它必须继续前进以至对它的直接状态有所意识,它必须扬弃美好的伦理生活并通过一系列的形态以取得关于它自身的知识。不过这些形态与以前所经历的形态不同,因为它们都是些实在的精神、真正的现实,并且它们并不仅仅是意识的种种形态，而且是一个世界的种种形态。

活的伦理世界就是在其真理性中的精神[①]。一旦精神抽象地认识到它自己的〔伦理〕本质，伦理就在法权的形式普遍性中沉沦了[②]。此后精神既已自身分而为二(entzweite)，它就一方面在自己的客观元素亦即坚硬的现实上刻画出它的两个世界之一、文化世界或教化王国(Reich der Bildung)，另一方面在思想元素上刻画出它的另外一个、信仰世界亦即本质王国(Reich des Wesens)，[③]然而这两个世界，在摆脱了自身分裂的损失而重新进入自身的那个精神用概念加以把握之后，由于出现了识见，由于发生了启蒙(启蒙运动即在于传播识见)，都被弄得颠倒错乱；而分裂并扩展成此岸与彼岸的那个世界，则归返于自我意识。这个自我意识现在在道德中将自己理解为本质性，并将本质理解为现实的自我：它现在不再把世界以及世界本原〔或根据〕安置于它自身之外，而是让一切都消解于其自身之内，并且，作为良心，它就是对它自己有了确信的精神。

因此，伦理世界，分裂成此岸与彼岸的那个世界，以及道德世界观，乃是这样一些个别形态的精神：它们将继续进行其向着精神的单一而自为存在着的自我而发展的归返运动，它们所要达到的

---

① “在其真理性中”，就是说在其客观性中；在这个美好的伦理世界里，实体与自我互相渗透而无对立，黑格尔将把它当成精神发展的第一环节，直接性环节。这个环节，在历史上，黑格尔认为相当于古希腊的城邦社会。——译者注

② 这一环节，历史上相当于罗马帝国时代；在罗马的法权社会中，伦理的直接性破裂，形成了自我与其实体的对立。——译者注

③ 教化的和信仰的这两个世界，在黑格尔心目中，相当于从欧洲诸民族的形成到法国大革命止这一段历史时期。——译者注

目标和结果,将是出现绝对精神的现实自我意识。

一、真实的精神[①];伦理

精神在它的单纯的真理性中本是意识,它现在把它自己的环节拆散开来。行为将它分解为实体与对实体的意识;并且既分解了实体又分解了意识。实体,一面作为普遍的本质和目的,一面作为个别化了的现实,自己与自己对立起来了;其无限的中项,乃是自我意识,这个自我意识自在地本是它自己与实体的统一体,而现在则自为地成为其统一体;它统一普遍本质及其个别化了的现实,使后者上升为前者,以成全伦理的行为,并使前者下降为后者,以求那只被思维了实体亦即目的见诸实行;它创造出它的自我与实体的统一体,使之成为它的业绩〔或作品〕从而成为现实。

在意识这样分裂的过程中,单纯的实体一方面获得了它与自我意识的对立性,另一方面它因此在它自己身上也同样表现出了意识在其自身中自行分裂的本性,使自己成为一个分化为各个范围的世界。因此,实体成了一种自身分裂为不同方面的伦理本质,它分裂为一种人的规律和一种神的规律。同样,与实体对立着的自我意识,也按其本质而将被分配给这两种势力之一,并作为知识而将自己分裂为对其行动的无知和对其行动的有知,而这种有知,因此当然是一种骗人的知识。这样,自我意识就在它的行动中认识到实体所分裂而成的那两种势力的矛盾,认识到它们的相互摧

① Der wahre Geist,意思是说"客观的精神"。——译者注

毁，认识到它关于它的行为的伦理性质的知识与自在自为的伦理之间的矛盾，并因此而感受到它自己的毁灭。不过事实上，伦理实体已通过这种运动变成现实的自我意识，换句话说，这个〔个别的〕自我〔或个体〕已变成自在而又自为存在着的东西；但正因为这样，伦理就沉没了、消灭了。

(a) 伦理世界；人的规律和神的规律，男人和女人

〔Ⅰ.民族和家庭；白日的法律和黑夜的法律〕　精神的单纯实体，作为意识，是在自行分化。或者具体地说，正如关于抽象存在、感性存在的意识之转化为知觉那样，关于实际的伦理存在的直接确定性也转化为知觉；而且正如对感性知觉而言简单的存在是一个具有多种属性的事物那样，对伦理的知觉而言简单的行为也是一个具有多种关系的现实。不过，对于前种知觉，多种不必要的属性归结为个别性与普遍性的本质对立，而对于后种知觉，情况更进一步，伦理知觉既然是纯化了的实体性的意识，多种的伦理环节就归结为由一种个别性的规律和一种普遍性的规律构成的二重奏。但〔伦理〕实体的这两个方面的任何一个都仍然是整个的精神；如果说在感性知觉中事物所具有的实体不是别的只不过是个别性和普遍性这两种规定，那么在这里，在伦理知觉中，相反，这两种规定仅只表示着双方之间的表面对立而已。

〔1.人的规律〕　个别性，在我们此处所要论述的本质中，有着一般的自我意识的含义，不是随便一个什么个别的意识。因此，伦理实体，在这种规定下，是现实的实体，是在实际存在着的意识的

复多性中实现了的绝对精神；这个规定下的绝对精神，即是公共本质〔或共体〕①，它，在我们考察一般理性的实际形成时，对我们来说，本是绝对的本质，而现在，在它的真理性中，对它自己来说，则已成为有意识的伦理的本质，而且对于我们现在所论述的这种意识来说，已出现而为〔这种意识的〕本质。这个共体或公共本质是这样一种精神，它是自为的，因为它保持其自身于作为其成员的那些个体的反思之中，它又是自在的，或者说它又是实体，因为它在本身内包含着这些个体。作为现实的实体，这种精神是一个民族，作为现实的意识，它是民族的公民。这种意识，其本质是在单纯的精神中，其自我确定性是在这种精神的现实中亦即在整个民族中；而且其真理性也直接就在这里，所以它的真理性不在某种没有现实性的东西里，而在一种实际存在着的和有效准的精神中。

这种精神可以称之为人的规律，因为它本质上是对其自身有所意识的现实。在普遍性的形式下，它是众所熟知的规律和现成存在的伦常习俗，在个别性的形式下，它是一般的个体对其自身所具有的现实确定性，而就它之为一个单一的个体性对其自身的确定性而言，它乃是政府；它的真理性在于它的公开明显的有目共睹的有效准性〔或权威性〕；它是这样一种实际存在(Existenz)：对于直接确定性来说，它是以一种不受约束的独立自由的特定存在(Dasein)的形式出现的。

〔2. 神的规律〕 但这种伦理力量和这种公开性却有另一种力

① Gemeinwesen，“共体”，也有译为“共同体”的。在本书里黑格尔用以泛指与个体相对立的各种范围、各种性质的“社团”，以至整个社会。——译者注

量、神的规律与之对立。因为国家这一伦理力量，作为有自觉的行动的运动，发现伦理的简单的和直接的本质是它的对立面；作为现实的普遍性，它这国家权力是一种与个别的自为存在相敌对的势力；而作为一般的现实，它发现在内在的本质中还有另一种异己的东西。

我们前面已经提到过，伦理实体借以实际存在的两种对立方式中的每一方式，本身都包含着整个伦理实体及其内容的全部环节。因此，如果伦理实体是共体或公共本质，而这是以有自我意识的现实行动为其存在形式，则它的对方，就是以直接的或存在着的实体为其存在形式。这后一形式下的实体，一方面，是一般伦理的内在概念和普遍可能性，另一方面，又在它那里同样含有自我意识的环节。这个环节，它既然在这种直接性元素或直接存在中表现着伦理，换句话说，它既是一个在对方之中对于自己的直接的意识（意识到自己既是本质又是这个自我），也就是说，它既是一个天然的伦理的共体或社会，那么显然，这个环节即是家庭[①]。家庭，作为无意识的、尚属内在的概念，与概念的有意识的现实相对立，作为民族的现实的元素，与民族本身相对立，作为直接的伦理的存在，与通过争取普遍目的的劳动以建立和保持其自身的那种伦理相对立，——家庭的守护神与普遍精神相对立。

虽然我们把家庭这一伦理存在规定为直接的存在，但它之所以在其本身之内是一伦理的本质，并非由于它是它的成员们的自

① 家庭也可以说是自我意识，不过，是在存在元素中的自我意识。黑格尔在耶拿时的 Realphilosophie 中曾将家庭视为精神的一个前奏。——译者注

然的关联,换言之,并非由于它的成员之间的关系是个别的现实之间的直接关系。因为,伦理本性上是普遍的东西,这种出之于自然的关联本质上也同样是一种精神,而且它只有作为精神本质才是伦理的。现在让我们来看看它这种伦理的独特处究竟在哪里。——首先,因为伦理是一种本性上普遍的东西,所以家庭成员之间的伦理关系不是情感关系或爱的关系。在这里,我们似乎必须把伦理设定为个别的家庭成员对其作为实体的家庭整体之间的关系,这样,个别家庭成员的行动和现实才能以家庭为其目的和内容。但是,这个〔家庭〕整体的行动所具有的有意识的目的,就其只关涉这个整体自身而言,它本身仍然是个别的东西。权力和财富的追求和保持,从一方面说,仅在于满足需要,仅只是欲望范围以内的事情,从另一方面说,在它们的较高的规定中它们就成了某种仅属过渡的仅有中介意义的东西。这种较高的规定,并不在于家庭自身之内,而是关涉着真正的普遍物亦即共体的;这种规定毋宁对家庭是一否定作用,它要排除个体于家庭之外,压迫他的天然性和个别性,并导致他实践道德、赖普遍物和为普遍物而生活。家庭所固有的、肯定的目的是个体本身。所以,为了要使这种关系成为伦理的,个体,无论他是行为者或是行为所关涉的对方,都不能以一种偶然性而出现于这种关系中,例如在随便帮助别人一下或替别人办点事情时那样。伦理行为的内容必须是实体性的,换句话说,必须是整个的和普遍的;因而伦理行为所关涉的只能是整个的个体,或者说,只能是其本身是普遍物的那种个体。而关于这一点,我们又不能这样理解,以为伦理行为好像是替别人办事那样一种劳务,其促进这个人的整个的幸福只是想象中的事情,而事实上这种劳务既然是一种直接的或现实的行为，它就仅只涉及他的某些个别方面而已；——我们也不能以为伦理行为也像教育那样现实，以为它也把某一个整个的个体当作对象，通过一系列的努力，把它创造培养出来，成为一件作品，因为在教育里，除去那对家庭有否定作用的目的外，现实的行为就只还有一点有限的内容了；——最后，我们同样也不能将伦理行为理解为在紧急时机事实上拯救了整个个体的一种援助，因为援助本身是一种完全偶然的行为，需要援助的时机是一种日常的普通的现实，可以有也可以没有。因此，一种行为，如果它只涉及血缘亲属的整个存在，而不涉及公民，因为公民不属于家庭，也不涉及那种应该成为公民从而应该不再是这种个体〔家庭成员〕的人，如果它专以这种属于家庭的个别的人，专以扬弃了感性现实亦即个别现实的普遍的本质为其关涉的对象和内容，那么这种行为，就不再涉及活着的人，而只涉及死了的人，死了的人已经摆脱了他一长串的纷纭杂乱的存在而归结为完满的单一的形态，已经摆脱了偶然生活的喧嚣扰攘而上升于简单的普遍性的宁静。——因为一个人只作为公民才是现实的和有实体的，所以如果他不是一个公民而是属于家庭的，他就仅只是一个非现实的无实体的阴影①。

〔3. 个体的权利〕 个别的人作为个体而达到的这种普遍性，是纯粹存在，是死亡；这是直接的自然的变化结果，不是出自于一种意识的行动。因此，家庭成员的义务，就在于把〔意识的行动〕这

① 黑格尔认为活着的时候，个体属于城邦〔国家〕更多于其属于家庭；死了的时候它才重新回到家庭；家庭的重要任务是保证个体的埋葬；因此黑格尔随后就要表明，家庭将使死亡不成为一个自然现象，而成为一个精神事件。——译者注

个方面添加进去，以便使他的这个最后的存在、普遍的存在也不仅只属于自然，也不始终仅只是一种非理性的东西，而成为一种由行动创造出来的东西，并使意识的权利在这种由行动创造出来的东西中得到确认。或者换个说法，由于具有自我意识的本质的安宁和普遍性真正说来并不属于自然，〔并不是自然的行动结果，〕所以行为的意义毋宁就在于它破除假象而使这样一条真理得以真相大白：自然虽然自命为这样一种行动的行动者，其实那只是表面现象而已。——自然在个体身上的所作所为，只是这样一个方面：使一个个体之变为普遍的存在看起来像是由于这个存在者的运动。诚然，存在者的运动本身也在伦理共体的范围之内，并且以此伦理共体为目的；死亡是个体的完成，是个体作为个体所能为共体〔或社会〕进行的最高劳动。但是，个体只要本质上是一个个别的人，那么他的死亡与他为普遍整体所进行的劳动之直接发生关联以及他的死亡之为他的此种劳动的结果，就是偶然的：这是因为，就一部分说，如果他的死亡是他的劳动的结果，那么死亡就是自然的否定性，就是作为存在者的个体的这样一种运动：意识在这种运动过程中并不返回自身，并不变成自我意识；或者再就另一部分说，如果存在者的运动扬弃存在者并使之成为自为存在，那么，死亡就是这样一种分裂，在这个分裂过程中，存在者所达成的自为存在是一种别的东西，它不同于当初进入运动的那个存在者。——因为伦理是精神在其直接的真理性中，所以由精神的意识分裂而成的两个方面也有着这个直接性的形式，而个别性就转变成这样一种抽象的否定性，它自己本身没有任何安慰与和解，本质上它必须借助于一种现实的和外在的行为才能得到一点慰藉。因此，血亲关系就以下述办法补充抽象的自然的运动：就是，它把意识的运动添加进来，把自然的事业打断，把血缘亲属从毁灭中拯救出来，或者说得更清楚些，它由于认出毁灭亦即变为纯粹存在这一过程是必然的、无可逃避的，于是它自己就把毁灭行动承担起来。——这样一来，就连死了的存在、普遍的存在，也成为一种返回于自身的存在、一种自为的存在，换句话说，毫无力量的和个别的纯粹的个别性也就上升为普遍的个体性。由于死者已把他的存在从他的行动或者说从他否定的单一性中解放出来，所以死者是空的个别性，只是一种被动的为他的存在，完全听任低级的无理性的个体性和抽象物质的力量所支配，前者〔无理性的个体性〕由于它所具有的生命，后者〔抽象物质的力量〕由于它们的否定性质，现在都比他〔死者〕本身强有力些。死者屈从和受制于无意识的欲望和抽象本质的行动，家庭则使死者免受这种屈辱性行动的支配，而以它自己的行动来取代这种行动，把亲属嫁给永不消逝的基本的或天然的个体性，安排到大地的怀抱里；家庭就是这样使死了的亲属成为一个共体的一名成员，而这个共体反而把曾想脱离死者和毁灭死者的那些个别的物质力量和低级的生命作用统统掌握和控制起来。

这最后的义务于是就构成完全的神的规律，或者说，构成对于一个个体的肯定的伦理的行为。对于个体的一切其他关系，凡非局限于爱情而具有伦理性质的，都属于人的规律，都有否定的含义，即是说，它们都是要使个体超越于他作为现实的个体所隶属的那个自然共体的约束之外。但是现在，虽然人的权利以现实的、有自我意识的伦理实体亦即整个的民族为其内容与权力，而神的权利和规律以在现实之彼岸的个体为其内容与权力，但这个在现实以外的个体却并不是没有权力的;他的力量在于抽象的纯粹的普遍物,在于自然的或基本的个体,这种个体把摆脱了自然元素而构成着自觉的民族现实的个体性夺取回来,并将此个体性送回纯粹的抽象亦即他的本质中,因为他的本质正是个体性的根源。——至于这种权力怎样在民族自己的身上表现出来,则还有待我们进一步加以阐发。

〔Ⅱ.两种规律的运动〕 这两种规律的任何一种里,现在也都还存在着差别和阶段。因为两种本质既然在它们本身都含有意识环节,那么在它们自己的内部就一定要发展出差别;而这正是它们的运动和它们的固有生命之所在。考察这些差别,可以看出伦理世界这两种普遍本质的活动样式与自我意识的样式,以及它们之间的相互联系和过渡。

〔1.政府,战争;否定力量〕 共体,亦即公开显示其效力于日光之下的上界的规律,是以政府为它的现实的生命之所在,因为它在政府中是一整个个体。政府是自身反思的、现实的精神,是全部伦理实体的单一的自我。这个单一的力量诚然也许可〔公共〕本质扩展为它的组成部分,并使每一部分各自独立,成为一个真正的自为存在;因为这样,精神就得到它的实在或特定存在,而家庭就是它赖以成为特定存在的元素。但是,精神同时又是这样一种整体的力量,它重新把这些部分联结为对它们否定着的统一体,它使它们感觉到它们自己没有独立性,并使它们意识到只在整体中它们才有生命。因此,共体一方面可以把自己组织为有关个人所有权和个人独立性的制度,有关人身法权和物权的制度,另一方面又可以把首先是追求个人目的——获得和享受——的各式劳动划分为

各行业自己的组合，使它们各自独立。普遍组合的精神就是这些分离孤立的制度的单一性和它们的否定本质（否定原理）。为了不让这些制度根深蒂固地这样孤立下去，不让它们因孤立而瓦解整体，涣散精神，政府不得不每隔一定时期利用战争从内部来震动它们，打乱它们已经建立起来的秩序，剥夺他们的独立权利；对于个人也是这样，个人因深深陷于孤立而脱离了整体，追求他们神圣不可侵犯的自为存在和个人安全，政府就必须让他们在交付给他们的战争任务中体会到他们的主人、死亡。精神就是通过这样打破固定存在形式的办法来保卫伦理的存在使之不致堕落为自然的存在，保持它的意识的自我，并将这个自我提高为自由和它自己的力量。——否定性本质表明自己是共体或社团所固有的权力和它赖以自我保存的力量；所以，共体或社团是在神的规律的本质中和阴间的或地下的王国中取得它的真理性，并在其中加强它的权力。

〔2.作为兄弟与姐妹的男性与女性之间的伦理关系〕　至于主宰着家庭的神的规律，在它这一方面，本身同样也含有差别，它的现实的活的运动就是由这些差别之间的关系构成的。但在丈夫与妻子、父母与子女、兄弟与姐妹这三种关系中，首先夫与妻的关系是一个意识承认自己即在另一个意识之中的直接的自我认识和对这种相互承认的认识。因为这个自我认识是自然的，不是伦理的，所以它只是精神的意象和表象，不是现实的精神本身。——但意象或表象是在一种不同于它自身的他物中得到它的现实，所以夫妻关系不是在它自身中而是在子女中得到它的现实；子女是一种他物，夫妻关系本身就是这种他物的形成，并在此他物的形成中归

于消逝。而且,这种生成消逝世代交替,也并非没有它的持续存在,它的持续存在就是民族。——因此,夫与妻的相互怜爱(Pietät)混杂着有自然的联系和情感,而且夫妻关系的自我返回并不实现于其自身。第二种关系,父母与子女的相互怜爱,情况也是这样,父母对子女的慈爱,正是从这种情感产生出来的:他们意识到他们是以他物〔子女〕为其现实,眼见着他物成长为自为存在而不返回他们〔父母〕这里来;他物反而永远成了一种异己的现实,一种独自的现实。但子女对他们父母的孝敬,则出于相反的情感:他们看到他们自己是在一个他物〔父母〕的消逝中成长起来,并且他们之所以能达到自为存在和他们自己的自我意识,完全由于他们与根源〔父母〕分离,而根源经此分离就趋于枯萎。

上述两种关系,双方总是互相过渡,总是不相平衡的。——但兄弟与姐妹之间的关系,则是一种彼此毫无混淆的关系。他们同出于一个血缘,而这同一血缘在他们双方却达到了安静和平衡。因此,他们并不像夫妻那样互相欲求,他们的这种自为存在既不是由一方给予另一方的,也不是一方得之于另一方的,他们彼此各是一个自由的个体性。因此,作为姐妹的女性,对伦理本质具有最高度的预感,但并不对它具有意识,并没使它达到现实,因为家庭的规律对她来说是自在存在着的、内含着的本质,它并不公开显现于意识的日光之下,而始终只是一种内在的情感和摆脱了现实的神圣事物。女性就是与这些家庭守护神(Penaten)联系着的。女性既把他们视为她的普遍实体,又把他们视为她的个别性,不过她与这种个别性的关系并非同时一定就是自然的关系、快感的关系。——作为女儿,那么女性眼看着父母日渐消逝,在天性上固然不能无所感动，但在伦理上又不能不逆来顺受，处之泰然，因为全靠这种关系的消除她才能达到她所能达到的自为存在；因此，她从她父母身上看出她自己的自为存在，并不是以积极的肯定的眼光看的。——作为母亲和妻子，女性的伦理关系一部分是以属于快感的某种自然的东西为其个别性，一部分是以只会在此关系中趋于消逝的某种否定的东西为其个别性，而唯其如此，就另一部分说，其个别性又是可以由别的个别性加以替换的某种偶然的东西。在伦理的家庭里，女性的这两种关系并不是建立在这个〔个别的〕丈夫、这个〔个别的〕孩子身上，而且是建立在一个一般的丈夫、一般的孩子们身上，不是建立于情感，而是建立于普遍。女性的伦理跟男性的伦理不同，其差别就在于：女性，按其规定来说，是为个别性的，是涉及快感的，但她又始终保有直接的普遍性，并对欲求的个别性保有外来物的地位；与此相反，在男性那里，这两个方面〔个别与普遍〕是互相分离的，而且，男性，作为公民，既然拥有属于普遍性的那种有自我意识的力量，他就以此为资本替自己谋取欲求的权利，而同时对此欲求又保持自己的自由。由于妻子的关系中混杂有个别性，所以它的伦理性质不是纯粹的；但只要它还具有伦理性质则其中的个别性就是漠不相干的东西，而妻子总是缺乏这样的认识环节：她不认识自己即是在一个对方之中的这个〔个别的〕自我。——但是弟兄，对姐妹说来，则是一种宁静的等同的一般本质，姐妹对他们的承认是纯粹伦理的，不混杂有自然的〔快感的〕关系；因此，在弟兄与姐妹之间的关系里个别性的漠不相干及其在伦理上的偶然性质是不存在的；相反，承认者和被承认者的个别的自我这一环节，在这里倒可以保持住它的〔存在〕权利，因为它是与血缘上的平衡和彼此无所欲求相联结着的。所以弟兄的丧亡,对于姐妹来说是无可弥补的损失,而姐妹对弟兄的义务乃是最高的义务。①

〔3.神的规律与人的规律双方互相过渡〕 这种关系同时又是一条界限,越过这条界限,自身封闭着的家庭就归于瓦解,不成其为家庭了。在家庭里,弟兄是这样的一个关系方面,家庭精神通过这个方面实现为一种个体性,这种个体性朝向另外一个领域发展,过渡成为对普遍性的意识。弟兄抛弃了家庭的这种直接的、原始的因而真正说来是否定的伦理,以便取得和创造有自我意识的、现实的伦理。

弟兄是从他本来生活于其中的神的规律向着人的规律过渡。而姐妹则将像妻子本来一直就是的那样也变成家庭的主宰和神圣规律的维护人。这样,男女两性就克服了他们自然的本质而按照伦理实体具有的不同形式表现出两性的两种不同的伦理性质来。伦理世界的这两种普遍的本质于是就以自然不同的〔两种〕自我意识当作他们各自特定的个体性,因为伦理精神是〔伦理〕实体与自我意识直接的统一体,而这统一是这样的直接,以至从实在上和差异上同时看来统一体都显得它是一种自然差别物的客观存在。——这就是前面讨论自身实在的个体性那一形态时②在精神

① 参看索福克勒斯的悲剧《安提戈涅》,第910行。"一个丈夫死了,可以另嫁一个,一个儿子死了,别人能让我再生第二个,但我不能希望再有一个弟兄降生人世。"——译者注

② 指"精神动物的王国和欺骗或事情自身"那一形态而言,参看本书中译本上卷第296页以下各页。——译者注

本质的概念中把自己呈现为原始地规定了的自然的那个方面。这个环节丧失了那时候它还具有的无规定性和天赋与能力上偶然的差别。它现在是两性的特定的对立面，而两性在其自然性之外同时又取得了它们在伦理规定上的意义。

但两性差别以及两性的伦理内容上的差别在实体的统一体里是始终不变的，而且它的运动正就是这个实体的持续的形成发展。男性被家庭精神赶到共体〔社团生活〕里去，并在那里找到他的有自我意识的本质；于是，正如家庭之以共体为其普遍实体和持续存在那样，共体则反过来以家庭为它的现实性之形式元素，以神的规律为它的力量和证实。两种规律的任何一种，单独地都不是自在自为的，都不自足；人的规律，当其进行活动时，是从神的规律出发的，有效于地上的是从有效于地下的出发的，有意识的是从无意识的出发的，间接的是从直接的出发的，而且它最后还同样要返回于其原出发地①。与此相反，地下的势力却在地上得到了它的现实；它通过意识而成为特定存在，成为有效活动。

〔Ⅲ. 伦理世界之为无限或整体〕　所以，各普遍的伦理本质都是作为普遍意识的实体，而实体则是作为个别意识的实体；诸伦理本质以民族和家庭为其普遍现实，但以男人和女人为其天然的自我和能动的个体性。现在我们看到，伦理世界的这种内容就是以前那些无实体的意识形态所悬想的目的的实现；以前理性只视之为对象的东西，现已变成自我意识，而以前自我意识只在它自己本

---

① “最后”是指死的时候。黑格尔认为，个体死了就是了结了他作为公民的普遍生活而复归于家庭元素中。——译者注

身以内所有的东西,现已变成客观存在着的真正现实。——观察〔理性〕以前所认识到的那种没经自我〔主体〕参与的、现成存在着的东西,在这里就是现成存在着的伦理,但这种天然的伦理,就其为一种现实而言,既是发现者所发现的既成事实,同时又是发现者自己创造的作品。——个人,在他为他的个体享受寻求快乐时,发现快乐是在家庭之中,而个人快乐之所以消逝的必然性[①]则在于他自己意识到自己是他的民族〔国家〕的公民;——换句话说,在于它自己意识到他的心的规律[②]是一切心的共同规律,他的自我意识是公认的普遍秩序;——这种自我意识就是德行[③],德行享受它自我牺牲的成果,把它所企求的目的实现出来,即是说,把本质显现为当前现存着的现实;而德行的享受,就是过这种普遍性生活。——最后,事情自身[④]的意识就在肯定地保持和包含着那种空虚范畴的抽象环节的实在实体中获得满足。事情自身在诸伦理势力那里获得一种真正的内容,一种足以代替健康理性[⑤]曾想给予并想认识的那些无实体的诫命的内容;——并且从而获得一种内容丰富的、即在内容本身规定了的审查尺度——这种尺度当然不是用以审查规律而是用以审查创造出来的东西。

整体是所有部分的一个隐定的平衡,而每一部分都是一个自得自如的精神;这精神不向其自己的彼岸寻找满足,而在其本身即

① 参看本书上卷 270 页以下。
② 参看本书上卷 275 页以下。
③ 参看本书上卷 284 页以下。
④ 参看本书上卷 296 页以下。
⑤ 参看本书上卷 315 页以下。

有满足，因为它自己就存在于这种与整体保持的平衡之中。诚然，这种平衡之所以是有生命的平衡，是由于在它里面一方面产生着不平等，而另一方面此不平等又由正义使之复归于平等。但是，正义既不是一种存在于彼岸的异己的本质，也不是像尔虞我诈、背信弃义、忘恩负义等等不配称之为正义的某种现实，虽然这样的现实作为一种未经理解的关联和一种无意识的行动或无意识的不行动，有时也会偶然地〔并非有意地〕符合于法律公正。相反，正义既是保障人的法权的正义，既然迫使破坏〔整体〕平衡的自为存在亦即独立的阶层和个体重新返回于普遍，那么它就是民族的统治力〔政府〕，就是普遍本质所自我呈现着的个体性和一切个人所自我意识着的、自己的意志。——但是正义，既然也抑制那对个体日益取得优势的普遍，使之复归于平衡，它就同样是那遭受不公正待遇的个体的单一的精神而不是在他那里分裂成为一个遭受不公正待遇的个体和一个处于彼岸的本质；个人本身就是地下王国的势力，进行复仇的正是他的哀伦妮[①]；因为他的个体性、他的血缘将在他家里继续活下去；他的实体有着一个绵延不绝的现实。个人在伦理世界里可能被外加于其身的那种不公正，只是对他说来某种纯粹偶然发生的事物而已。将这种不公正施加于个别意识、使之成为纯粹事物的那种势力乃是自然；这不是共体的普遍性，而是〔纯粹〕存在的抽象的普遍性；并且个别的人消除其遭受的不公正时所反抗的不是前者，而是后者，因为他并没遭受前者的不公正待遇。由此可见，具有个体血缘的意识，其消除这种不公正的

① 哀伦妮(Erinnye)，希腊神话中的复仇女神。——译者注

办法，是把他偶然遭受到的偶发的事物视为他自己创造的东西，这样一来，存在、最后的东西，就也是他所愿意有的因而令人愉快的东西了。

这样，伦理王国在它的持续存在里就始终是一个无瑕疵、无分裂而完美纯一的世界。同样，它的运动也是由它自己的一种势力向另一种势力平静的转化，因而每一种势力其本身都包含着和创造着另一种势力。诚然，我们也看到伦理王国本身分裂成为对立的两种本质以及它们的现实；但它们的相互对立，毋宁说是它们的相互证实，而且它们的中项和元素就是它们的直接渗透，因为它们在证实中是作为现实的东西彼此直接接触到对方的。其中一个端项，亦即普遍的对本身有所意识的精神，跟它的另一个端项，跟它的力量和它的元素亦即无意识的精神之结合起来，是通过男人的个体性。与此相反，神的规律之达到它的个体化，或者说，个别的无意识的精神之获得它的特定存在，则是通过女性；以女性为中项，无意识的精神就从非现实升入现实，从既不认知也不曾被知的状态升入有意识的王国。男性与女性的联合统一，构成着整体的活动中项，并且构成着虽然分裂为神的规律和人的规律这两个端项而同时却又是它们两者的直接统一的那种元素；而且，元素这个直接统一，既把前面那两个联结(Schlüsse)汇合为同一个联结(Schluss)，又把现实的两个反对方向运动联合为同一个运动：一个是从现实降为非现实，是将本身分化为独立环节，是去经受死亡危险和死亡考验，即，是属于男性的、人的规律的下降运动，另一个是从昏暗升入日光，从非现实升入现实，升入有意识的客观存在，即，是属于女性的、地下规律的上升运动。

(b) 伦理行为;人的知识与神的知识;罪过与命运

〔Ⅰ.伦理本质与个体性之间的矛盾〕 但在上述这个伦理王国里,既然还有对立,自我意识就还没有取得它的权利去以个别的个体性的形式出现。个体性在这个王国里,一方面只出现为普遍的意志,另一方面则出现为家庭的血缘;这样的个别的人,只算得是非现实的阴影。——这里还不曾有所行为;只有有所行为才是现实的自我。——行为(Tat)破坏着伦理世界的安定组织和平稳运动。在这个伦理世界里表现为伦理世界的两个互相证实和互相补充的本质之间的协调一致的东西,由于已有了行为,于是就变成两个互相反对的本质之间的一种过渡,在这种过渡中,每一本质与其说表明自己在证实它自身和证实另一本质,倒不如说是在消灭它自身和消灭另一本质;——由于有了行为的缘故,和谐一致就变成了悲惨命运的否定运动或永恒必然性,而这种否定运动,使神的规律、人的规律,以及两种势力以之为它们的特定存在的那两种自我意识,统统被吞没于命运的简单性的无底深渊之中,——而在我们看来这就是向着纯粹个别的自我意识的绝对自为存在的过渡运动。①

① 在这一段里,黑格尔概述了"伦理行为"整节的大意。在古希腊和谐的伦理世界里,家庭与城邦社会本是相生相成的,但伦理行为(应从索福克勒斯的悲剧的情节来理解这里的伦理行为)打乱了这伦理秩序,神的和人的规律互相冲突,家庭和城邦互相对立。两种规律都屈服于命运。但是,命运的真理性,其体现者,乃是人,人从其在悲剧中的潜伏状态中作为现实的自我显现出来,于是本来的阴影上升为现实,成了自在自为的个人;从而,希腊家庭的地位为个人所取代,城邦为罗马帝国所取代。——译者注

这种运动所自出的和它所依附的根据，是伦理王国；但是这个运动中的活动(Tätigkeit)，则是自我意识。自我意识作为伦理的意识乃是趋赴伦理的本质性的那种单一的纯粹的〔活动〕方向，换句话说，这个自我意识就是义务。在它那里，没有任意武断，没有冲突斗争，也没有犹豫不决，因为它已放弃了法律的制定与审核，相反，对它来说，伦理的本质性是直接的、毫无动摇的、绝无矛盾的东西。因此，这里既没有那种发生于情感与义务的冲突中的悲剧(das schlechte Schauspiel)场面，也没有发生于义务与义务冲突中的喜剧场面，——其实，从内容上说，义务与义务的冲突跟情感与义务的冲突原是同一回事；因为情感也同样可以被想象为义务，因为当意识退回于其自身，脱离了义务的直接的实质的本质性时，义务就成了形式的普遍物，可以同样适用于任何内容，像我们前面所见的那样。不过，义务与义务之间的冲突是喜剧性的，这是因为它所表现的矛盾是一对相反的绝对之间的矛盾，即是说，矛盾的一方是一个绝对，而另一方又直接是这个所谓绝对或义务的虚妄(Nichtigkeit)。——但伦理的意识知道它自己应该做什么；并且它是决定了的，要么属于神的规律，要么属于人的规律。它的决定所表现的这种直接性是一种自在的存在，因而同时也意味着一种自然的存在，正如我们所见的那样；因为把一种性别指定给一种规律，把另一性别指定给另一规律的，是自然而不是环境上或抉择上的偶然，——或者反过来说，是两种伦理势力自己使自己分别在两种性别的一种性别中获得其个别的特定存在和实现的。

现在，由于一方面，本质上伦理构成于这种直接的决定，因而只有一种规律对意识而言是本质，而另一方面，两种伦理势力在意识的自我之中都是现实的，因此，两种势力就获得了这样的意义：互相排斥和互相敌对；——它们在伦理王国中都是自在的，而现在它们在自我意识中都是自为的。伦理的意识既然坚定地隶属于两种规律中的一种规律，它本质上就是个性；对它来说并不是两种规律都有同样的本质性；因此对立只是义务与没有正义的现实之间的一种不幸的冲突。在这种对立中，伦理意识是作为自我意识而出现的，作为自我意识它不是力图以暴力使这种敌对的现实屈服于它自己所隶属的规律之下，就是用诡计对现实进行迷惑。由于它只承认一方公正，而对方总是不公正，所以这双方中属于神的规律的那一方就认为对方是人世的偶然的暴力强制；而属于人的规律的那一方则认为对方是内心的自为存在的桀骜不驯；因为政府的命令都是普遍的公开于白昼中的公意，而另一规律的意志则是地下的隐蔽于内心的私意，就这后者的特定存在来说，它是个别的意志，当它与前者相矛盾时，它就是无法无天。

这样，在意识里就产生了被知的东西与没被知的东西的对立，像在实体里曾有有意识的与无意识的的对立那样；而伦理的自我意识的绝对权利于是跟〔伦理〕本质的神圣权利发生冲突。对于作为意识的自我意识而言，客观现实本身具有本质；但按其实体来说，这种自我意识是它自身与这个对立面的统一；而伦理的自我意识乃是实体的意识；因此，对象，作为与自我意识对立的东西，就完全丧失了它自为地具有本质的意义。正如对象在其中只是一个事物的那些〔意识生活〕领域之早已消失了那样，现在这样一些领域，即意识在其中从它本身固定下来某种东西、并把一个个别环节当成本质的这样一些领域，也同样消失了。对抗这样的片面性，现实有它自己的力量;它跟真理联合一致来对抗意识,只将合乎真理的东西才呈现给意识。但伦理的意识已经借用绝对实体的酒杯喝得酩酊大醉,把自己存在的片面性、它自己的目的和独有的概念统统遗忘了,并且因此同时把客观现实的一切真正本质性和一切独立意义都溺死于这条冥河的水流里了。它的绝对权利因而就是这样一点:它由于遵照伦理规律行事,就认为它这样做不是任何别的什么而只是这种规律本身的实现,认为这样的所作所为不表示什么别的只表示伦理的行动。——伦理,既然同时是绝对本质和绝对势力两者,它就不会遭受任何对它内容的颠倒。假如它只是绝对本质而不同时是绝对势力,它也许还会被个体性所颠倒;但个体性作为伦理意识已经放弃片面的自为存在,从而拒绝进行任何颠倒了;反之,假如它单单是势力,而势力还是这样一种自为存在,它也许会为本质所颠倒〔但它是势力和本质的统一〕。由于这个统一的缘故,个体性就是实体亦即内容的纯粹统一形式,行动就是从思想到现实的过渡;不过这只是一种无本质的对立面的过渡运动,因为对立两环节并没有各自的互不相同的内容和本质性。因此,伦理意识的绝对权利就是这样一点:它的行为,它的现实的形态,不是别的,只是:它知道。

〔Ⅱ.伦理行为中的对立〕 但是,伦理本质已将自身分裂为两种规律,而意识作为一种遵守规律的专一的态度,则只遵守一种规律。这种单一的意识坚持它的绝对权利,认为在它这伦理意识面前显现的本质即是自在的本质,相反,这种本质却坚持它的实际权利,认为它有双重性。然而本质的这种权利同时又并不与自我意识相对立,并不是仿佛存在于自我意识之外,它其实即是自我意识自己的本质；它只在自我意识中才有它的特定存在和它的势力，而它的对立面乃是自我意识的所作所为。因为自我意识既然本身既是自我又采取行动，它就超脱了自己的简单的直接性而自身一分为二。自我意识按伦理规定性而言，本是对直接真理性的单纯确定性，而由于它的所作所为的缘故它就放弃了它这一伦理规定性，而把它本身分裂为能动的自我和与之相对立的否定性的现实。自我意识于是就因它自己的所作所为而变成过失。因为所作所为都出于它的行动（Tun），而行动则是它最真切的本质。而且过失也获得了罪行的意义，因为自我意识，作为单纯的伦理意识，是遵守一种规律而反对另一种规律的，并且由于它的所作所为实际上已触犯了这另一种规律。——过失并不是漠不相干的模棱两可的东西（Wesen），即是说，公开实现了的现实的所作所为并不是可以出之于过失自身的行动，也可以不是出之于过失自身的行动，仿佛行动可以与某种外在的偶然的不属于行动本身的东西纠缠在一起，而从这偶然的外在的一方面来看，行动本身仿佛就是无过失的了。相反，行动本身是这样一分为二的：自己把自己建立起来，并面对自己建立起一个异己的外在的现实；其所以有这样一个现实，正是行动本身的事情，正是它自己的结果。因此，只有不行动才无过失，就像一块石头的存在那样，甚至一个小孩的存在，也已不能说无过失。——不过按其内容来说，伦理行为（Handlung）本身就具有罪行的环节，因为它并没扬弃掉两种规律分别隶属于两种性别这一自然的分配，反而作为遵守规律的单一方向〔片面态度〕始终停留于自然的直接性之内，并且作为行动它竟使这种片面性变成这样的过失：只偏袒本质的一个方面而对其另一方面采取否定态度,即是说,它破坏其另一方面。在普遍的伦理生活中,过失和罪行、行动和行为究竟将取得什么地位,随后我们再详细阐述,现在,这一点是说明了的,即,有行动和有过失的不是这个〔个别的〕个人;因为它作为这个〔个别的〕自我只是非现实的阴影,或者还不如说,他现实地只是一个普遍的自我而已,而且个体性纯然是行动的一般的形式环节,它以法律和伦常习俗为内容,如果确切言之,对个别的人来说,它以与个人身份有关的法律和伦常习俗为内容;个人是作为类的实体,类固然由于它的规定性的缘故变成种,但种同时还保有类的普遍。在民族生活的范围内,自我意识只从普遍下降为特殊性(Besonderheit),并不一直下降为个别的个体性(Individualität),因为个体性总要因它的行动而建立起一个排他的自我,一个对自己否定的现实;相反,自我意识是以对整体的不可动摇的信心为其行为的根据的,在坚定不移的信心中,不夹杂有任何外来的东西,既无恐惧,也无仇恨。

伦理的自我意识,无论它是遵守神的规律还是遵守人的规律,现在在它自己的所作所为中经验到现实的行为的充分性质了。在自我意识面前显现了的规律,在本质里是跟与之相反的规律结合在一起的;本质是两种相反的规律的统一体;不过所作所为只实现了其中之一,但两者既在本质中是互相结合着的,一个规律的实现就引出另一规律,并且,由于所作所为的缘故,其所引起的这另一规律就成为一种受了损害、陷于敌对,从而蓄意报仇的东西。在决意行动时,行为者所昭然明了的一般只是决意的一个方面;但是决意自在地是一种否定物,因为它本身虽是有明白认识的,却有一个自己不认识的、异己的、陌生的东西同自己对立着。因此,现实总隐藏着认识以外的不知道的那一个方面，不把自己按照其自在自为的本来面目呈现于意识之前，——不让儿子意识到他所杀的那个冒犯者即是他父亲，——不让他知道他娶为妻子的那位皇后即是他母亲。① 伦理的自我意识背后就这样地埋伏着一个畏惧光明的势力，一直到行为发生了以后，它才从埋伏中一跃而出，揪住这个完成了行动作为的伦理自我意识。因为行为的完成，乃是知道情况的那个自我和它反面的现实之间的对立的扬弃。行为者不能否认他的罪行和过失；——行为乃是这样一种东西，它使没运动的运动起来，使当初仅只封闭于可能性中的实现出来，并从而把不知道的与知道的、不存在的与存在的结合起来。所以，实现了的行为就在这样的真理性中水落石出、真相大白；——原来它是这样一种东西：被认识了的与没被认识的、自己的与外来的在它那里联结在一起；原来它是一种分为两面的东西：意识发现它有另外的一面，并且发现这另一面也是意识自己的势力，不过这是曾为它所损害，因而怀有敌意的一种势力。

事实很可能是这样：那在背后埋伏着的正义始终不将其自己独特的形态暴露于行动的**意识**之前，而只**自在地**存在于〔行为者的〕决意与行为所内含的过失之中。但是，如果伦理意识**事先就已认识到**它所反对的、被它当成暴力和非正义、当成伦理上的偶然性的那种规律和势力，并像安提戈涅那样明知而故犯地犯下罪行，那么，伦理意识就更为完全，它的过失也就更为纯粹。完成了的行为改变了伦理意识的看法；行为的**完成**本身就表明着凡合乎**伦理的**

① 所指的是希腊神话中底比斯的国王俄狄浦斯。——译者注

都一定是现实的;因为目的的实现乃是行为的目的。行为恰恰在于表明现实与实体的统一,它表明现实对本质而言不是偶然的东西,而毋宁是与本质相关联的:没有任何不是真正正义的东西会与本质联在一起。由于这种现实的缘故,而且也由于它自己的行动的缘故,伦理意识必须承认它的对立面是它自己的现实,它必须承认它的过失;

因为我们遭受痛苦的折磨,所以我们承认我们犯了过错。①

这种承认,表示伦理目的与现实之间的分裂已经扬弃掉了;它表示回到了这样的伦理意境②,即它知道除正义而外没有任何东西能算得了什么。但这样一来,行为者就抛弃了他的性格(Charakter)及其自我的现实,而完全毁灭了。因为,行为者之所以是这个行为者,在于他隶属于他的伦理规律,以此伦理规律当成他的实体;但他于今既然承认相反的规律,他原来所从属的规律就不再是他的实体了;而且他所获得的就不再是他的现实,而是一种非现实,一种〔消极的、伦理的〕意境了。——不错,在个体性那里实体是作为个体性的悲怆情素③出现的,而个体性是作为实体的生命赋予者出现的,因而是凌驾于实体之上的;但是,实体这一悲怆情素同时就是行为者的性格;伦理的个体性跟他的性格这个普遍性直接地自在地即是一个东西,它只存在于性格这个普遍性中,它在

① 索福克勒斯:《安提戈涅》,第926行。——原编者

② 意境,Gesinnung,是一种思想感情,一种看法。这里表示的是一种消极的、不再发生行动的伦理态度。——译者注

③ 悲怆情素(Pathos),与Passion的现代含义不同。在黑格尔的美学著作中,指渗透个体的整个存在的、决定着他的必然命运的一种感情因素。——译者注

这个伦理势力因相反的势力的缘故而遭到毁灭时不能不随之同归于尽。

但是这个个体性却从中得到了确定性，它于今确知那个个体性，即以这个相反的势力为其情感因素的那一个个体性所遭受的一切厄运全部是它自己所嫁予的。两种伦理势力之间，以及赋予它们以生命并使之发生行动的两种个体性之间的相互运动，只在此时，即只在双方都同归于尽时才达到真正的终止。因为两种势力的任何一方都不比其对方较为优越，能够成为实体的较为本质的环节。它们的本质程度之相等和它们之互不相干双双并存，意味着它们都是没有自我的存在；在实现了的行动（Tat）中它们都是具有自我的东西，但双方各有一个不同的自我；这就与自我的统一性相矛盾，并使它们成为非法的而必然毁灭。性格的情况也是一样，性格，一方面，按其悲怆情素或实体来说，它固然只属于两种伦理势力之一，但另一方面，按知道与不知道来说，则无论属于哪一伦理势力的性格本身又分裂为一个有意识的和一个无意识的：同时，由于是每一性格自己引出这种对立，并且它由于采取了行动竟连不知道的那一方面也视为自己的行动结果、自己的事业，于是它就陷于过失而终于为过失所吞噬。因此，一种势力及其性格的胜利和另一种势力及其性格的失败，仅只是事业之未完成的一部分；这未完成的事业势不可遏地向前迈进，直至双方势均力敌。只在双方都同样地屈服了以后，绝对正义才获得完成，伦理实体才作为吞噬双方的否定势力，或者说，作为全能而公正的命运，显现出来。

〔Ⅲ. 伦理本质的消亡〕　这两种势力，如果都从它们特定的内容以及其内容的个体化方面来看，它们的冲突就呈现出一幅个体化了的冲突图景。就其形式而言，这个冲突是伦理〔原则〕和自我意识为一方与无意识的自然和此自然所表现的偶然性为另一方的冲突，后者完全有权反对前者，因为前者只是真正的精神〔客观精神〕，只是与它的实体的直接的统一；而就其内容而言，这个冲突就是神的规律与人的规律之间的冲突。——一个青年人离开无意识的本质，摆脱家庭的精神，变成了共体中的个体性，但是，他仍旧保有他所摆脱的那个自然；这一点由这样的事实表明出来：他进入共体的时候仍旧带着偶然性，因为他偶然是两弟兄[①]之一，两弟兄具有同等权利来统治这个共体，至于他们出生迟早的不同对于他们已进入共体的伦理本质的两弟兄来说是无关紧要的，因为那是自然方面的差别。但是，政府，作为民族精神的单一的灵魂或自我〔即主体〕，不能容许个体性有这样一种二重性；而自然呢，作为众多所体现的偶然性，却与这种单一所要求的伦理必然性对立着。这两弟兄于是乖离不和，而且他们在国家权力上的同等法权对双方都起着摧毁作用，因为他们双方都是不对，都不合法。事情如果从人的方面来看，那么两弟兄中没实际占有共体因而对这以对方为首的共体进行攻击的那一个，是犯法的；相反，懂得把对方视为仅仅是一个脱离了共体的个别人，并在对方这样被认为并无任何权力的身份下对他进行迫害的那一个，则是合法的；因为他所触犯的只是个体本身，不是共体，不是人的法权的本质。共体受空虚的个别性所攻击，又由空虚的个别性来保卫，共体本身是保持住了，

① 埃特奥克来斯和波里尼西斯，见《奥迪布斯在科伦奴斯》。——译者注

两弟兄则由于互相攻讦而两败俱伤；因为个体性既然为了自己的自为存在而使整个共体陷于危险，实际上就已把自己排除于共体之外，并使自己消毁于自身之中。然而两弟兄之一，即站在共体这一面的那个人将受到共体给予的荣宠，而另一人，即扬言要踏平城墙的那个人，将受到政府亦即重新建立起来的共体的单一主体所施加的惩罚，被剥夺去最后的荣誉；谁敢于冒犯意识的最高精神，冒犯共体，谁就一定被剥夺去他整个的完全的本质所应享受的荣誉，被剥夺去那死亡了的精神所应享受的荣誉。①

但是，如果说普遍就这样轻而易举地撞掉了它的金字塔的塔尖，压服了家庭这一叛逆的个别性原则，从而确实取得了胜利，倒不如说这样一来，普遍跟神的规律、有意识的精神跟无意识的精神，才真正展开了斗争；因为后者，无意识的精神，是另一种本质势力，它仅只因此而为前者所侮辱，却并没有被前者所摧毁。然而，无意识的精神，在强大的白日的规律的压制之下，要取得现实的展现，只能借助于无血无肉的阴影。因此，它作为软弱的和黑夜的规律，起初是屈服于白日的和强大的规律的，因为它这种势力只能有效于地下而不能有效于地上。不过，现实的一方既然把内在的一方的荣誉和势力剥夺了，它自己的本质也就因之而损耗了。公开的精神，其所以有力量是因为它的力量的根源在于地下世界：一个民族对其自身力量与安全所持的深信不疑的确定性，即确信它的誓约能把全民族团结成为一人，这个确定性之所以真实，完全由于全民族所有的成员都具有着不言语的无意识的实体，完全由于他

① 参看《安提戈涅》悲剧。——译者注

们都浸润着遗忘的泉水。所以公开的精神,实现了以后,就转化为它自己的反面,它发现它的至公正,正是它的至不公正,它的胜利正是它的失败。被杀害的死人,由于他的〔生命〕权利受了侵害,他就懂得如何使用与杀害他的势力同样现实和同样强有力的势力为工具以从事复仇。这些势力乃是另外的一些共体,在那里,死者的尸体遭到狗噬或鸟啄,它们的祭坛受到玷污,但尸体并不因为这样理所当然地还原为基本个体而就超升成为无意识的普遍性;相反,它仍然停留于地上的现实王国,而且,作为神的规律的力量,它现在毋宁取得了一种具有自我意识的现实的普遍性。这些势力于是就群起而攻之,把侮辱了家庭的虔敬、破坏了自己的力量的那个共体,予以摧毁。

在这样的表述之下,人的规律和神的规律就通过诸个体把它们的运动的必然性表示出来了:在诸个体那里,普遍〔共体〕表现为一种悲怆情素,运动的活动表现为个体的行动,而由于它表现为个体的行动,这就使它的必然性看起来好像是偶然性,但是个体性和行动构成着一般的个别性原则,而个别性原则,在纯粹的普遍性形式下,曾经被叫做内在的神的规律。神的规律,现在作为公开的共体的组成环节,它就不仅具有以前那样的地下效力,或者说,不仅具有一种在它自己的客观存在中的外在效力,而且还具有一种在民族的现实中也同样公开、具体、现实的存在和运动。在这种形式下,当初曾被表象为个体化了的情感因素的单一运动的那种东西,就获得了一种另外的面貌;而犯罪行为以及据此而宣判的什么对共体的破坏危害等等,就取得了它们的客观存在的真正形式。——至于人的规律,就其普遍的客观存在来说,是共体,就其一般的活动来说，是男性，而就其现实的活动来说，是政府；人的规律之所以**存在**、**运动**和能**保存下去**，全是由于它本身消除或消融了家庭守护神的分裂支解倾向，或者说，由于它消除了由女性所领导的家庭中出现的独立自主倾向，它把这种倾向消融于它自己的流体的连续性中。然而家庭一般说来同时又是它的元素，个别的意识又是它的普遍的活动的基础。由于共体之所以能继续存在下去，全靠它破坏了家庭幸福，把自我意识消融于普遍之中，所以它就给自己制造了内在敌人，即是说，它把它所压制的而同时又从属于它的本质的东西、一般的女性，造成为它自己的内在敌人。女性，——这是对共体的一个永恒的讽刺，——她竟以诡计把政府的公共目的改变为一种私人目的，把共体的公共活动转化为某一特定个体的事业，把国家的公共产业变换为一种家庭的私有财富。通常，成年人由于具有审慎的严肃的考虑，不复重视欢乐、享受和现实活动之类的个别性，而比较专心致志于公共本质方面的普遍性；女性就嘲笑成年人的这种练达老成而欣赏年轻人的放浪不羁，蔑视成年人的深思熟虑而钦佩青年人的热情激荡，处处推崇青年人的力量，认为青年人了不起：她们称颂儿子，说儿子是他母亲给自己生的主人；称颂弟兄，说弟兄是姐妹们所能找到的与她们自己平等的男人；称颂年轻小伙子，说小青年是女儿赖以摆脱她对娘家的依存关系从而取得妻子的享受和身份的人物。——但是共体只能通过压制这种个别性精神来保持自己，而且，因为个别性精神是共体的本质环节，所以共体实际上也同时在制造个别性精神，因为它通过它自己所采取的高压态度就把个别性精神造成为一种敌对原则。不过，这种敌对原则，既然离开公共目的就只是邪恶和虚无，那么假如共体本身不承认青年力量亦即不承认尚未成熟、尚在个别性范围之内的男性为整体的力量，它〔敌对原则〕就不会有所作为就将一事无成。因为整体、共体，是一个民族，它本身就是一个个体性；而且它所以是个体性，所以是自为的，乃因为从本质上说别的个体性都是为它而存在的，因为它排除别的个体性于自己之外，并觉得自己独立于它们之上。共体，或者说公共本质有它的否定方面，即，它对内压制个体的个别化倾向，但对外又能独立自主的活动；而它实现这个否定方面正是以个体性作为它的武器。战争是这样的一种精神和形式：伦理实体的本质环节，亦即伦理主体(Selbstwesen)，其不受一切特定存在约束的绝对自由，只在战争之中才是一个现实，才显示出它的价值。因为，一方面，由于战争使个别的财产体制和个人的独立自由以及个别的人格本身都亲切体会到否定力量；另一方面，正是这个否定本质，在战争中，一跃而成为了整体的捍卫者；勇敢的、年轻力壮的、为女性所喜爱的人，即是说，一向受压制的那个破坏原则，此时扬眉吐气，耀武扬威起来。那么现在，是什么在决定着伦理本质的特定存在和精神必然性呢？是自然力量〔体力〕和幸运之类偶然性了。伦理本质的特定存在既然是建立在强有力和幸运上的，这就已经注定了它的毁灭了。——从前，只是诸家庭守护神毁灭于民族精神之中，现在，同样，活生生的诸民族精神，由于它们的个体性的缘故也在一种普遍的共体中消灭了；这种普遍的共体就它的单纯的普遍性来说，它是无灵魂无生命的，而当它作为个别事物，当它是个别的个体时，它是活生生的、有生命力的。这样，伦理的精神形态消逝了，另一形态就代之而起了。

所以，伦理实体之被注定或被规定要这样消亡，要这样过渡为另一形态，乃是由于伦理意识本质上是直接趋向着法律或法权发展的。而这里直接性这一规定意味着自然一般已进入了伦理的行为。伦理行为的实现，只是把伦理精神的优美和谐与稳定平衡恰恰因其优美和稳定而具有的矛盾和破坏萌芽暴露了出来；因为直接性含有互相矛盾着的意义，它既是自然无意识的稳定，又是精神有意识的不稳定的稳定。——由于这种自然性的缘故，这样的伦理民族乃是一个由自然所规定了的因而是有限的个体性，并且它因此而发现它自己是在被另一种个体性扬弃着。但是，这种规定性，固然是被设定于客观存在中的一种限制，却同时又是一般的否定物和个体性的主体，那么当这种规定性消失了的时候，精神的生命以及在其一切组成个体中都意识到其自身的这种实体，也就丧失了。这种实体，作为自己的一切组成个体的一种形式的普遍性，已析出于它们之外，不再作为一种活的精神内在于它们之中了；而实体的个体性，本是坚如磐石地团结一致的，现在毋宁已分崩离析，破裂成了众多的点。

(c) 法权状态

〔Ⅰ.个人的有效性〕　个体性和伦理实体的活的直接的统一体所倒退而成的普遍的统一体，乃是一种无精神、无生命的共体，这种共体现在已不再是诸个体的无自我意识的实体，而毋宁是，个体在它那里都是有效准的，都按它们的自为存在各算是一个〔有自我的〕主体(Selbstwesen)和实体。普遍物已破裂成了无限众多的个体原子，这个死亡了的精神现在成了一个平等〔原则〕，在这个平等中，所有的原子个体一律平等，都像每个个体一样，各算是一个个人(Person)。[①] ——伦理世界里被称为隐蔽的神的规律的东西，事实上已摆脱它的内在性而成了现实；当初在伦理世界里，个别的人只在他作为家庭的普遍血缘时才有效准，才是现实的。在那种情况下的个别的人，乃是无自我的、死亡了的精神；但是现在，他已摆脱了他的非现实性而成为现实的了。因为，伦理实体仅仅是真实的〔客观的〕精神，所以个别的人就倒退为一种对自身的确定性；他所以是伦理实体，那是因为他是作为一种肯定的普遍物，但他所以有现实性，则在于他是一个否定的普遍的自我(Selbst)。——我们前面曾看见，伦理世界的种种势力和形态都在空虚的命运的单纯必然性中消逝了。现在看到，伦理世界的这一种势力，作为实体，正在返归于他自己的单一性。但是，返回自身的绝对本质，即，上述那种空虚的命运的必然性，并不是什么别的，只不过是自我意识的我(Ich)。

从此以后，这个我于是就被承认为自在而又自为的存在物；这个被承认，就是它的实体性；但它这实体性是抽象的普遍性，因为它的内容是这种不容触犯的自我，而不是已消融于实体中的自我。

这样，从伦理实体的生活中就产生出了个人人格；人格是意识的现实而有效准的独立性。这种独立性如果脱离了现实，就变成关于独立性的一种不现实的思想，古代出现过的斯多葛主义的自

① 由伦理实体的统一性分裂而成的这些个人，既是些独立实体、个体原了，而作为法人，又具有合法性，普遍性；既众多，又单一。个人的一与多的辩证逻辑形式，互见于黑格尔《逻辑学》，商务版，上卷第三章。这样的法权社会，历史上初见于罗马帝国时代，可参看黑格尔《历史哲学》，三联版，三部三篇一章。——译者注

我意识就是这样的思想；斯多葛主义的不现实的独立思想产生于主人和奴隶这一自我意识的直接存在，而人格则产生于一切人普遍具有的统治欲和服从心这一直接精神。在斯多葛主义那里，那仅只处于抽象中的自在存在，现在则是现实世界。斯多葛主义不是什么别的，只不过是这样一种意识：它给法权状态的基本原则，亦即毫无精神的独立性，提出了一个抽象形式；它由于逃避现实，所以只达到了关于独立性的思想；它是绝对自为的，因为它不把它的本质跟任何一种特定存在结合起来，相反，它想抛弃一切特定存在而把它的本质置于纯粹思维的统一性中。同样，个人法权也既没有结合于一般个体的一种更为丰富或更强有力的特定存在，又没有结合于一个普遍的活的精神，反而跟精神的抽象现实的纯粹的一，或者换句话说，跟一般自我意识这样的一，结合起来了。

〔Ⅱ.个人的偶然性〕 可是正如斯多葛主义的抽象的独立性曾经得到实现和表达那样，现在这后一种独立性、个人的人格，也将重复那前一种形态的运动过程。斯多葛的意识曾转化为怀疑主义的混乱意识，变成一种否定一切的空谈，从存在与思维的这一个偶然性中走出来，又颠三倒四地迷失于另一个偶然性；它诚然，也曾在绝对的独立性中把这些偶然消除掉，但同样又把它们一再地制造出来，并且事实上它本身恰恰就是意识的独立与不独立所形成的一个矛盾。——同样，法权阶段的个人的独立性毋宁也还是这同一样的普遍混乱和相互消除。因为，被承认为绝对本质的东西就是作为个人的纯粹而空虚的一的那个自我意识。与这个空虚的普遍性相反，〔伦理〕实体的形式里面是具有充实的内容的，而且现在这充实的内容是完全自由散漫、杂乱无章;因为当初管制它并把它约束在自己的统一性里的那个精神已经瓦解,已不复存在了。——因此个人的这种空虚的一,就其实在性而言,乃是一种偶然的特定存在,一种无本质的运动或行动,它不会有持续存在的。所以正如怀疑主义那样,法权的形式(Formalismus),按其概念来说,也没有自己的特殊内容,它是把它所遇到的一种样态繁复的现成存在物或者说财产,像怀疑主义那样给添加上使之能被称为所有权的一种抽象普遍性,如此而已。然而如果说在怀疑主义中像这样地规定的现实曾被一般地称之为假象,因而只有否定的价值,那么它在法权中则具有肯定的价值。其所以说前者只有否定的价值,是因为在那里现实的东西是指那作为思维、作为自在普遍物的自我,但后者之所以有肯定的价值,是因为在这里现实的东西是一种得到承认的实实在在的效准,是用范畴来表示的“我的”(Mein)。——两者是同一个抽象的普遍。“我的”的具体内容或者说“我的”的规定性无论是外在所有物也好或者是精神或品质上的内在富有或贫乏也好,并不是包含在这个空的形式里的,它与形式各不相干。内容显然隶属于一个特殊的势力,这个势力是不同于形式的普遍物的另一种东西,是偶然和武断。——因此,法权意识就在它自己被承认为有实际效准时,反而认识到它自己的实在性的丧失,认识到它是完全没有本质的东西,并且,把一个个体称为个人,实际上是一种轻蔑的表示。

〔Ⅲ.抽象的个人;世界主宰〕 内容这一自由势力,规定其自己如下:无限众多的个体原子〔或原子式的个人〕一方面是分散的,同时由于它们这个分散的性质它们又集结为一个既有异于它们而又毫无精神的单一的点；这个单一的点，一方面跟个体原子的不可触犯的人格同样是纯粹个别的现实，但另一方面与个体原子的空虚的个别性相反又意味着它是一切内容，从而是所有个体原子的实在本质，而且与个体原子以为自己具有的那种绝对的但实际上无本质的现实相反，它是普遍势力和绝对现实。这位世界主宰这样一来就自觉他是绝对的、本身同时包含着一切存在的、意识不到另有任何比自己更高的精神的个人。他也跟别人一样是一个个人，但他是一个孤独的个人，他跟所有的人对立着；而这与他对立的一切个人构成着这个个人的有实效的普遍性；因为，单独的个别的人，从其本义来说，只在他是体现着〔一切〕个别性的普遍的众多时才是真实的；离开这个众多，则孤独的自我事实上是一个非现实的无力量的自我。——同时，这孤独的个人，作为意识，意识到了与上述那个普遍的人格相对立的内容。但是，他所意识到的这种内容摆脱了它的否定势力以后就成为一团混乱的精神势力，这些摆脱了羁绊成了基本本质〔独立个体〕的精神势力彼此肆无忌惮地疯狂地互相摧残；而它们的虚弱无力的自我意识成了本身不起作用的疆界，成了供它们骚扰厮杀的场地。于是，这个世界主宰，由于意识到自己是这一切现实势力的总和（Inbegriff），就成了一个自视为现实上帝的巨大的自我意识；但由于他只是形式的自我，并无能力对这些势力进行任何约束，所以他自己的行为活动与自我享受又是一个同样巨大的荒唐放纵。①

① 指罗马皇帝的无上权势。上引《历史哲学》560页上说："在整个已知的世界上，任何意志都被假定为隶属于罗马皇帝的意志下面。"——译者注

世界主宰对于他自己是怎样的一种势力具有了确实的意识，他现在确实意识到，在他用以对付跟他对立着的有自我性的臣民的摧毁性暴力中，他是普遍的现实势力。因为，他这个势力并不是什么精神上的融洽一致，仿佛他所统辖的个人都能把他视为他们自己的自我意识；相反，他们在这里毋宁各是自为的个人，排斥他们跟别人的连续性，保持他们跟别人绝对互不干扰的间断性〔或独立性〕；因此无论在他们彼此之间或是在他们与作为他们的关联或连续性的他这位世界主宰之间，只存在着一种否定性的关系。作为个人之间的连续性，世界主宰是他们这种形式主义的内容和本质，但是对他们来说他是异己的内容和敌对性的本质，因为这种本质可以说恰恰扬弃了充当他们的本质的那种空无内容的自为存在；——而且作为他们的个性或人格的连续性，他恰恰是在摧毁他们的个性或人格。可是，既然异己的内容在他们那里成了有效准的东西，而且这异己内容之所以在他们那里有效准是因为它是他们的实在，那么，法权上的人格、法人，就毋宁体会到了自己的无实质性，知道自己是毫无实质的东西。另一方面，在这无本质的基地上从事摧毁行动的势力却意识到它自己的无上威力；但自觉为无上威力的这个自我〔主体〕，是纯粹的摧毁作用，因而是只起作用于它自己以外的，因而毋宁说，它是它自己的自我意识的抛弃。

这就是作为绝对本质的自我意识之成为现实的经过情况。但是，意识在从这种现实被逐回到自身之后，就思维它的这个非本质性，把它的非本质性当作一种思维对象；我们以前曾经看到，斯多葛主义的纯粹思维的独立性，通过怀疑主义，终于在苦恼意识中达到了自己的真理性，即，认识了苦恼意识就是它的自在而自为的存在。如果说这种认识在当时只表现为由一种意识所见到的意识的片面见解，那么我们看到这片面见解的现实的真理性现在出现了。这现实的真理性表明：自我意识的这种普遍的效准、客观有效性，即是从自我意识异化而成的实在性。普遍的客观效准是自我的普遍现实，但这种普遍现实却同样又直接是它自己的反面；自我的普遍现实就是自我的本质的丧失。——在伦理世界里还没有出现的自我的现实，现在由于自我已返回于个人，自我就赢得了这个现实；当初在伦理世界中是单一或统一的东西，现在以分化发展了的形式出现了，但发展了，也就是异化了。

二、自身异化了的精神；教化

伦理实体所保有的对立，曾是严密地保持在它的简单的意识之内的，而且，这简单的意识和它自己的本质曾是一个直接的统一体。因此，对于直接指向着本质、并把本质当成自己的伦常的那个意识而言，这本质具有存在的简单规定性；意识既不把自己看成这种排他性的自我，实体也并不意味着是一种被排除于意识之外的特定存在，即是说，并不是仿佛意识只有通过它自身的异化才会跟这种存在合而为一，才会同时把那个实体产生出来。但是，那样一种精神，即，它的自我是绝对分立的东西的那种精神，发现它的内容是一种与它相对立的同样坚硬的现实世界，并且在这里，世界具有作为一种外在的东西、自我意识的否定物的规定或特性。然而这个世界是精神的东西，它本身是存在与个体性两者融合而成的东西。它的这种特定存在既是自我意识的作品,又同样是一种直接的现成的、对自我意识来说是异己的陌生的现实,这种陌生的现实有其独特的存在,并且自我意识在其中认识不出自己。这个世界就是法权的外在本质和自由内容。但是这个法权世界的主人所统辖的这种外在现实,不仅仅是偶然出现在自我面前的外在的原始的存在,而且又是自我的劳作,不过不是他的肯定的而是他的否定的劳作罢了。这个外在现实是由于自我意识自己的外在化和放弃其本质而获得其存在的,这种外在化的过程,看起来好像是由各种漫无约束的因素在支配着法权世界的那种扰乱破坏的状态中以外在暴力强加给自我意识的。其实这些漫无约束的因素,就它们本身来说,只是纯粹的扰乱破坏和它们自身的解体。但是它们的这种解体、它们的这种否定的本质,正是自我;自我是它们的主体、它们的行动和生成过程。但是实体赖以成为现实的这种行动和生成过程,就是个人〔人格〕的异化;因为那直接的,亦即没有异化的、自在自为的有效准的自我,是没有实体性的,并且是那些外在的激荡因素的玩物。因此,自我的实体就是它本身的外在化,而外在化就是实体,换句话说,就是将自身形成为一个有秩序的世界、并且从而使自身得以保存的那些精神力量。

在这种方式下,实体就是精神,就是自我和本质的自觉的统一体;不过自我和本质两者也具有彼此互为对方的异化的意义。精神是对一个独立的客观现实的意识;但是自我和本质的那种统一体与这种意识相对立,亦即纯粹的意识与现实的意识相对立。一方面现实的自我意识通过它的外在化转化为现实的世界,并且反过来现实世界又转化为自我意识;但另一方面,恰恰这种现实，无论它是个人或是客观的东西，就被扬弃了；它们都成了纯粹的普遍物。它们经过这种异化就成了纯粹意识或本质。当前的现实直接以它的彼岸，亦即以它的思维和思维的产物为对立面，反之，思维则以此岸，亦即以它自己异化出来的现实为对立面。

因为这样，这个精神所形成的就不是仅仅一个单一的世界，而是一个分离的、对立的、双重的世界。——伦理精神的世界是精神自己固有的当前现实；这个世界的每一势力因而都处于当前现实这个统一体之中，而且虽然两种势力是彼此分开的，它们各自仍然跟整体保持着平衡。没有任何东西具有自我意识的否定物的意义；甚至连已死的精神也还是当前现存于亲属的血液、家庭的自我〔主体〕之中，而政府的普遍权力(Macht)则是意志、民族的自我。但是在这里，当前现存着的东西只意味着以意识为其彼岸的那种对象性的现实；每个个别环节，作为本质，都从另一个环节那里取得当前存在并从而取得现实，而只要它是现实的，它的本质就是不同于它的现实的另一环节。没有任何东西具有一种以自身为根据并内在于本身的精神，相反，任何东西都是在自己以外的一种异己的东西之中；——整体的平衡不是在自身内保持不变的统一，也不是这种统一返归其自身以后的宁静；相反，整体的平衡是建立于对立物的异化上的。因此，正如每个个别环节一样，整体也是一个自身异化了的实在；它分裂为两个王国：在一个王国里，自我意识本身及其对象都是现实的，而另一个王国则是纯粹意识的王国，处于前者的彼岸，不是当前现实的，而是在信仰之中。于是，正如伦理世界之从其分为神的规律和人的规律及两者的不同形态的分裂出发，以及这个伦理世界的意识之从有知与无知的分裂出发，返归于意识的命运，返归于作为这两个对立面的否定势力的自我，现在，异化了的精神的这两个王国也返回于自我；但如果说前者是第一个直接有效准的自我，是个别的个人，那么后者，这第二个，这从其外化中返归其本身的普遍的自我，将是把握概念的意识，而且这两个精神世界，亦即其所有环节都坚持自己各是一个固定的现实和无精神性的存在的这两个精神世界，则将瓦解于纯粹的识见(Reine Einsicht)之中。这种识见，作为自己把握其自己的自我，就达到和完成了教化；它不把握任何别的，只把握自我，并且它将一切都当作自我来把握，即是说，它对一切都进行概念的理解，剔除一切客观性的东西，把一切自在存在都转化为自为存在。当它转而反对信仰，亦即反对异己的、外方的、彼岸的本质王国时，它就是启蒙。启蒙也在这个王国里完成异化，因为异化了的精神把这个王国当作和本身均衡的宁静意识而逃避进去以求托庇安全；启蒙扰乱了精神在这信仰王国里所作的家务安排，因为它把此岸世界的什物携带了进来，而此岸世界的什物，精神又无法否认是它自己的财产，因为精神的意识也同样是属于这个世界的。——在这种否定的活动中，纯粹的识见同时也就把自己实现了，并且产生出它自己〔固有的〕的对象(不可认知的绝对本质)和有用的东西。由于现实这样一来就丧失了一切实体性，它本身中再也没有什么自在的东西，于是信仰的王国以及现实世界的王国就都崩溃了，而且，这个革命带来了绝对自由，当初异化了的精神现在依靠这个自由就完全返回于其本身了：离开这个教化国度而转入另一国度，转入道德意识的国度。

A. 异化了的精神的世界

异化了的精神的世界分裂为两个世界。第一个是现实的世界或精神自己异化而成的世界，而另一个则是精神于超越了第一个世界后在纯粹意识的以太中建立起来的世界。这后一纯粹意识的世界虽与前一世界亦即精神的异化相对立，但正因为它与异化相对立，它就不能不与异化有关，它只是另一形式的异化而已，而这一形式的异化，其特点恰恰在于对两个不同的世界有所意识，它包含两者于其自身之内。因此，这里所谈的不是什么自在自为的绝对本质的自我意识，不是宗教，而是信仰，如果信仰是指对现实世界的逃避，而不是指什么自在自为的东西的话。所以，对当前现实世界的这种逃避，其本身就直接是一个双重性的。纯粹意识是精神上升后所达到的领域，但纯粹意识却不仅是属于信仰的，而且同样也是属于概念的领域。因此两者在其中总是双双出现，而信仰永远只被我们当作是与概念相对立的东西。

(a) 教化及其现实王国

这个世界的精神是为一种自我意识所渗透了的精神本质，这种自我意识知道自己作为这种自为存在着的本质是当下现存着的，并且知道本质作为一个现实是与自己对立着的。但这个世界的客观存在，以及自我意识的现实，其所以出现，完全取决于这样的运动：这个自我意识把它自己的人格外化出来，从而把它的世界创造出来，并且把它创造的世界当作一个异己的世界看待，因而,它现在必须去加以占有。但是去否定它的自为存在即是去创造现实,并且通过这种否定与创造,自我意识也就直接占有了现实。——或者换另一个说法,自我意识只有当它异化其自身时,才是一种什么东西,才有实在性;通过它的自身异化,它就使自己成为普遍性的东西,而它的这个普遍性即是它的效准和现实性。因此,自我与一切自我的这种平等,已不是以前那种法权上的平等,自我意识不是像以前那样,仅只因为自己是存在的,就直接得到承认和有效准;相反,其所以有效准,是由于它通过异化这一中介过程已使自己变为符合于普遍的东西了。法权的那种无精神的普遍性,承认任何自然状态的性格和存在都具有同等的合法权利,但在这里,有效准的普遍性则是发展变化而成的,而且因此它是现实的。

〔Ⅰ.教化是自然存在的异化〕 因此,个体在这里赖以取得客观效准和现实性的手段,就是教化。个体真正的原始的本性和实体乃是使其自然存在发生异化的那种精神。因此,这种自然存在的外化既是个体的目的又是它的特定存在;它既是由在思维中的实体向现实的过渡,同时反过来又是由特定的个体性向本质性的过渡。这种个体性将自己教化为它自在的那个样子,而且只因通过这段教化它才自在地存在,它才取得现实的存在;它有多少教化,它就有多少现实性和力量。虽然自我作为特定的个体在这里也知道它自己是现实的,但它的现实性毕竟完全在于扬弃它的自然的自我;经过扬弃,原始的特定自然就降低为量的大小,降低为意志力的强弱这样一些非本质的差别。但是自我的目的和内容则完全属于普遍的实体本身,只能是一种普遍的东西。一个自然的特殊性，如果竟然成为目的和内容的话，那也只能是无力量的和不现实的东西；这种特殊性是一个样子，它总是徒然而且可笑地拼命要自我显现；它竭力要使特殊的东西取得现实性，而现实性直接是普遍的东西，所以它就陷于自相矛盾。因此，如果个体性被错误设定为由自然和性格的特殊性构成的，那么在实在世界里就没有一个一个的个体性和性格，而所有的个体就都具有彼此一样的存在了；像这样误以为的个体性，纯然是臆想的东西，它在只有自身外化着的东西因而只有普遍的东西才具有现实性的世界里是没有地位、不能存留的。——因此，臆想的东西只算是像它那样的东西，只算是一个样子。德国字“样子”(Art)跟法国字“样子”(Espèce)并不完全是同一个意思，法国话里的“样子货”是“一切绰号中最可怕的一个；因为它表示平庸，它意味着最大的蔑视”。[①] 但是在德国话里说“像样子的”和说“好样的”，都包含有真诚说好的一面，仿佛并不意味着是那么坏的，或者也可以说，事实上在德语里使用这个词时，关于什么是“样子”，什么是教化和现实，还没有明确的意识。

就个别的个体来说，个体的教化乃是实体本身的本质性环节，即是说，教化乃是实体的在思维中的普遍性向现实性的直接过渡，或者说，是实体的简单的灵魂，而借助于这个简单的灵魂，自在存在才得以成为被承认的东西、成为特定存在。因此，个体性的自身教化运动直接就是它向普遍的对象性本质的发展，也就是说，就是它向现实世界的转化。现实世界虽是通过个体性而形成的，在自

① 引自狄德罗的对话：《拉摩的侄儿》，歌德译。——原编者

我意识看来却是一种直接异化了的东西,而且对自我意识来说它有确定不移的现实性。但是自我意识尽管确信这个世界是它自己的实体,却同时又须去控制这个世界;它所以能有统治这个世界的力量,是因为它进行了自我教化,从这一方面来看,教化的意思显然就是自我意识在它本有的性格和才能的力量所许可的范围内尽量把自己变化得符合于现实。在这里,表面看来好像是个体的暴力在压制着实体从而消灭着实体,实际上个体的暴力正也就是实体赖以实现的东西。因为,个体的力量在于它把自己变化得符合于实体,也就是说,它把自己从其自身中外化出来,从而使自己成为对象性的存在着的实体。因此,个体的教化和个体自己的现实性,即是实体本身的实现。

〔1. 善与恶;国家权力与财富〕 自我只于它作为经过了扬弃的自我时才意识到自己是现实的。因此,自我并不是它自己的意识和对象的统一体;对自我来说,对象毋宁只是它的否定物。——通过作为灵魂的自我,于是实体就在它的一切环节中发展和形成为这样:对立的一方赋予另一方以生命,每个对立面都通过自己的异化使其对方取得持续存在,并且反过来也同样从对方的异化中获得自己的持续存在。同时,每个环节,就它的规定性来说,各有一个不可克服的价值〔或效准〕,并且相对于对方来说,各有一个固定的现实性。思维于是把它们的这种差别以最普遍的方式加以固定,那就是,固定为绝对对立的善与恶,而善与恶被看成是天壤悬殊、绝对不能变成同一个东西的。但是这种固定的存在却以向对方直接过渡为其灵魂;特定存在毋宁即是每个规定性变为自己对方的那个转变,而且只有这个异化才是整体赖以保存的本质。我

们现在必须来考察这个赋予各环节以精神从而使之实现的运动过程；我们会见到，异化又将异化它自己，而整体则将通过异化把它的全部内容收回于它自己的概念之中。

一开始，必须考察简单的实体本身，必须从它的特定存在着的、尚无精神的环节的直接组织中来考察它。我们在这里要考察的东西跟自然有同样的情况。自然分解为许多普遍元素——气、水、火、土。空气是持存不变的、纯然普遍的、透明的本质；水是永远被牺牲的〔或被消除的被废弃的〕本质；火是它们的有灵魂的统一体，它永远在消除它们的对立，同时又永远在把它们的简单统一分裂为彼此对立；而土则是这些元素的坚固枢纽，这些本质及其过程的主体，它们的出发点和归宿地。同样，内在的本质，或者说，具有自我意识的现实中的简单精神，作为一个统一的世界，也分解为像自然所分解的那样一些普遍的、但具有精神的元素或质体(Masse)：其中第一种是自在普遍的、自身等同的精神本质；第二种是自为存在着的、已变得自身不等同了的、正在自我牺牲和自我献身的本质；第三种，作为自我意识，是一种本身直接具有火的力量的主体。在第一种情况下，它意识到它自己是自在存在，在第二种情况下，它牺牲了普遍而又变成自为存在。但精神本身则是整体的自在而又自为的存在，这个整体一方面将自己分裂为持续不变的实体和自我牺牲的实体，同时另一方面又重新将两种实体收回于它自己的统一体中，它的统一体就既是爆发出来的、烧毁实体的火焰，又是实体持续不变的形态。——在这里我们看到，这些本质相应于伦理世界里的共体〔社团〕和家庭，但并不具有它们本身原有的那种精神；相反，如果命运对这种精神来说是外来的陌生的东西，那么在这里自我意识则是并且自知其是这些本质的现实力量。

这些环节必须加以考察。我们既要就它们首先在纯粹的意识中呈现为思想或自在存在的本质时来考察，又要就它们在现实的意识中呈现为对象性的本质时来考察。——在这种单纯性的形式下，第一种本质，亦即一切意识的自身等同的、直接的连续不变的本质，是善，善是自在存在的独立的精神力量，而自为存在的意识在这里所进行的活动仅只是附带的。相反，另一种本质，由于它牺牲自己并且让个体在它那里意识到它们自己的个别性，则是被动的精神本质或普遍的东西，是虚无的本质，是恶。——本质的这种绝对瓦解〔为其环节的现象〕本身是持存不变的。如果说第一种本质是个体的基础、出发点和发展结果，而且在这里个体都是纯粹普遍的，那么相反，第二种本质一方面是进行着自我牺牲的为他存在(Sein für Anderes)，另一方面恰恰因为这个缘故又是个体归返其作为个别的人的本身的那种不断的返回运动和它们永远趋向于自为存在的变化过程。

但是善与恶这些简单思想也同样都直接地自身异化了；它们都成了现实的，在现实的意识中都表现为对象性的环节。就这个意义说，第一种本质即是国家权力，另一种本质即是财富。——国家权力固然是简单的实体，也同样是普遍的〔或共同的〕作品——绝对的事情自身，事情自身使个体意识到它们的本质都在这里充分表达出来了，而且他们的个别性归根结蒂就只是对他们的普遍性的意识；——国家权力同样又是作品和简单结果，其所以说是简单结果，是因为这个结果虽系出于所有个体的行动，但这一事实已经从这个结果中消逝不见了；它只落得是所有他们的行动的绝对基础和持续存在。——他们的生活中的这种单一的、精纯的实体，由于被这样规定为持存不变的自身等同性，于是就具有存在的性质，并且因此只是一种为他存在。因此，它〔单一的实体〕自在地直接地即是它自己的对方：财富。财富虽然是被动的或虚无的东西，但它也同样是普遍的精神的本质，它既因一切人的行动和劳动而不断地形成，又因一切人的享受或消费而重新消失。在财富的享受中，个体性固然成了自为的或者说个别的，但这个享受本身却是普遍的行动的一个结果，而且反过来，又是促成普遍行动和大家享受的原因。现实的东西完全具有这样的精神意义：即，它直接地是普遍的。每个个人诚然都会以为在享受财富时其行为是自私自利的；因为正是在财富中人会意识到自己是自为的，并从而认为财富不是精神性的东西。然而即使只从外表上看，也就一望而知，一个人自己享受时，他也在促使一切人都得到享受；一个人劳动时，他既是为他自己劳动也是为一切人劳动，而且一切人也都为他而劳动。因此，一个人的自为的存在本来即是普遍的，自私自利只不过是一种想象的东西；这种想象并不能把自己所设想的东西真正实现出来，即是说，并不能真实地做出某种只于自己有利而不促进一切人的福利的事情。

〔2. 自我意识的判断：高贵意识与卑贱意识〕　自我意识于是在这两种精神力量中认识到它自己的实体、内容和目的；它在这两种精神力量中直观到它的双重本质：从一种力量见到它的自在存在，从另一力量见到它的自为存在。——但是自我意识，作为精神，同时又是一种否定的统一体，它把个体性与普遍物或现实与自

我的互相分离否定地统一于一身。因此,统制和财富,个体都当成是现成存在于他面前的对象,即是说,个体知道自己对于这些对象是保有充分自由的,认为自己能在它们之间进行挑选,甚至能对它们中的任何一个也不挑选。作为这种自由而纯粹的意识,个体就把本质当作一种仅仅为他〔个体〕而存在的东西看待。于是他就把本质当作是在他自身之内的本质。——在这种纯粹意识中,实体的环节对他〔个体〕来说就不是国家权力和财富,而是关于善和恶的思想。——但是进一步说,自我意识是个体的纯粹意识对个体的现实意识、思维物对客观本质的关系;它因此从根本上说乃是一种判断。——诚然,对于现实本质的两个方面来说,究竟哪个是善和哪个是恶,这一点从它们的直接规定中已经就表明了;国家权力是善,财富是恶。然而这个初步判断不能视为是一种精神性的判断;因为在这种判断中,一个方面只被规定为自在存在或肯定的东西,而另一个方面只被规定为自为存在或否定的东西。但是,作为精神本质,它们之中的每一个方面都是双方的渗透,所以上述那两种规定不能全部表述出它们的性质来;而且,自我意识既然关涉到它们双方,本身就是自在而又自为的;自我意识因而必须以这种双重的方式跟每一方面发生关联;只有这样,它们之各是自身异化了的规定这一性质,才会显现出来。

现在,自我意识这样判断善与恶:凡它发现其中有它自己在内的那种对象,它就认为是好的和自在的,凡它发现其中有它自己反面在内的那种对象,它就认为是坏的;善即是它与客观实在的同一(Gleichheit),恶即是它与客观实在的不同一(Ungleichheit)。同时,凡对它而言是好的或坏的,其本身也自在地是好的或坏的;因为正是在它这里"自在地是"和"对它而言是"亦即自在的存在和对它的存在这两种环节乃是同一回事，也就是说，它是客观本质的现实精神，而判断则是精神的力量在这些客观本质身上所作的显示，因为正是它的力量致使它们像它们自在地那样。善与恶的真实性的标准，不在于客观本质本身究竟直接是同一的东西还是不同一的东西，即，不在于它们究竟是抽象的自在存在还是抽象的自为存在，而在于精神究竟对它们保有什么样的关系，即，在于它们跟精神究竟是同一还是不同一。既然这些客观本质首先被设定为〔精神的〕对象，然后通过精神而变成自在存在的，那么当精神同它们发生关系时，精神同它们的关联，同时就成了它们的自身返回，于是这种返回，它们才获得现实精神的存在；并且同时，它们的精神〔实质〕，也就显现出来。但是，正如它们的第一种直接规定之不同于精神跟它们的关联那样，第三种规定，它们的固有的精神，也不同于它们的第二种规定。——首先，由于精神跟它们的关联而产生出来的它们这第二种自在存在，一定就已经与直接的自在存在大不相同了；因为精神的这个中介过程毋宁已使直接的规定性发生变动，使之变成了某种别的东西。

这样一来，自在自为存在着的意识，现在发现国家权力固然是它的简单本质和一般存在，但不是它的本然的个体性，固然是它的自在存在，但不是它的自为存在，它毋宁发现在国家权力下，它的行动，作为个人的行动，已经受到拒绝、压制而不得不变为服从。个体于是在这种权力的压制下返回自己本身；国家权力对它来说已是一种压迫性的本质、坏的东西、恶；因为权力已不是与个体性同一的东西而是完全不同一的东西了。——相反，财富是好的东西、善;它提供普遍的享受,它牺牲自己,它使一切人都能意识他们的自我。它自在地即是普遍的善行,如果说在某种情况下它并未实现某一件善举,并未满足每一个需要,那么这只是一种偶然,无损于它的本质;它的普遍的必然的本质在于:将自己分配给一切个人,做一个千手的施予者。

这两种判断使关于善的和关于恶的思想各产生一种新的内容,恰恰与它们原来对我们来说所具有的那种内容性质相反。——但自我意识跟它自己的对象的关联还不算完满,即是说,它仅只从自为存在的角度或尺度上跟它的对象发生了关联。但是,意识同样也是自在存在着的本质,它必须同样把这一方面也当成发生关联的尺度,只有这样,精神性的判断才算完满。国家权力按照这一个方面说,表达了自我意识的本质;国家权力一部分是静止的法律,一部分是规定着普遍行动的诸个别过程的指示和命令(Regierung und Befehl);其一〔部分〕是简单的实体本身,其另一〔部分〕是实体鼓舞并保持其本身和一切个体的那种行动。因此,个体发现在国家权力中他自己的根源和本质得到了表达、组织和证明。——与此相反,在财产的享受中个体体会不到他的普遍本质,关于他自己他只能获得一些倏忽即逝的意识,感受到自己是一种自为存在着的个别性,认识出自己与自己的本质的不同一性。——因此,善与恶的概念现在获得了跟以前的性质相反的内容。

这两种方式的判断各有自己的同一和不同一。在第一方式的判断下,意识认定国家权力是与自己不同一的,财富享受是与自己同一的;而在第二方式的判断下,前者被认定是与意识同一的,后者是与意识不同一的。现在出现了两种同一性的认定和两种不同一性的认定，对上述那两个现实的本质〔权力和财富〕出现了两种相反的关系。——我们必须对这两种不同的判断本身进行判断，而在判断时我们必须应用前面建立的那个标准或尺度。如果按照前面建立的尺度，那么判定或认出同一性来的那种意识关系就是善，认出不同一性来的那种意识关系就是恶；而且这两种方式的意识关系从此以后就可以被视为两种不同的意识形态。意识由于采取了不同的方式对待现实本质，所以它本身也就有了不同的规定，或者是好的或者是坏的。但它之是好的还是坏的，并不取决于它以自为存在为原则还是以纯粹的自在存在为原则，因为这两者是对它同样重要的环节。上面考察过的那种双重判断，是把〔自为和自在〕两个原则看成是分离开的，所以只含有两种抽象的判断。至于现实的意识，则同时含有两个原则于一身；如果说现实的意识也有形式上的差别，那么差别就完全起于它的本质，即是说，完全出于它自己与实在的〔不同〕关系。①

这种关系有两个性质相反的方式：在一个方式下，这种关系是把国家权力和财富都当作一种〔与自己〕同一的东西对待；在另一个方式下，这种关系是把两者都当作一种〔与自己〕不同一的东西对待。——认定国家权力和财富都与自己同一的意识，乃是高贵

① 这个新的辩证发展，将引导出两种自我意识：一是按其自在存在作判断的，一是按其自为存在作判断的。前者的特点是自己与权力和财富这些精神现实很合适，从而承认社会秩序，叫做高贵意识；后者的特点是自己与精神世界不相适应，所以既反抗权力又反对财富，叫做卑贱意识。黑格尔的方法总是把抽象的两个对立面加以个体化，使之集于一身，使之成为两种自我意识形态。上卷主人与奴隶的意识形态就曾是这样发展形成起来的。——译者注

的意识。高贵意识在公共权力中见到有与自己同一的东西:它认为这种权力即是它自己的简单的本质及其具体实现,并且对它这本质,不唯内心里矢志忠诚,实际上也听从驱使,百依百顺。同样,它在公共财富中也见到有与自己同一的东西,因为正是财富使它意识到自己的另一个本质方面,自为存在;因此,它同样把财富视为是和自己有关系的本质性的东西,并把自己享受其实惠的那种财富视为是施予者,衷心感激。

反之,发现另一种关系的、认定国家权力和财富这两种本质性都与自己不同一的那种意识,是卑贱意识。卑贱意识视国家的统治力量为压迫和束缚自为存在的一条锁链,因而仇视统治者,平日只是阳奉阴违,随时准备爆发叛乱。——卑贱意识借助于财富而得以享受其自己的自为存在,但他同样把财富视为与它自己不同一的东西,即是说,因为它从自己的持存的本质出发来考察,发现财富与自己不同一。既然财富只使它意识到它的个别性和享受的变灭性(Vergänglichkeit)使它既贪爱财富又鄙视财富,那么随着享受消逝,随着日益损耗中的财富的消逝,它认为它与富人的关系也已消逝。①

这两种关系现在所表达的仅仅才是判断,判断规定了作为意识对象的两个本质〔国家权力和财富〕对意识而言是什么,还没有规定它们自在自为地是什么。在判断中呈现出来的反思(关系),一方面,仅只对我们〔研究现象学的人〕而言才是对此一规定和彼

① 高贵意识与卑贱意识将构成黑格尔所说的辩证发展的两极,而卑贱意识将是高贵意识的真理性,正如奴隶曾是主人的真理性那样。——译者注

一规定的肯定，因而实际上对于两者同样都是一个否定，所以这种反思还不是意识本身对它们所作的反思。另一方面，它们都仅仅才是直接的本质，直接本质既不是形成起来的东西，也不是它们的自我意识；意识到它们之存在的那个东西〔自我意认〕，还不是它们的生命原则；它们都是宾语，宾语本身都还不是主语。由于这种分离的缘故，精神性判断的整体也还是分离开的，分别隶属于各在一个片面规定之下的两种意识。——异化本来有两个互不相干的方面：一方面，纯粹意识的自在存在，亦即关于善与恶的特定观念，另一方面，它们的特定存在，亦即国家权力和财富；异化曾把它这两个方面的互不相干上升为两个方面的互相关联，上升为判断，同样，现在，这种外在关联也必定进一步上升为内在统一，或者说，它作为思维中的关联也必定上升为现实，而且，两类判断的精神也一定要显现出来。要实现这一点，只要判断发展成为推论，发展成为中介运动，使判断的两个方面的必然关联和中项得以在这个中介运动中显现出来，就行了。

〔3. 服务与建议(Dienst und Rat)〕　因此，在判断中高贵意识发现自己与国家权力的关系是这样的：国家权力诚然还没有成为一个自我〔或主体〕，仅仅才是普遍的实体，但高贵意识却已意识到了这个普遍实体，视之为它自己的本质，视之为目的和绝对内容。高贵意识既然与普遍实体发生肯定关系、以这样肯定态度对待普遍实体，于是就以否定态度对待它的固有目的、它的特殊内容和特定存在，并使它们归于消逝。高贵意识是服务的英雄主义(Heroismus des Dienstes)，——它是这样一种德行，它为普遍而牺牲个别存在，从而使普遍得到特定存在，——它是这样一种人格，它放

弃对它自己的占有和享受,它的行为和它的现实性都是为了现存权力(Vorhandene Macht)的利益。

通过这个运动,普遍就变得跟特定存在一般地结合起来了,正如特定存在着的意识之通过这个外化而把自己教化、形成为本质性一样。特定存在着的意识在服务中异化了自身,而它所异化的乃是它那沉浸于特定存在中的意识;但是那自身异化的**存在**乃是**自在**存在;它通过这个教化形成过程于是就获得它自己以及别人对它的尊重。——但是国家权力,原来仅只是**被思维的**普遍,仅只是**自在**存在,现在则也通过这个运动而变成**存在着的**普遍,变成现实的权力了。它只在现实的服从中才是现实的权力,而它所以能获得这种现实的服从,是由于自我意识作了**判断**,判断出〔这种权力〕是**本质**,并由于自我意识自由地作了自我的牺牲。这种使本质与自我〔或自我意识〕互相结合的行动,产生了**双重的**现实:使自我意识本身成了**真正的**现实,并使国家权力成了**真正的有效准的东西**。

但通过这种异化,国家权力还不是一种知道自己是国家权力的自我意识;有效准的东西只是它的**法律**或它的**自在**存在而已;它还没有**特殊的意志**;因为服务的自我意识还没有外化它的纯粹自我,从而赋予国家权力以精神,而仅仅以它〔自己〕的存在使国家权力取得生命;它为国家权力所牺牲的只是它的**特定存在**而不是它的**自在存在**。——这样的自我意识,其价值在于它符合于本质,它之被承认则是由于它的**自在存在**的缘故。别的〔自我意识〕发现在它那里活动着的是它们的**本质**而不是它们的自为存在,——它们发现在它那里完成的是它们的思维或纯粹意识,而不是它们的个体性。因此，这种自我意识是在它们的思想里有效准和享有荣誉。这样的自我意识是高傲的封臣，臣属的活动总是为了国家权力的利益，但国家权力不是君主个人的意志，而是本质性的意志，而且臣属的重要，也只在于他这样取得的荣誉之中，即是说，只在于他按照本质表达了普遍意见，而不在于他以感恩之情表达了个体性，因为他并没帮助个体性〔君主〕，使之成为自为存在。国家权力的个人意志此时还没有形成起来，假如说这种自我意识同个人意志是有关联的，那么他的语言毕竟具有建议的性质，是他为了普遍利益而提出来的建议。

因此国家权力对于建议还处于无意志状态，在各种不同的有关普遍福利的意见中还不能起裁决的作用。它还不是政府(Regierung)，因而真正说来还不是真实的国家权力。——自为存在、那还没作为意志被牺牲掉的意志，乃是各社会阶层内在的怀有二心的精神，这种精神尽管口头上侈谈什么普遍福利，骨子里却保留着它自己的特殊利益，并且倾向于把侈谈普遍福利的语言当作追求普遍福利的行动的代替品。在服务中特定存在总要有所牺牲，有时甚至牺牲生命，所以服务中的牺牲诚然是非常彻底的；但在经常的死亡危险中得以幸存下来的残余，仍是一定的特定存在，因而仍是一种特殊的自为存在，而这种死里余生的自为存在就使那为普遍福利提出的建议具有模棱两可令人怀疑的性质，并且事实上它总是在国家权力之外还保留着它自己的意见和特殊的利益。因此，它同国家权力还不是一致的，它还不免于卑贱意识的规定，经常处于崛起反叛的状态中。

自为存在必须予以扬弃的这种矛盾，是这样一种形式矛盾：自为存在与国家权力的普遍性互不一致,彼此对立。可是这一形式的矛盾同时又表现为另一形式的矛盾,即,特定存在在死亡中所完成的那种外化,本身乃是一种存在着的外化,并不返回于意识的外化,——因为,意识并不是得免于外化的、自在而自为的东西,它毋宁是在过渡为它的不可协调的对立面。因此自为存在的真正牺牲固然就像牺牲生命那样彻底,但是在这一外化中它又保持其自身;它因这种外化而现实地成为它自在地本来就是的那种东西,成为它的自身与它的反面彼此同一的统一体。由于隐蔽的内在的精神、本质的自我〔或自我意识〕显现出来并且自身异化了,于是国家权力也就同时上升为它自己的自我〔或主体〕了;假如没有这种自身异化,则荣誉的事迹,高贵意识的行动,以及根据它的见解所作的建议,都会继续是用意不清的东西,骨子里都还含有特殊意图和个人私心。

〔Ⅱ.语言是异化或教化的现实〕 不过这种异化只发生于语言中,而在这里出现的语言,具有它独特的意义。——在伦理世界里语言表示着规律和命令,在现实世界里它只表现为建议,在这两种世界里语言以本质为内容,而语言本身则是本质的形式。但现在,语言却以它自己这个形式为内容,并且作为语言而有效准;实现那必须予以实现的东西,其所依靠的力量就在于说话,在于说话本身。因为语言是纯粹自我本身的特定存在;在语言中自我意识的自为存在着的个别性作为个别性才获得特定存在,这样,这种个体性才是为他的存在。我(Ich),作为这样的纯粹的我,除了在语言中以外,就不是存在在那里的东西;在任何其他的表现中,它都沉沦为这样一种现实、具有这样一种形态:即,它可以重新从其中倒退出来；它曾从它的行动中倒退出来，也曾从它的面相学的表现中倒退出来，以返回于其自身，使这样不完全的特定存在只落得是一种它在其中既是太多又是太少的无灵魂的东西。[①] 但语言则包含着纯粹的我，只有语言表述着我、表述着我自身。自我的这种特定存在，作为特定存在，是一种本身具有我的真实本性的对象性。自我既是这个特殊的我，但同时又是普遍的我；它的显现，既直接是特殊的我的外化和消逝，同时又因此是普遍的我的保持和持存。我，它既然表述它自己，它就是作为我而被听到、被领会了的；它是一种传染，通过这种传染它就直接过渡到与那些认识到有我之存在的人归于统一，成为普遍的自我意识。——当着它被别人听到、领会了的时候，它的特定存在本身就直接沉寂无声了；它的这种他在(Anderssein)就被收回于其自身了；而且它的特定存在，作为被自我意识到了的现在(jetzt)，恰恰是这样的：当它存在在那里时，不是存在在那里，而当它消逝了时，则因为这个消逝而是存在在那里。因此，这个消逝本身直接就是它的持存；它是它自己对它自身的知识，而它所自知的自身则是已直接过渡为别的自我、被别人听到了领会了的普遍的我。

精神所以在这里获得这种现实，乃是因为它作为统一体所包含的各端项也都直接具有它们即是各自的现实这一规定。它们的统一体是分裂为严格的两个方面的，每个方面都是对方的现实对象，都是被排除于对方之外的对象。因此，统一体是作为一个中项出现的，它被排除于分离的两方面的现实之外，不同于它们的现

① 关于我的这种表现，可参看本书上卷232页。——译者注

实;它本身因而具有一种现实的、与它所包含的两方面不同的对象性,它本身是为它们的,即是说,对它们而言它是一种存在在那里的东西。精神实体只由于它能把下述这样的意识当作它的两个方面才作为精神实体而取得实际存在(Existenz):这些意识既知道这种纯粹的自我是直接有效准的现实,又从而直接知道它们自己只有通过这种异化的中介才是这样的东西。由于前者,诸环节才被纯化为知道其自身的范畴,并且从而纯化到成为精神的环节;由于后者,精神才进入特定存在成为精神性的东西。——这样,精神就是中项,它以那两个端项为前提条件,并从它们的特定存在中产生出来,——不过它又是出现于两端项之间的精神整体,它将自己分裂为两个端项,而每一个端项都因与整体发生这样的接触才产生出其自己的原则。——两个端项自在地就已经是被扬弃和被分解了的,这一事实于是产生出它们的统一;而它们的统一乃是结合两者、交换两者的规定,并且确切地说乃是在每一个端项中把两者结合起来的那种运动。这种中介运动,于是把每一个端项的概念置入于该端项的现实中,予以现实化,也就是说,它把每一个端项的自在变成为该端项的精神。

国家权力和高贵意识这两个端项都被后一端项分裂了,其结果,国家权力的两个分裂面是被人遵从的抽象普遍,和自为存在着的、其本身却还没有隶属于这抽象普遍的那种意志;——高贵意识的两个分裂面是扬弃了个体存在以后所表现的服从或者说自尊和荣誉的自在存在,和尚未扬弃掉的、纯粹的自为存在或者说始终还在幕后潜伏着的那种意志。两个端项纯化出来的两个环节,因此也可以说是语言的两个环节,一个是叫做公共福利的那种抽象普遍，另一个是为了服务已舍弃其自己而沉浸于各种特定存在中的意识的那种纯粹自我。在概念中，两者乃是同一个东西，因为纯粹的自我正就是抽象的普遍；因此它们的统一性就被设定为它们的中项。但是，自我首先只在意识端项中才是现实的，——而自在则在国家权力端项中才是现实的；意识的缺点在于，它不仅要国家权力作为荣誉过渡到它这里来，而且要国家权力实际上过渡到它这里来，——国家权力的缺点在于，它不仅要意识把它当作所谓公共福利来遵从，而且要意识把它当作意志来遵从，换言之，它的缺点在于它是具有决定作用的自我〔或主体〕。从概念上说，两者是统一的，因为国家权力尚在概念之中，而意识已把自己纯化为概念；而概念的这种统一性，在以语言为其单一特定存在、为其中项的中介运动中达到了现实。——不过这种统一性的两个端项还不是两个作为自我而出现的自我；因为国家权力是首先通过精神的作用才成为自我〔或主体〕的。因此这种语言还不是精神，如果精神是指那具有完全的自知并能将自己充分表现出来的东西的话。

〔1. 阿谀〕　高贵意识，由于它是自我这个端项，它就成了关系双方借以各自形成为一个有灵魂的整体的语言之所自出的那种东西。——不声不响的服务的英雄主义变成了阿谀的英雄主义。服务的这种非缄默的有语言的反思，构成着精神性的、自身分裂着的中项，它不仅使它自己这一端项返回于自身，而且使普遍势力(allgemeine Gewalt)那一端项也返回于它的这个自身，它并且使首先只是自在存在的普遍势力变成自为自在，使之取得自我意识的个别性。通过这个过程，国家权力所内含的精神就出现了，这是一个威权无限的君主；——其所以是无限的，是因为阿谀的语言已

把这种权力抬高，使之达到了纯粹的普遍性；——这个环节，作为已纯化为精神的特定存在亦即语言的产物，乃是一种纯粹的自身同一性；——其所以是一个君主，是因为语言同样地把个别性抬高到了顶点，就单纯的精神的统一性的这一方面来看，高贵意识所外化所舍弃的环节，是它的思维的纯粹自在，或它的自我本身。更确切地说，阿谀的语言已通过下面的办法把个别性（否则个别性只是一种意想的东西）抬高到它作为特定存在物的最纯粹的地步：即，它给予了君主以自己的姓名[①]，因为只有在姓名中，个别的人与一切其他人的区别才不是意想的、以为的，而是由一切人所实际造成的；有了姓名，一个人就不复只在他自己的意识中觉得是一个纯粹的个别人，而且在一切人的意识中也算得上是一个纯粹的个别人了。于是，由于姓名的缘故，君主就完成了一个从一切人那里分离出来的、排除出来的孤家寡人；在姓名中它是一个原子，原子是不能将其本质向别人作任何传达的，是没有任何东西与它相等的。——因此，这个姓名乃是自身反映，或者说，是普遍权力在其自己本身内所有的现实；普遍权力因这姓名而是君主。反过来，君主这个特殊的个别人之所以知道自己这个特殊的个别人即是普遍权力，[②]乃是因为贵族们不仅乐愿为国家权力服务效劳，而且侍立于王座周围充当他的仪仗，并且，因为他们永远向高踞宝座的人说，他是一位什么人物。

这样，他们的赞美语言就成了使两个端项在国家权力本身中

① 如一些法国诗所歌颂的"路易十四"。——译者注

② "朕即国家"("L'Etat eest Moi".)。——译者注

彼此结合为一的那种精神；这种语言使抽象权力返回自身，并且给它带来另一个端项的环节，有自己意志的和有决定作用的自为存在，以及由此而自我意识了的客观存在；或者说，这个个别的现实的自我意识由于这样就确信不疑地知道自己即是至高权力：而这个权力乃是这样一种自我的中心点：诸多分散的自我中心点都于外化了或舍弃了它们对其自己的内在确信之后集结到它这里来。——但是既然国家权力的这种固有精神之所以能取得它的现实性并得以维持不殆，全在于它牺牲了高贵意识的行动和思维，那么国家权力就是自身异化了的独立性；高贵意识，亦即自为存在那一端项，收回了现实的普遍性这一端项，以取代它所外化出去的思维的普遍性；国家权力就过渡到了高贵意识。国家权力只有在高贵意识那里才真正地行动起来；在高贵意识的自为存在中，国家权力就不再像它作为抽象的自在存在那个端项时那样只是一种惰性的本质了。——就其自在看来，所谓返回于自身的国家权力，或变为精神的国家权力，不是什么别的，只不过意味着它已变成自我意识环节，也就是说，它之仍然为一国家权力只是作为已被扬弃了的。因此，它现在是这样的一种本质：其精神在于被牺牲和被消耗；换句话说，它现在是作为财富而存在着。——国家权力按其概念来说永远要变为财富，相对于财富而言，它固然始终还保持其为一种现实，但这种现实，其概念正是这个转化运动，正在于通过权力之所赖以成为权力的那种尊敬和服务而向它的反面亦即向权力的外化过渡。因此就其自为看来，国家权力的意志亦即独特的自我通过它对高贵意识的抛弃，已变成自身外化着的普遍性，变成一种屈服于任何更强有力的意志之前的、完全的个别性和偶然性；这个自我所继续保有的那种普遍认识的和不可中介的独立性,只是空的姓名。

所以,如果说高贵意识曾把自己规定为一种同普遍权力保有一致关系的东西,那么它的真实本性却毋宁在于当它为普遍权力服务时,也保留它自己的自为存在,而当它真正舍弃它自己的人格时,也实际上扬弃和摧毁着普遍实体。它的精神是一种完全不一致的态度或关系:一方面,在它享受它的荣誉的同时,它保留着它自己的意志,另一方面,在放弃它自己的意志的同时,第一,异化它自己的内在本性,使它自己同自己达到最大的不一致,第二,制服和占有普遍实体,造成普遍实体同它自己的完全不一致。——显而易见,这样一来,它这种意识赖以在判断中有别于所谓卑贱意识的那个规定性,就消逝了,而且因此卑贱意识也跟着消逝了。卑贱意识的目的就在于使普遍权力受制于自为存在,现在这个目的已经达到。

这样,通过普遍权力而丰富了自己之后,自我意识就出现而为普遍的恩惠(allgemeine Wohltat),或者从另一方面来说,普遍权力就成了其本身又重新是意识的对象的那种财富。因为,财富对于意识来说固然是一种已经屈从于意识的普遍物,但这普遍物通过这第一个扬弃还并没绝对返回于自身。——自我还没有以作为自我的自己本身为对象,而只以扬弃了的普遍本质为对象。但是由于这对象刚才形成为对象,所以在这里意识对对象的关系首先是直接的关系,也就是说,意识还没有表示出它自己与对象的不一致性;它是这样一种高贵意识:它从已经变成非本质的普遍物那里获得它的自为存在,因而承认对象〔财富〕并对恩惠施予者

(Wohltäter)知所感激。

财富在其本身已经就含有自为存在的环节。财富不是国家权力的无自我的普遍物,或者说,不是精神的无机而素朴的自然;就国家权力之依赖意志来对抗那企图占有和享受其自己的那种〔个别〕意志以求自我保持这一点而言,财富毋宁就是国家权力。但是,财富既然只具有本质的形式,那么这种不是自在存在却倒又是被扬弃了的自在存在的片面的自为存在,就是个体在自己的享受中所实现的无本质的自身返回。因此,财富本身还需要取得生命;而它取得生命的自身返回运动意味着,它这单纯的自为存在变成自在而又自为的存在,它这被扬弃了的本质变成本质;这样,它就在其本身之中具有它自己的精神了。——因为这种运动的形式我们在上面已经作过分析,所以在这里再对它的内容加以规定,也就可以了。

高贵意识在这里因而与那一般地作为本质的对象根本没发生关系;那对高贵意识说来是一种外来物或对象的,毋宁就是自为存在本身。高贵意识发现它自己的自我是在它以外现成存在着的异化了的自我,是一种对象性的坚固的现实,是它必须从某一别的坚固的自为存在那里接受过来的东西。它的对象是自为存在,因此是属于它的东西;但属于它的东西既然是对象,也就同时直接是一种不属于它的、外来的异己的现实,这种异己的现实有其自己的自为存在,有其自己的意志,这即是说,它眼见它的自我受着一个异己的意志力量的支配,它能不能获得它的自我全取决于这个异己的意志愿不愿意。

自我意识能够摆脱任何个别的方面,因此,它即使跟某一个方面发生关联，也仍然能被承认为并自在地称得上是自为存在着的东西(本质)。不过在这里，它从它的最固有的最纯粹的现实或它的“我”(Ich)这一方面来看，它发现自己在它自己之外，受制于一别的自我意识，它发现它的人格本身受制于一别人的偶然的人格，取决于某一时刻的、某一任意决定的或某一最不相干的环境的偶然性。——在法权状态中，处于对象性本质的势力支配之下的那个方面，乃是一种可以予以摆脱的、偶然的内容，至于自我，就其本身而言，是不受客观势力的影响的，相反，自我倒不如说是得到承认了的。不过在这里，自我看出它对自己所怀抱的确信作为确定性来说是最没有本质的东西，看出它的纯粹人格是完全没有人格的东西。因此它的感激精神既是出于这种最沉重的背离抛弃的情感，又是出于最深刻的激怒叛逆的心理。由于纯粹的我见到自己在它自己以外，并且是支离破碎的，于是在这个支离破碎中，一切具有连续性和普遍性的东西，一切称为规律、善良和公正的东西同时就都归于瓦解崩溃；一切一致的同一的东西都已解体，因为，当前现在的是最纯粹的不一致，绝对的本质是绝对的非本质，自为存在是自外存在(Aussersichsein)；纯粹的我本身已绝对分裂。

因此，这种意识即使从财富那里取回了自为存在的对象性并且扬弃了这种对象性，它却不仅仍像前面的〔自身〕返回那样在概念上没有达到完成，而且它本身也并不感到满意；在这个返回中，自我既然感觉它自己是一种对象性的东西，那么在纯粹自我本身之中就设定了直接矛盾。但是作为自我，这种意识同时又高居于这个矛盾之上，成为绝对的伸缩性，而既是伸缩性，它就重新扬弃这个自我之被扬弃，重新抛弃它的自为存在之变为一种异己物这一被抛弃，它就反抗它自己本身之这样被接受，而且在被接受的过程本身之中是自为的。①

〔2.表示分裂的语言〕　这样一种意识、其行为态度既然含着这种绝对分裂性，于是它作为高贵意识所赖以有别于卑贱意识的那种区别就从它的精神中消逝，而两种意识就是同一种意识了。——但嘉惠于人的财富所体现的精神，仍然可以有所区别于那接受施惠的意识所表现的精神，并且在这里应该对这种区别加以特别考察。——财富所体现的精神，本来是无本质的自为存在，是被抛弃了、被分配给人的东西；但通过它之被分配给人，现在变成了自在存在；由于它已完成了自我牺牲的使命，它就扬弃了它那只为自己享受的个别性；而既然它的个别性已被扬弃，它就是普遍性或本质。——它所分配出去的，它所给予别人的，乃是它的自为存在。但当它把自己给予出去的时候它并不是作为一种无自我的自然，一种随便把自己牺牲了的生活条件，而是作为一种具有自我意识的、为自己而保持自己的本质；它不是被那接受它的意识视为自在的消逝物的那种无机的元素权力，而是一种高居于自我〔或个人〕之上的权力；高居于自我之上的权力，一方面知道自己是独立而有意志的，同时又知道它所施予出去的乃是属于一别人的自我。——财富于是使享受它的主顾也从它这里得到被抛弃之感；不过在这里出现的不是激怒叛逆心理，而是傲慢放肆态度。因为

① 黑格尔在这里描述并将继续分析的这种精神分裂的现象，是以狄德罗所著经歌德译成德文的小说《拉摩的侄儿》为背景的。在这种精神看来，社会的一切固有价值，特别是与卑贱意识相对立的高贵意识所视为有价值的东西，统统崩溃了。可以说是对法国大革命前的精神状态的写照。——译者注

一方面它和它的主顾都知道自为存在是一种偶发的事物,而另一方面它自己又即是这种偶发性,人格是处于它这偶发性的势力支配之下的。财富以为自己给人一顿饱餐就赢得了一个异己的自我(Ichselbst),从而就使这个异己的自我的最内在的本质虚心下气俯首帖耳,于是产生出傲慢放肆的态度;当它这样傲慢放肆的时候,它忽略了这个异己的自我的内心激怒反抗,它忽略了他对一切现存关系的彻底否定;这种彻底否定是一种纯粹崩溃,纯粹分裂,在这种纯粹分裂中既然自为存在的自身同一性或自身一致性已经成为绝对不一致的,那么一切等同一致的,一切持存不变的东西就统统归于分裂瓦解;因此这种纯粹分裂也就首先把一般人对施予者的观感和看法破坏了。财富所直接面临的是这样一种最内心的空虚,它感觉在这个无底深渊中一切依据一切实体都消逝得荡然无存,它看到在这个无底深渊中所唯一仅有的只是一种卑鄙下流的事物,一种嬉笑怒骂的游戏,一种随心所欲的发作。它的精神只落得是完全无本质的意见,是精神丧失后遗留下来的躯壳。

自我意识当初在对待国家权力时有它自己的语言,换句话说,精神当初曾出现于自我意识与国家权力这两个端项之间成为一个现实的中项,同样,自我意识现在在对待财富时也有它自己的语言,而且更进一步,它在对待财富的时候是由它的激怒出来发言。但使得财富意识到它的本质性并从而使自己制伏财富的那种语言,也同样是阿谀的语言,不过,那是不高贵的阿谀语言;——因为它把它明明知道是可以随便舍弃的、不是自在地存在着的本质当成本质来说。但是阿谀的语言,像前面提到过的那样,还是一种带有片面性的精神的语言。因为,那通过服务的教化而被纯化为纯粹存在的自我，和那统辖此自我的权力的自在存在，固然都是这种尚属片面的精神的环节；但简单自我和自在存在，亦即前者纯粹的自我和后者纯粹的本质或思维，这两个环节在其中即是同一个东西的那个纯粹概念，或者说，这两个彼此交互作用着的方面的那个统一性，还并没有为这种语言所意识到；对这种语言的意识说来，对象还只是与自我〔主体〕相对立的自在存在，换句话说，对象还并不同时即是它自己的自我本身。——但表示分裂性的语言乃是表示这整个教化世界最完全的语言，乃是这整个教化世界的真的现实存在着的精神。产生了想抛弃其所遭受的被抛弃状态的反抗心理的这种自我意识，直接是绝对分裂中的绝对自身同一，是纯粹自我意识与其自己的纯粹中介。它是同一判断的同一性，在同一判断中同一个人格既是主词又是宾词。但是，这种同一判断同时又是无限判断；因为，这个人格已绝对分而为二(entzweit)，主词和宾词是绝对互不相干的存在物，彼此各不相涉，没有必然统一性，甚至主词和宾词各是其自己的一个独立人格的势力。自为存在是以它自己的自为存在为对象，它这作为对象的自为存在是一种绝对的他物(对方)而同时又直接是自己本身，——自己本身就是一个他物，并不是说这个他物另有一个别的什么内容，相反，其内容就是这同一个自我，只不过这个自我是以绝对对立和完全独特的存在的形式出现的而已。——因此，这个现实的教化世界在这里表现出来的精神，已经是对它自己的真理性和概念有所意识了的精神。

对其自己的概念有所意识了的精神，就是现实和思想两者的绝对而又普遍的颠倒和异化；它就是纯粹的教化。人们在这种纯粹教化世界里所体验到的是，无论权力和财富的现实本质，或者它们的规定概念善与恶，或者，善的意识和恶的意识、高贵意识与卑贱意识，统统没有真理性；毋宁是，所有这些环节都互相颠倒，每一环节都是它自己的对方。——普遍的权力，它由于通过个体性原则取得了自己的精神性，它就是实体，而它虽是实体，当它接受自己所具有的自我〔主体〕时，它是只把这个自我〔主体〕当作它的空名字看待的，而且它虽是现实的权力，却毋宁是毫无力量的、必须自我牺牲的本质；——但是这种被牺牲了的、无自我〔无主体〕的本质，换句话说，这种变成了事物的自我，事实上反倒是本质向其自己本身的返回；它是自为存在着的自为存在，是精神的特定存在。——同样，属于这些本质的思想，善的思想和恶的思想，他都在这个运动中颠倒了，被规定为好的成了坏的，被规定为坏的成了好的。这些环节的意识，即人们称之为高贵意识和卑贱意识的，真正说来也同样都变成它们这些规定的应有含义的反面，高贵的意识变成卑贱的和被鄙弃的意识，反之，被鄙弃的和卑贱的意识变成高贵的，变成最有教化的、自由的自我意识。——从形式方面看，一切事物，就其外在而言，也都是它们自为的内在之反面；而且反过来，它们内在地自以为是某种东西，实际上并不是那种东西而是不同于它们所愿望的某种别的东西；自为存在倒反是自身丧失，而自身异化倒反是自我保全。——因此在这里出现的情况是这样：所有的环节彼此之间都在进行着普遍的公平对待，每一环节都是一方面就其本身实行自身异化，另一方面又把自己注入于它的对方使对方也颠倒为其自己的对方。——但是真正的〔客观的〕精神正就是绝对的分裂环节的这种统一性，确切地说，真正的精神正是通过这些无自身的端项以之为中项的那种自由的现实才达到客观存在的。真正精神的客观存在就是普遍的述说和分裂性论断，在这种述说和论断面前，一切算得上是真实本质和可以当成整体的现实成分的那些环节，都陷于瓦解，而且，它们甚至跟自己也玩弄同样的手法，从而使它们本身也陷于瓦解。因此这种论断和述说是真实的和不受任何控制的东西，而又是统摄一切的东西；它们是这种现实世界里唯一真正重要的东西。在它们〔述说和论断〕之中，这世界的每一部分都感到自己的精神得到了表达，或者说，都感到自己被在论断时也涉及了精神，在被述说时所述说的确是它所是的东西。——诚实的意识把每一个环节都当成一个常住不变的本质，所以它是没有受过教化的无思想的意识，它不知道它也同样在做着颠倒了的反面的事情。但分裂意识则是颠倒的意识，而且这颠倒是绝对的颠倒；在分裂意识那里占统治地位的是概念，概念把那些在诚实意识看来相距很远毫不相干的思想都联系到一起，所以分裂意识的语言是富于精神的、机智的。

〔3. 教化的虚假性〕　因此，精神所述说的有关它自己本身的那种话语，其内容，是一切概念和一切实在的颠倒，是对它自己和对于别人的普遍欺骗，而正因为内容是普遍的欺骗，所以述说这种自欺欺人的谎言骗语时那种恬不知耻，乃是最大的真理，这种话语就是下述的音乐家所说的狂言呓语，这位音乐家，[①]“他曾把三十种各式各样风格的歌曲，意大利的，法兰西的，悲剧的，喜剧的，都

① 指狄德罗《拉摩的侄儿》中的主人公。参看《狄德罗哲学选集》，1959 年商务印书馆版，第 275 页。——译者注

杂拌在一起，混合起来；他忽而使用一种深沉的低音，一直低沉到鬼神难辨，忽而又捏住嗓子以一种尖锐的假音怪叫得惊天动地，忽而狂暴，忽而安详，忽而装腔作势，忽而嬉笑怒骂。”——对于一位沉静的意识、即对于那真心诚意地以声音的谐和亦即以韵调的纯一为真与善的旋律的那种意识看来，这样的话语简直是“明智和愚蠢的一种狂诞的混杂，是既高雅又庸俗、既有正确思想又有错误观念、既是完全情感错乱和丑恶猥亵，而又是极其光明磊落和真诚坦率的一种混合物。宁静的意识将不能不跟随着这一切高低音调为之抑扬上下，将不得不遍历一切等级的情感，下至最大尖刻的蔑视和鄙弃，上至最高诚挚的钦佩和崇拜；在后一心情中，将浸透着一种滑稽可笑的情调，败坏着它们的本性，使之不成其为崇敬的情感”；在前一心情中〔即在蔑视和鄙弃时〕，它们的直言不讳包含着一种和解的气氛，它们的尖酸刻薄也将使精神不失其庄严的风度。

如果我们对照这种明明知道自己充满了混乱的精神所发表的言论来考察一下那种只知道真与善的简单意识所发表的言论，我们就发现简单意识的言论在跟受了文化教养的精神的那种坦率的自觉的雄辩相比时只能算是单一音节的话语；因为简单意识不能向有教养的精神说出任何后者自己所不知道和说不出的东西。如果它不限于说些单一音节而超越这个范围，那么它所说的就只不过是有教养的精神所说的那些话，但它在这样说的时候还将表现出莫大的愚蠢，因为它将以为自己说出了些什么新颖的与精神所说的有所不同的东西。其实就连它的无耻的、卑鄙的这类音节或字眼，也都已经就是这种愚蠢，因为有教养的精神说出这音节是就它自己本身说的。这种精神在它的言论里把一切只有一个音调的东西加以颠倒，那是因为这些自身同一的东西只是一种抽象，实际上它们就是其自己本身的反面或颠倒；相反，戆直意识（或简单意识）则保护善良的东西和高贵的东西，即是说，它保全那种在其外在表现中保持其自身同一的东西，也就是说，它以此地唯一可行的办法，使这种善的东西不因曾经跟恶的东西有所联系或混合一起而丧失其本身的价值；因为恶的东西正是善的东西的条件和需要，而且自然的智慧就在于此；——可是这种戆直意识，当它想要出语矛盾致使前言不对后语时，实际上它只不过是以一种平凡的方式把精神所说的话语的内容结合在一起而已，而这种平凡的方式，由于把高贵的和善良的东西的对方当成高贵的和善良的东西的条件和需要，却无思想地（愚蠢地）以为所说的是些什么别的话，而不正是这样的话：被称为高贵的和善良的东西从本质上说正是这种东西自己的反面或颠倒物，反之亦然，恶的坏的东西正是善良的优秀的东西。

简单意识如果把这种无精神的思想代替之以优秀的东西的现实，即是说，如果它给优秀的东西提出一个虚构事件作为例证，或者甚至援引一个真实轶事作为例证，从而表明这优秀的东西并不是空的名字，而是当前存在的事实，那么，这颠倒了的行动的普遍的现实就与整个实在世界陷于对立了，因为在这整个现实世界中，这个事例只构成某个完全个别的东西、一个样品（Espéce）而已；而把善良与高贵的特定存在表述为一件个别的轶事，不论是虚构的或是真实的，这总归是对与善良与高贵所能说的话中最令人痛苦的事情。——最后，如果简单意识要求这整个颠倒世界归于瓦解，那么它是不能要求个人摆脱这个颠倒世界的，因为就连退隐于木桶里的第欧根尼也还是受这颠倒世界制约着的，而且要求个别的人摆脱这个世界恰恰就是要求他去做一件可以称之为坏事的事情，即是说，这等于要求他关心作为个别人的自己本身。但是，如果把这要求指向普遍的个体性提出，要求普遍的个体性摆脱颠倒的世界，那么这个要求就不能意味着要求理性重新放弃它自己所已经达到了的那种精神的、有教养的意识，使它的诸环节的已展开的财富重新沉入于自然心灵的简单性，退回于也可以称之为天真的那种动物性意识的野蛮状态；相反，这种瓦解，只能要求于有教化修养的精神本身，要求精神摆脱它的混乱而重新返回于它作为精神的自身，要求它这样地获得一种更高的意识。

但事实上精神已经自在地完成了这个上升运动。对自己的分裂性既有清晰认识又在明白表显着的意识分裂，乃是对于特定存在、对于整体的混乱〔状态〕以及对于自己本身的一番讥讽嘲笑；同时也是正在消逝的这整个混乱状态的一缕尚能听到的残响余音。——关于一切现实和一切确定概念的这种自己能够感觉到的虚光浮影（Eitelkeit），乃是在世界对其自己本身的双重反映：一方面是在意识的这个自我亦即个别性中的反映，另方面是在意识的纯粹普遍性亦即思维中的反映。照前一方面说，那返回到自己本身的精神，是把眼光射入于现实世界，并且还以这个现实世界当作它自己的目的和直接内容；但照另一方面说，它的目光一部分仅只指向自己本身，并且否定地对待现实世界，一部分干脆就离开现实世界而转向上天，以现实世界的彼岸当作它的对象。

从返回于自我那一方面看，一切事物的虚妄性（Eitelkeit）是其自己固有的虚妄性，或者说，它本身是虚妄的。它是自为存在着的自我，它不仅知道判断一切和议论一切，而且它还知道机智地从其矛盾中说出种种坚固的现实本质以及判断所设定的种种坚固的规定来，而这种矛盾就是它们的真理。——从形式方面看，它知道一切都是自身异化了的：自在存在是与自为存在分离了的，想望中的目的是与真理分离了的；它并且知道为它存在又是与上述两者分离了的，冠冕堂皇的理由又是与真实本意和真正的事情和意图分离了的。——因此，它知道如何正确地说出每一个环节都与一切别的环节相反对，一句话，它知道如何正确地表达一切环节都是自己的颠倒；它知道每个环节之所以为每个环节比该环节自己所知道的还更清楚些，不论这个环节怎么规定怎么样构成的。由于它在认识实体性的东西时不是从这种一致方面来认识，而是从它本身包含着的不一致和矛盾性方面来认识，所以它非常善于对实体性的东西下判断，但善于判断，却丧失了把握的能力。——这种虚妄性同时需要一切事物的虚妄性，以便从事物那里取得对自身的意识，因此它是自己在创造一切事物的虚妄性，并且本身就是这虚妄性所赖以支持的灵魂。权力和财富是自我的两个最高努力目的，自我知道它通过自己的舍弃和牺牲把自己教养形成为普遍的东西，进而占有普遍性，并且由于占有了普遍性就具有普遍效准，因为权力和财富是两种现实的普遍承认的力量。但是自我的这种效准本身是虚妄的，而且正是由于自我占有了权力和财富，所以它知道它们都不是什么自身本质或主体(Selbstwesen)，它知道它自己倒反是支配它们的力量，而它们本身则是虚妄的、空的。自我之这样既占有它们两者又超脱于两者之外，乃是自我用充满精神的机智的语言所表述的内容；因此，以机智的语言表述这种情况乃是自我的最高兴趣，也是整体的真理之所在；在这种语言中，这个〔个别的〕自我，本来是纯粹的、既与现实的规定无关也与臆想的规定无关的自我，于是就自觉地变成精神的、真正普遍有效的自我了。这个自我乃是使自己本身跟一切关系归于分裂的那种自然本性，乃是对一切关系的有意识的分裂〔作用〕；但只有当它是反叛的自我意识时它才知道它自己的分裂性，并且当它知道自己的分裂性时它已经把自己高举于分裂性之上，超越了分裂状态。在前述那种〔自觉的〕虚妄性中，一切内容都变成一种再也不能加以肯定把握的否定物，唯一肯定性的对象是纯粹的我本身，并且分裂了的意识自在地就是已返回于自身的自我意识的这种纯粹自身等同。

(b) 信仰与纯粹识见

〔Ⅰ. 信仰的思想〕 自身异化的精神以教化世界当作它的特定存在；但是由于这个精神整体已经完全自身异化，所以存在于教化世界之彼岸的就是纯粹意识或思维这一非现实的世界。非现实的世界的内容是纯粹的被思维物(Gedachte)，它的绝对元素是思维。但是由于这个世界的元素首先只是思维，所以意识只才具有这些思想，还并没思维它们，或者说，还不知道它们就是些思想；对意识来说它们毋宁都带有表象的形式。因为，意识诚然是在从现实跨入纯粹意识，但是它本身基本上还是在现实这个领域和规定性之中。分裂了的意识之是纯粹意识的自身等同，只才是就其自在〔的状态〕而言的，是我们〔研究精神现象学的人〕才觉得它如此，而不是它自己也已知道它如此。因此，它的上升仅只是直接的、还没有在其自身中完成的上升，它因受其制约而得以出现的那种对立的原则仍然包含在它自身之中，并没有通过中介运动而变成为那对立的原则的主宰者。所以对它来说，它的思想的本质，并不算是一种只在抽象自在的形式之下的本质，毋宁是在一种普通现实事物的形式之下的本质，而所谓普通现实事物乃是这样一种现实，它只已上升为另外一种元素，却并没有在该元素中失掉它原是一种没被思维的现实的规定性。——这样一种思想的本质，应该同构成斯多葛式的意识之本质的那种自在有根本的区别；对斯多葛式的意识有效准的东西，只是思想的形式本身，至于思想的内容，则是从现实中随便取来的一种不属于思想的东西；但对于上述的那种意识而言，有效准的东西就不是思想的形式；——同样，〔这样一种本质也有别于〕构成有德行的意识之本质的那种自在，对于有德行的意识而言，本质固然与现实关联着，固然就是现实自身的本质，却才仅只是一种非现实的本质；——但对于上述的那种意识而言，本质虽然处于现实的彼岸，则算得是一种现实性的本质。同样，制定法律的理性〔所建立〕的那种自在的公正与善良，以及审核法律的意识所做的普遍性〔的行动〕，都没有现实的规定性。——所以，如果在教化世界自身以内，纯粹思维曾是异化的一个方面，即是说，曾是判断中抽象的善恶标准，那么它由于通过了这整个的运动现在因为有了现实环节并因现实而有了内容环节就大大丰富起来了。但是本质的这种现实，同时又只是纯粹意识的一种现实，而不是现实意识的一种现实；这种现实固然已经上升为思维的元素，但对现实意识而言还不算是一种思想，它毋宁是在现实意识自己固有的现实的彼岸；因为它是从这后一种现实中逃避出来的。

宗教——因为我们所谈的显然就是这个东西——在这里出现了,不过它是作为教化世界里的信仰而出现的,还不是以它自在自为的样子出现的。——在以前,我们看到,宗教已经以别的规定性出现过,比如说,作为苦恼意识,作为意识自身的一种无实体的运动形态。——在伦理实体中,宗教也曾作为对地下世界(阴间)的信仰出现过,但死去了的精神的意识,严格说来并不是信仰,并不是被置于现实彼岸的纯粹意识的元素中的本质,毋宁是,信仰在那里有它自己的直接现在;它的元素是家庭。——但在这里,宗教就一部分说,是从实体中产生出来的,而且就是这实体的纯粹意识;就另一部分说,这个纯粹意识已经异化而有异于其自己的现实意识,本质已经异化而有异于其自己的特定存在。因此,宗教固然已经不复是意识的无实体的运动,①可是仍然有着对立规定性,它既一般地与作为这个现实的现实相对立,又特殊地与自我意识的现实相对立;它因而本质上说来只是一种信仰〔行动〕。

绝对本质的这种纯粹意识是一种异化了的意识。我们应该详细看看作为它的对方的那种意识究竟有什么样的规定性,并且我们只能结合着这个对方来考察它。最初看起来好像这种纯粹意识只有现实世界跟自己对立着;但由于它是对现实世界的逃避,并且因此而以对立为规定性,所以它在其自己本身中就有着现实世界;因此,纯粹意识从本质上说是在它自己本身中自身异化了的,而且

① 这里说的宗教信仰,与前述的苦恼意识(本书上卷158页),两者的主要区别在于,苦恼意识是无实体的,纯主观的,而这里说的信仰则是有实体的,是实体的思想,是客观的,不曾成为自我意识的对象。在本书末尾《天启的宗教》一节里,黑格尔谈到宗教的真正概念,说宗教是苦恼意识与这教化世界的信仰的结合为一。——译者注

信仰只构成着它的一个方面。但是,另一个方面同时也就已经在我们面前显现出来了。因为纯粹意识在下述情况下是对教化世界的反映,这种情况是:教化世界的实体以及教化世界所由组成的各种集团,都显现出了它们自在地本来所是的样子,都把自己显现成了一些精神的本质性,显现成了绝对无止无息的运动或直接在它们自己的对方中把自己扬弃了的那样一些规定。它们的本质,亦即单纯意识,因而就是绝对差别的简单性,而绝对差别就其直接性说来并不是差别。因此,单纯意识的本质就是纯粹的自为存在,不过这纯粹的自为存在并不是这个个别的自我,而是这样一种本身普遍的自我,这种普遍的自我,作为一种无止无息的运动,不断攻击着和渗透着〔实际〕事情的静止的本质。于是,在这个自我中就出现了这样的确定性:它直接确信自己即是真理,确信纯粹思维即是处于自己的否定性势力中的绝对概念,而这否定性势力是排除一切可以与意识对立的对象性本质并把这本质转化为一种意识存在的。——这种纯粹意识同时也同样是简单的、未分化的,因为它的差别同样不是差别。但作为这种形式的简单自身反映,它〔纯粹意识〕是信仰的元素,而在这种信仰的元素中,精神具有与上述自我意识的自为存在相对立的那种肯定的普遍性、自在存在的规定性。——被迫从无本体的,只在自身消融着的世界那里退返于自身之后,精神,按其真理性看来,在没有分裂的统一性中,乃既是否定它自己的表显(或现象)的绝对运动和否定性,又是这否定性的运动在自身中满足了的本质,及其肯定性的静止。但是这两个环节,尽管一般地都属于异化这个规定性,却彼此分离开来,就像一个双重意识一样。前一环节是纯粹的识见,是集中于自我意识中的这样一种精神过程,这种过程以肯定性事物的意识、以对象性或表象的形式为自己的对方,并且将自己跟这种对方对立起来;但是,纯粹识见自己所固有的对象,只是纯粹的自我。——反之,肯定的东西或静止的自身等同的东西的简单意识,则是以那作为本质的内在本质为对象。因此,纯粹识见起初在其自己本身中并没有内容,因为它是否定性的自为存在;相反,信仰则有内容而无识见。如果说前者并不超出于自我意识以外去,那么后者的对象也同样是在纯粹的自我意识的元素以内,不过,是在思维而不是在概念以内,是在纯粹意识而不是在纯粹自我意识以内。这样,信仰事实上即是对本质的一种纯粹意识,亦即对简单内在的纯粹意识,并且因此即是思维,——思维乃是信仰的本性中通常总被忽视了的主要环节。① 本质是直接存在于信仰中的,其所以是直接的,是因为信仰的对象即是本质,也就是说,即是纯粹的思想(纯粹被思维物)。但是,一旦思维进入了意识,或纯粹意识进入了自我意识,这种直接性就获得了一种对象性存在的含义,意味着是一个处于对自我的意识之彼岸的对象性存在。纯粹思维本来具有的直接性和简单性,既然在意识中取得了这种新的含义,于是,信仰的本质就从思维下降为表象(观念),就变成了真正说来乃是自我意识的对方这样一种超感性世界。——相反,在纯粹识见中,纯粹思维进入意识这个过渡活动所取得的规定是一种与上述相反的规定,对象性一变而意味着是一种纯然否定的、自身扬弃的、向自我返回的内

① 《哲学全书》第 554 节:“信仰是一种知识。”——英文本译者 J. B. Baillie 的注。——译者注

容，即是说，只有自我才真正是它自己的对象，也就是说，对象只当它具有自我（或主体）这个形式时才有真理性。

〔Ⅱ.信仰的对象〕　正如信仰和纯粹识见两者同属于纯粹意识的元素那样，它们两者也同是〔精神〕从现实的教化世界那里的返回。因此，它们两者都是按照下列三个方面显现着自己：第一，它们各自处于一切关系之外，是自在而自为的；第二，它们各自跟那与纯粹意识相对立的现实世界发生关联；第三，它们各自在纯粹意识以内跟自己的对方发生关联。

在信仰意识里，自在而自为的存在的方面，是信仰的绝对对象；这绝对对象的内容和规定已经显现过了，因为，按照信仰这一概念说来，信仰的绝对对象不是什么别的，正是已上升为纯粹意识的普遍性了的实在世界。因此，后者〔实在世界〕的结构也构成着前者〔信仰的对象〕的组织，只有一点不同，即，在信仰世界里，各组成部分，当它们精神化的时候，并不异化其自身，而毋宁是，它们各是自在自为地存在着的本质，各是返回到了自身并自己保持不变的精神[①]。——所以它们的过渡运动，只对我们〔研究这种形态的人〕而言，才是一种规定性的异化，才是它们借以互相区别的规定性的一种异化，只对我们而言，才是一种必然的系列；但对于信仰来说，它们的区别则是一种静止的差别性，它们的运动则是一种偶然的事件。

如果简单地就它们的形式的外在规定来称呼它们，像在教化世界里那样把国家权力或财富说是第一性的环节，那么在这里，第

① 指三位一体的"人"（Person）。——译者注

一性的环节就是绝对本质，就是自在而自为存在着的精神，如果精神是简单的永恒的实体[①]的话。但在实体概念实现为精神的过程中，实体过渡成为为他的存在，其自身等同性变成现实的、自我牺牲着的绝对本质；本质变成自我[②]，不过所变成的自我是可以毁灭可以消逝的自我。因此，第三个环节就是这种异化了的自我和贬低〔为人〕了的实体之向其最初的简单性的返回；只有这样之后，实体才被表象为精神。[③]

这些有区别的本质，当它们被思维从现实世界的变化流转中收回于自己本身时，它们都是一些常住不变的永恒的精神，即是说，这些精神都以对它们所构成的统一体进行思维为它们的存在。可是这些本质虽然被推移于自我意识以外，却仍然干预着自我意识；因为，假如〔绝对〕本质坚定不移地始终保持于其最初的简单实体的形式中，那它就该始终是自我意识的异己物。但是，这种实体的外化，以及外化以后它的精神，本身之中就包含有现实环节，并且因此而使自己干预着信仰的自我意识，或者还可以说，信仰意识隶属于实在世界。

按照这第二种关系，信仰意识一方面以实在的教化世界为它自己的现实，而自己则构成着教化世界的精神及其特定存在，这是已经考察了的；但另一方面，它又与它自己的这个现实相对立，视此现实为虚幻的东西，并且本身就是扬弃这种虚幻现实的一种运

① 指超越的上帝、作为实体的上帝、作为圣父的上帝。——译者注

② 这里“本质”即实体；下面所谓可以毁灭的自我，是指基督教神学中变成肉身的上帝、基督。——译者注

③ 指绝对精神，作为圣灵的上帝。——译者注

动。这种运动之所以发生，并非由于信仰意识已对实在世界的颠倒情况有了一种富有精神的意识；因为，信仰意识是一种简单朴素的意识，在它看来富有精神的东西是虚幻的东西，因为富有精神的东西还以实在世界为自己〔要去达到〕的目的。相反，〔这种运动之所以发生，倒是由于，〕与信仰意识的思维的静止王国相对的那个现实是一种无精神的存在，因此有必要通过一种外在的方式去克服这种无精神的存在。感性的知识和行动扬弃了之后，就出现了出于崇拜①和赞颂的听从心理，而这种听从就产生出一种与自在自为存在着的本质相统一的意识，不过，这种统一不是一种直接看到了的现实的统一，毋宁说，这种崇拜只是一种继续不断永无止境的创造〔统一的〕过程，它所追求的目标是在当前现实中不能完全达到的。当然，对于〔崇拜上帝的〕社团来说，这个目标是达到了的，因为这样的社团乃是普遍的自我意识；但对于个别的自我意识来说，纯粹思维的王国必然始终是它的现实的一个彼岸，或者更进一步说，既然这个彼岸由于永恒本质的外化而进入了现实，那么这个现实就是一种没被把握的感性的现实；但一个感性的现实永远是与另一感性的现实各不相干、彼此外在的，因而彼岸之成为彼岸，就只还获得了时间和空间上〔无限〕远离这一规定②。——但是，概念，亦即精神对其自己本身所显现的现实，在信仰意识中，始终是**内在的东西**，它即是一切并且对一切发生作用，但自己并不显现出来。

---

① “崇拜”原文是 Dienst，有不同的含义。在前面教化世界里，此字译为“服务”（服侍），是与“阿谀”对应的，在这里译为崇拜（礼拜）是与赞美歌颂相应的。——译者注

② 参看本书上卷 158 页：苦恼意识。——译者注

〔Ⅲ.纯粹识见的合理性〕 相反,在纯粹识见中,概念则是唯一现实的东西;而信仰的这个第三方面,即,信仰之作为纯粹识见的对象这个方面,乃是在这里信仰出现于其中的一种独特的关系。——纯粹识见本身,也与信仰的情况一样,可以一方面就它自在自为的本身来考察,一方面就它与现实世界的关系来考察,如果现实世界还是以肯定的方式,或者说作为虚幻意识而呈现着的话,而另一方面,还可以就它与信仰的上述关系考察。

关于自在自为的纯粹识见,我们已经考察过了;正如信仰之是精神亦即本质的一种安静的纯粹意识那样,纯粹识见乃是这种本质的一种自我意识;它因此并不知道本质即是本质〔实体〕,而是把本质认作一种绝对的自我〔主体〕。于是它就从事于扬弃一切不同于自我意识的独立自存的东西,不论是现实的东西或是自在存在的东西,一律予以扬弃,并使之成为概念。它不仅是具有自我意识的理性关于其自己即是一切真理的这一确定性;而且它知道它自己是这种确定性。

但是当纯粹识见的概念才刚一出现的时候,概念还是没有现实的。因此,关于这种概念的意识,还只表现为一种偶然的、个别的意识,而那对这种意识说来是本质的东西,还只表现为它要去求其实现的目的。它的意图才刚刚在于把纯粹识见变成为普遍的,即是说,把一切现实存在着的东西都变成为概念,并且变成为存在于一切自我意识中的同一个概念。意图是纯粹的,因为它以纯粹识见为内容;这种识见也同样是纯粹的,因为它的内容只是绝对概念,而绝对概念既不与一个对象相对立,也不在自己本身内有什么限制。没有限制的概念,直接包含着两个方面,一个方面是,一切对象性的东西都只意味着是自为存在、自我意识，另一个方面是自为存在、自我意识又意味着是一种普遍性的东西，也就是说，纯粹识见变成为一切自我意识所共有的财产。意图的这第二个方面，乃是教化的结果，因为在教化中，无论是对象性精神的种种区别，这精神世界的种种部分以及判断这精神世界的种种规定，或是那些原本特定的自然物所表现的种种差别，统统都消融瓦解了。天才、才能，以及一般说来各种特殊能力，都是属于现实世界的东西，因为现实世界本身中还含有这样一方面，即，它还表现为精神的动物王国，而在这个王国里，为了取得实在世界的种种本质，精神动物是处于暴行和混战之中，互相斗争互相欺骗的。——毫无疑问，上述的那些差别，作为一些真正的“样子”(或品种)，在这个世界里已不复存在；个体性既不满足于非现实的事情自身，也没有特殊的内容和固有的目的；相反，它只算得是一种普遍有效的东西，一种培养教化出来的东西；而且区别就只归结为能力大些或能力小些，归结为一种大小上的区别，即是说，归结为非本质的区别。但这种非本质的差别性就一个意义说来已经消失了，因为在意识完全分裂了的状态中区别已转化为绝对属于质的区别。在那里，对于自我说来是对方或他物的东西，只是自我本身。在这种无限的判断中，原始的自为存在的一切片面性和独特性都被消除了；自我知道它自己作为纯粹的自我即是它自己的对象；而且，两个方面的这种绝对同一乃是纯粹识见的元素。——因此，纯粹识见是自身中全无区别的简单本质，并且同时又是〔属于一切的〕普遍绩业〔或作品Werk〕和普遍财产。在这种简单的精神实体中，一方面，自我意识在一切对象里都使自己意识到它自己的这种个别性或行动，另一方面,正相反,自我意识的个体性在这里是与自己本身同一的,是普遍的。——因此这种纯粹识见是这样一种精神,它向一切意识呼吁道:你们要在为你们自己时是所有你们在你们自己中时所是的那样,都要是有理性的①。

B. 启蒙

纯粹识见使用概念的力量去对付的这个独特的对象是信仰,即是说,是那与纯粹识见处于同一元素之中而又与之互相对立的纯粹意识形式。但同时,纯粹识见也与现实世界有着关系,因为它与信仰一样是从现实世界那里返回到纯粹意识中来的。应该首先让我们来看看,纯粹识见为反对现实世界里那些混杂不纯的意图和颠倒错乱的识见而进行的活动是怎样构成的。

我们在前面已经提到过与这种在自己本身中瓦解自己而又重新产生自己的激流旋风相对立的安静意识;就是这种安静的意识,它构成着纯粹识见与纯粹意图这个方面。这种安静意识,如我们以前所见的那样,不含有任何关于教化世界的特殊识见;有关教化世界的特殊识见毋宁本身就包含有对其自身的最痛苦的情感和最真实的识见,其所以有最痛苦的情感,是因为它感觉到所有力求巩

① 读《精神现象学》的人或许要问:黑格尔既然认为逻辑发展与历史发展是一致的,为什么他在这里没谈宗教改革这一历史过程呢?其实关于宗教改革的讨论已经寓于他对纯粹识见的讨论之中。教化世界的信仰,已不再是中世纪那种朴素的主观的信仰。黑格尔在他的《信仰与知识》中说过,基督教(宗教改革后的新教)的信仰已把有限与无限分开来对待,因而新教的行动可以比作十八世纪以前的一种启蒙行动。所以黑格尔在这里紧接着就讨论启蒙。——译者注

固的东西都归于瓦解，所有它赖以存在的环节都遭到践踏，所有的筋骨都砸得粉碎；而且，其所以是最真实的识见，是因为它又是表达这种情感的语言和评述它的全面处境的富有精神的〔机智的〕议论[1]。因此，纯粹识见在这里不可能有它自己的活动和内容，它所能采取的态度只能是对于关于世界的这种机智的独特识见以及表示这种识见的语言进行一种形式的忠实的领会或理解。由于这种语言是一些零星片断杂乱无章的表述，论断也是一些临时感发转瞬即忘的空谈，要构成一个全面的整体就要依靠一个第三意识，所以这第三意识要标明自己是纯粹识见，就只能是这样的：它把上述的那些零星散乱的迹象汇集为一幅完整的图画，然后再把它们构成为一个概观一切的识见[2]。

通过这个简单手段，纯粹识见就将消除这个世界的混乱。因为，大家已经见到，各种集团也好，特定的概念也好，各种个体性也好，都不是这个现实的本质，事实毋宁是，这个现实是只以那作为判断和讨论而存在着的精神当作它的实体和依据的，并且，完全是想给这种推论和空谈找到一个内容的那种兴趣，它把整体及其所由组成的种种集团保存下来的。在识见〔所采用〕的这种语言中，识见的自我意识认为自己还是一种自为存在的东西，还是这个个别的东西；但是内容的虚妄，同时也就是知道内容之虚妄的那个自我虚妄。现在，既然那对于这整个的富有精神的机智的狂言空论安静地进行把握或理解的意识，已把最精彩最中肯的对事情剖析

① 这里指的是以“拉摩的侄儿”为典型的精神状态。——译者注

② 这里黑格尔心目中要说的应是伏尔泰，应是像哲学词典之类的著作。——译者注

得最透辟的见解都搜集起来成为一个汇编,那么,一直还在保存着整体的那个灵魂,富有精神的、机智的论断的那种虚妄性,就把实际存在的一切其余的虚妄性彻底戳穿了。这个汇编给大多数人指出了一种更好的机智,或者至少说,它给所有的人指出了一种比他们自己的更为繁复的谐谑或机智;它向他们指明了,更好的知识和论断一般说来是某种普遍性的东西,因而是众所周知的公认东西:这样,当初留存下来的那个唯一的兴趣,就消除掉了,而个别的见解就消融而成为普遍的识见了。

但是,在虚妄的知识之上,关于本质的知识仍然在屹立不动,而纯粹识见,只当它与信仰对立起来时,才表现出它的真正的活动。

(a) 启蒙与迷信的斗争

〔Ⅰ.识见对信仰的否定态度〕 不论怀疑主义的意识,或是理论的和实践的唯心主义的意识,它们的各种不同方式的否定态度,如果同纯粹识见以及传播纯粹识见的启蒙的否定态度比较起来,都只是些低级形态的否定态度;因为纯粹识见是从〔精神〕实体诞生出来的,它知道意识的纯粹自我是绝对的,它与一切现实的绝对本质的纯粹意识,进行对抗较量。——信仰和识见虽然是同一个纯粹意识,但按照形式来说是彼此对立的,对信仰而言,本质是思想而不是概念,因而是一种与自我意识完全相反的东西,而对纯粹识见而言,本质是自我〔主体〕;因此,它们相互之间的关系是,每一方都是另一方的绝对否定物。——在双方对立的情况下,一切内容都属于信仰,因为在信仰的安静的思维元素里,每一环节都赢得其持续存在；——而纯粹识见，最初是没有内容的，并且毋宁可以说它纯然是内容的消失；但是，它通过它对它的否定物的否定运动，将使自己实现出来并将取得一种内容。①

〔1. 纯粹识见的传播〕　纯粹识见知道信仰是与它自己、与理性和真理，正相反对的东西。在它看来，信仰一般地说是一团迷信、偏见和谬误的大杂烩，同样，对它说来，把握着这种内容的意识又更进一步地把自己组织成为一个谬误王国，在这个王国里，谬误的识见，一方面，就是意识的直接的、天真朴素的、并没自身反思的一般群众(allgemeine Masse)，但另一方面，它本身又包含有与天真朴素性分庭抗礼的自身反思或自我意识这样的环节，这后一种自身反思的环节，作为躲在背后的、为自己而坚持存在下来的识见和恶意，愚弄着那前一种直接的、天真的识见。一般群众于是成了这样一种教士阶层欺骗的牺牲品，这种教士阶层，其所作所为，无非是要满足其妄想永远独霸识见的嫉妒心以及其他自私心，并且，它同时还与专制政体一起阴谋活动，狼狈为奸。而专制政体作为实在王国与这个理想王国的无概念的综合统一体——一个矛盾百出的稀奇古怪的东西——高高君临于群众的坏识见与教士的坏意图之上，并且还进一步鄙视它们，将两者联合于其本身之中，利用民众的愚蠢和混乱，凭借教士们的欺骗手段，坐收渔人之利，实现他太平无事的统治，满足它的私欲和专断；但是，同时它也表现出识见的这同一愚蠢性，它也同样是迷信和谬误。

① 黑格尔在这里对他前节所说的作了补充：信仰是唯一有内容的思想，而识见是唯一否定性的思想；他现在指出发展的意义在于：识见将取得一种内容，识见的肯定性的东西(十八世纪的哲学)即将出现。——译者注

对付这三方面的敌人,启蒙并不是不加区别的;因为它的本质既然是纯粹识见,既然是自在自为地普遍的东西,那么它与它的对手的真正关系就是这样一种关系,即,在这种关系中它〔只〕与两个方面共有的同一的东西打交道。至于从普遍的意识中分离孤立出来的个别性方面,乃是它的对立面,它是不能直接去触动的。因此,欺骗人的教士阶层和压迫人的专制暴君这两者的意志,不是它的行动的直接对象;它的行动所直接指向的对象,毋宁是并没个别化为自为存在的那种无意志的识见,毋宁是有理性的自我意识的那种虽然具体存在于群众之中却还没在群众中已形成为概念的概念。但是,当纯粹识见把这种诚实识见及其天真的本质从偏见和谬误中拯救了出来时,它就从恶意的手中将其欺骗的实在性和力量摘除掉了;恶意的王国是以一般群众的无概念的意识为它的基地和素材,——自为存在一般地以简单的意识为它的实体。

现在纯粹识见与绝对本质的天真意识之间的关系有了两个方面,一方面,纯粹识见自在地与天真意识即是同一个东西,但另一方面,天真意识听任绝对本质及其部分都在它自己的思想的简单元素中自然发展,让它们取得持续存在,并且让它们只充当它的自在存在,只以对象的方式出现,却否认在这种自在存在中含有它的自为存在。——只要是,按照第一方面,信仰自在地对纯粹意见而言是一种纯粹的自我意识,而且只要是,信仰仅只自为地就成为一种纯粹的自我意识,那么,在信仰这个概念中,纯粹识见,而非谬误识见,就找到了自我实现的元素。

从这一方面来看,既然关系双方在本质上即是同一个东西,既然纯粹识见的关系是通过同一元素并即在同一元素中发生的,那么，它们之间的传达就是一种直接的传达，而它们的给予和接受就是一种畅行无阻的交流。无论另外还会有什么样的楔子打进意识里来，意识自在地总是这样一种简单性，在这里一切都被消融，都被遗忘，都成为天真纯朴，这种简单性因而对概念是绝对易于吸收接受的。因此，纯粹识见的传达可以比为一股香味在畅行无阻的空气里悄悄的扩散或传播。它是一种渗透性的传染，传染并不是作为一种与它要去感染的那种无差别的元素相反对的东西预先就能被注意到的，所以它是不能防范的。直到传染已经扩散开来，它才是为意识的，它才被当初对它漫不经心的意识注意到。因为，这种意识当初接受到自己本身中来的，固然是自身等同又和意识等同的简单本质，但同时又是已返回于自身的否定性的简单性，〔因为〕这种简单性后来也按照自己的本性〔否定性〕发展成为相反的或对立的东西，而这就使意识回想起这反面的东西当初的存在方式；这样的简单性就是概念，概念是这样的简单知识，它既知道自己本身同时又知道它的对方，只不过，它所知道的对方，是在它自身内已经扬弃了的对方。因此，当纯粹识见是作为意识对象的时候，当它被意识所知道的时候，它早已经传播开了；对它进行斗争，说明传染已经发生了；斗争已是太迟了，一切治疗都只会使病情更加沉重，因为疾病已经感染了精神生活的骨髓，即是说，损害了在自己的概念中的意识，或者说，侵袭了意识的纯粹本质自身；于是这种意识就没有可以战胜疾病的力量。因为疾病是在本质自身，所以它的一些还没有集中发作的零星表现就可以克服下去，表面症候就可以抑制下去，不显得那么严重。这是对它最有利的情况，因为它此时既无需徒劳地浪费力量，也不表明自己并没具有按它的本质所应有的价值,——当它以症候和个别的发作而与信仰的内容及其外在现实的关联相对抗时,是会出现上述情况的。而现在,它作为一种不显形迹的和不受注意的精神,悄悄地把高贵的部分都到处渗透,随后彻底地把全无意识的神像的一切内脏和一切肢体都掌握起来,“在一个晴朗的早晨它用肘臂把它的同伴轻轻一推,于是稀里!哗啦!神像垮在地上了”。① ——在一个晴朗的早晨,连当天中午都不见血迹了,因为病的感染把精神生活的一切器官都已渗透;到这个时候,只有记忆还保留着以前的精神形态的死去了的样式,成了一段过去了的历史,而谁也不知道是怎么过去了的;于是新的抬上来供人崇拜的智慧之蛇,就这样毫无痛苦地蜕去了一层枯萎的旧皮。

〔2.识见反对信仰〕 但是,隐瞒着自己的行动的精神,在它自己的实体的简单内在中所进行的这种不声不响的活动,只是纯粹识见的实现的一个方面。纯粹识见的传播,并不仅仅在于相同的东西与相同的东西互相投合;它的实现并不仅仅是一种畅行无阻的扩散。相反,否定的本质的行动,本质上也是一种发展了的、进行着自身区别的运动,这种运动作为有意识的行动,必须在特定的有目共睹的实际存在中把它的各个环节摊列出来,必须表现为两

① 《拉摩的侄儿》:“自然王国静静悄悄地巩固着自己,我的三位一体的王国,地狱的大门面对着这个三位一体什么也不能做。真,它是圣父,圣父产生善,善是圣子,圣子产生美,美是圣灵。这个外邦的上帝(神)谦虚地坐到祭坛上本地神像的旁边。它越来越占有了地位,而在一个晴朗的早晨它用肘臂把它的同伴轻轻一推,于是稀里!哗啦!神像垮在地上了。”——荷夫麦斯特的编注。(狄德罗的这段话,原是描绘耶稣会士对无信仰的人的宣传说教的成果的,但在这里,正相反,黑格尔是借以隐喻基督教信仰本身的。参看《拉摩的侄儿》,商务印书馆版,第274页。——译者注)

军对垒下的一种战鼓喧天兵戎相见的暴力斗争。

我们因而必须看看，纯粹识见和纯粹意图是怎么样以否定的态度来对付它所遇到的与自己相对抗的对方的。——抱有否定态度的纯粹识见和纯粹意图，由于其概念即是一切本质性，而不是其本身以外的什么东西，所以只能自己是自己本身的否定物。因此，它作为识见，就成为纯粹识见的否定物，就成非真理和非理性，而它作为意图，就成为纯粹意图的否定物，就成为谎言和目的不纯。

纯粹识见之所以卷入于这个矛盾里来，是因为它参加了一场争执，并且以为自己在反对着什么其他的东西(或他物)。——它所以以为如此，只是因为它的本质，作为绝对的否定性，正在于在它自身中含有着他物。绝对概念就是范畴；它的含义是，知识与知识的对象即是同一个东西。因此，纯粹识见所说的他物或对方，它所说的谬误或谎言，不是什么别的正是它自己；它只能惩处即是它自己的那种东西。凡是不合理性的东西，它就没有真理，换句话说，凡没经概念把握的东西，就不存在；因此，当理性谈论不同于它自己的一个他物时，它所说的事实上只是它自己本身；所以在这里它并没跳出它自己以外去。——这场与对方的斗争，因此本身就兼含着这样的意义：它的斗争也就是它的实现。因为所谓实现，恰恰就是把环节发展出来再把它们接收回去这样一个运动；这个运动的一个部分乃是进行区别，在区别运动中那进行理解的识见把自己树立为对象；而当它停留在这个〔对象〕环节中时，它就自身异化了。作为纯粹识见，它是没有任何内容的；它的实现运动就在于：它自身变成自己的内容，因为，既然它是范畴的自我意识，就没有任何他物可以变成它的内容。但是，由于它最初在对方中所识见到的对象,它只认为是对象,而还不知道那即是它自己本身,所以它就在对方中错认了自己,无视了自己。因此,所谓纯粹识见的完满实现,意思就是说,它认识到它起初所认为是对象的那个内容即是它自己的内容。但这样一来,纯粹识见〔发展完成〕的结果,就将既不是它所反对的那些谬误的重建或恢复,也不仅仅就是它最初的概念,而是这样一种识见:认识到它自己的绝对否定物即是它固有的现实,即是它自己本身,或者说,即是它那认识自己本身的概念。——启蒙对种种谬误所进行的斗争的这种性质,即,它反对在谬误之中的它自己本身并谴责在谬误中的它自己所主张的东西,这样一种斗争的性质,乃是为我们的〔是我们考察这个运动的人所认识到的〕,或者说,这种情况对启蒙本身及其斗争来说是自在的。但是,启蒙斗争的第一个方面,即是说,启蒙之因对它的自身等同的纯粹性采取否定性态度而变为不纯粹,成了对象,乃是为信仰的〔是信仰所认识到的〕;信仰于是认为启蒙是谎言、非理性和坏意图,正如启蒙认为信仰是谬误和成见一样。——就其内容而言,启蒙起初是毫无内容的识见,在这空的识见看来,启蒙的内容好像是一种外在的他物;因此,当启蒙发现还不是属于启蒙的内容这一形态的内容时,内容还是一种与启蒙完全独立无涉的特定存在,还是在信仰里的东西。

〔3. 识见是对它自己的误解〕 所以,启蒙在理解它自己的对象时,首先而且一般地是把它的对象当成为纯粹识见,并且由于对自己本身不认识,就把这对象宣布为谬误。在识见本身中意识是这样理解一个对象的,即,对象成为了意识的本质,或者说,成为了被意识所渗透的一种对象,在这种对象中,意识保持着自己,保持

自己为自己本身，保持自己为呈现于自己面前的东西，并且，还创造或产生着这种对象，因为意识就是这种对象的运动。启蒙正确地把信仰宣布为正是这样的意识，因为它在谈论信仰时说道，那对信仰而言是绝对本质的东西，乃是信仰自己的意识的一个存在，乃是信仰自己的思想，乃是一个由意识创造出来的东西。[①] 启蒙于是宣称信仰是一种谬误，认为信仰关于启蒙自身是什么所说的话纯然是一种瞎扯。——启蒙尽管自以为是在向信仰讲述些新的智慧，但在它这样做时它所说的完全不是什么新东西；因为，信仰的对象，在信仰看来，也恰恰就是这个东西，确切地说，也恰恰就是信仰自己的意识的纯粹本质，所以这个意识之将自己安置到它的对象中，并不是把自己当成已被否定已经丧失了的，相反，它毋宁非常信任它的对象，这就是说，它恰恰认为它自己作为这个意识，或者说作为自我意识就在它这个对象身上。当我信任一个人时，我所信任的这个人对他自己的确信〔或确定性〕，就是我对我自己的确信或确定性；我从它身上认识到我的为我存在，我认识到，他承认我的为我存在并且我的为我存在就是他的目的和本质。但是信任就是信仰，因为信仰的意识是把自己直接关联着它的对象的，因而也就直观到：它与它的对象是合而为一的，它就在它的对象之中。——此外，既然我在其中认识我自己的那个东西，对我说来，是一个对象，那么在这个对象中，我，对我说来，也就同时是另外一种自我意识，具体说来，是这样一种自我意识：它在这个对象中已经自身异化，已经摆脱了它自己特殊的个别性，或者说，已经摆脱

① 可参看费尔巴哈在《基督教的本质》中关于上帝的看法。——译者注

了它的自然性和偶然性，但是一方面它在这个对象中继续是自我意识，而另一方面它还是在这同一个对象中，却是一种像纯粹识见这样的本质性的意识。——识见这个概念，不仅含有下列这个意思：意识在它自己所见识到的对象中认识到自己本身并即在对象中直接地（无须先离开被思维的东西然后再返回自身）具有着自己本身；并且还有这样的含义，即，意识还知道它自己也是中介运动，还知道它自己也是行动或产生，因为这样，所以在思想中意识的自我与对象的这种统一，是为它〔意识〕的〔换句话说，这种统一，意识是知道的〕。——恰恰这种意识也就是信仰；服从和行动是那对绝对本质中的存在的确定性（确信）之所以能产生的一种必要环节。信仰的这种行动，不错，看起来好像并不是绝对本质自己赖之以产生的那种行动。但是，信仰的绝对本质；从本质上说，它并不是在信仰意识的彼岸的那种抽象的本质；相反，它是〔宗教〕社团的精神，它是抽象本质与自我意识的统一体。〔当我们说〕信仰的绝对本质是社团的精神，在这里是说，社团的行动乃是一个本质性的环节；这种精神只是通过了意识的产生活动才成其为精神的，——或者更确切些说，它不是没通过意识而产生出来的；因为，尽管这个产生活动是非常本质的，但它从本质上说毕竟不是〔绝对〕本质的唯一根据，它只是一个环节而已。〔绝对〕本质同时既是自在的又是自为的。

从另一方面看，纯粹识见的概念认为自己是不同于它自己的对象的一种别的东西〔他物〕；因为正是这个否定性规定，构成着对象。这样，纯粹识见又从另一方面表述了信仰的本质，它把信仰的本质说成是一种不属于自我意识本身的异己物，而既然是异己物，所以不是它〔信仰〕的本质，而好像是暗暗地塞进它肚子里来的一个怪胎。但是启蒙在这里完全是一个傻子；信仰体验到，启蒙是这样一种言论，它完全不知道它所说的是什么，并且当它谈到什么僧侣的欺骗和群众的迷惑时它完全不懂那是怎么一回事。照启蒙的这个说法，仿佛有某种外来的东西和别的东西通过玩魔术的传教师的一种变戏法被当作本质暗中填进了意识里来，而它同时却又表示，这某种东西就是意识的一个本质，意识信仰它、信任它、并力图使它投合于自己；这就是说，启蒙宣称，意识把这个东西既看成它的纯粹本质同样又看成它的个别的和普遍的个体性，并且是通过它自己的行动把它的自身和它的本质结合起来产生了这种统一。一句话，启蒙直接宣称它自己明明说是一种不属于意识本身的异己物是意识的最固有的本性。——那么，它怎么能够谈论欺骗和迷惑呢？既然它自己关于信仰所说的话正是它所认为的信仰的情况的反面，那么它倒不如说向信仰表明它自己是有意识的谎言。意识既然在它的真理性中直接有着对它自己的确定性，意识既然在它的对象中占有它自己，换句话说，既发现到又产生出它自己来，那么在这种情况下如何还会发生欺骗和迷惑呢？区别已不复存在，甚至在词句中也不再有什么区别了。——人们曾提出过下述这个一般性问题：是否有可能迷惑或欺蒙一个民族[①]，其实这个问题的答案应该是，问题根本是废话；因为一个民族在这种事情上是不可能欺蒙的。——用黄铜混充黄金，用仿造的赝币混充真正的货币，可以使少数人受到欺骗，把一场败北的战役说成一场大

① 1778年由腓特烈大帝提出来的柏林科学院的悬赏求答的问题。——原编者

捷的战役，也可以使多数人受到蒙蔽，还有诸如此类的一些关于感性事物和个别事件的谎言，都可以在一定长的时期内使人信以为真；但是，在关于本质知识中，在这里既然意识有着对它自己的直接的确定性，欺骗蒙混的思想是完全没有存在余地的。

〔Ⅱ.启蒙的原理〕　让我们现在进一步再来看看，信仰在它的意识——上述的看法只才涉及信仰意识一般——的不同环节中是怎样被启蒙〔错误〕看待的。这些环节是：首先，纯粹思维，或者就其作为对象来说，自在自为的绝对本质；其次，信仰意识对绝对本质的关系作为一种知识的关系，亦即它的信仰的根据，最后，信仰的意识在它的行动中或者说在它的礼拜中对这个绝对本质的关系。正如在信仰一般中纯粹识见把自己误解了否定了那样，在信仰的这些环节中它的做法看法也同样是颠倒错乱的。

〔1.启蒙对信仰的颠倒〕　纯粹识见以否定态度对待信仰意识的绝对本质。这个本质就是纯粹思维，而纯粹思维是在它自己本身以内被设定为对象，或被设定为本质；在信仰意识里，思维的这种自在存在就同时取得了对自为存在着的意识来说一种对象性的形式，不过这对象性形式也仅只是空的形式①；思维的自在存在于是具有了一种作为表象而呈现出来的东西的规定。但是由于纯粹识见按自为存在着的自我〔或主体〕这个方面来说是纯粹意识，所以在纯粹意识看来，这种他物就好像是自我意识的一种否定物。

---

①　照上一节所说，〔绝对〕本质是作为对象呈现于信仰之前的，这对象虽然是一种空的形式，但识见却只考虑这个对象性的形式，而且由于识见本身是现实的自我，在现实的自我看来，对象性形式就只能是感性存在。所以，识见就只把信仰的本质看成像石头、面包、偶像之类的感性东西。——译者注

至于这种否定物，当然也还可以或者被当成思维的纯粹自在存在或者被当成感性确定性〔经验方面〕的存在。但是，既然这个否定物同时是为自我的，是自我的对象，而且这个自我作为自我具有一个对象，是一种现实的意识，那么纯粹识见自己固有的对象，本身就是一种属于感觉确定性的、存在着的普通事物。纯粹识见的这个对象以信仰的表象的形式呈现于纯粹识见的面前。纯粹识见咒骂信仰的表象，并咒骂在这表象中它自己的对象。但是它对待信仰的不公正态度，就在它对信仰的对象的看法中已经表现出来了，因为信仰的对象就是它自己的对象。它于是在谈论信仰时就说，信仰的绝对本质是什么一块石头、一块木头，虽有眼睛而看不见东西；或者说是什么一块馒头、一块面团，本来生长在田里，经人加工改变了形象之后又被扔回田里去；——再不然就以另外的什么方式说，信仰把〔绝对〕本质拟人化了，搞成对象性的和可以表象的东西了。

启蒙，自称是纯粹性的东西，在这里把精神所认为的永恒生命〔永生〕和神圣精神〔圣灵〕都当成一种现实的、无常的事物，并以属于感性确定性的一种本身毫无价值的看法加以玷污，——这种看法是那祈祷崇拜的信仰〔意识〕所根本没有的，所以纯然是由启蒙诬栽给它的。——信仰所崇拜的东西在信仰看来既不是石头也不是木头也不是馒头，更不是什么别的有限时间里的感性事物。如果启蒙觉得应该说，信仰的对象毕竟也是像石头、木头、馒头这样的东西，或者甚至说自在地和真正地就是这类东西，那么信仰，从一方面说，诚然也并不是不认识这个也是，但它认为这个也是是在它崇拜以外的东西，而另一方面，在它看来，它的对象自在地根本不是什么一块石头等等的东西;在它看来,它的对象自在地只是纯粹思维的本质。

第二个环节是信仰作为一种具有知识活动的或认知着的(Wissenden)意识与这个绝对本质的关系。信仰作为一种具有思维活动的纯粹意识,它对这个本质的关系是直接的。但是这纯粹意识〔或信仰〕同样也是确定性对真理的一种间接的〔中介了的〕关系;而这样一种间接的关系就构成信仰的根据。这样,在启蒙看来,这种根据就成了一种关于偶然事件的偶然知识。但是,知识的根据,乃是具有知识活动的普遍物,而且如就这具有知识活动的普遍物的真正含义而言,知识的根据就是绝对精神,当它作为抽象的、纯粹的意识或思维本身时,只是绝对本质,但当它作为自我意识时,则是关于自己的知识。纯粹识见同样又把这个具有知识活动的普遍物亦即简单的、认知着自己本身的精神,当成一种自我意识的否定物。诚然,纯粹识见自身确是纯粹的、中介了的思维,或者说,自己中介着自己的思维,它确是纯粹的知识;但是,既然它是这样一种纯粹识见、纯粹知识,即,它还不知道自己本身,换句话说,关于纯粹识见即是这个纯粹的、中介的运动这一点它还不知道,那么在它看来,这个纯粹的中介的运动,也如一切即是它自己的那些东西一样,显得不是它自己而是一个他物。因此,当它实现自己的时候,它就发展了这个对它说来是本质性的环节;但这个环节,在它看来却好像是属于信仰的东西,并且由于这个环节具有是它的一个他物这一规定性,就好像是一种关于通俗意义下的实际历史事实的偶然的知识。于是它在这里就对宗教信仰向壁虚构了,比如,瞎说宗教信仰的确定性是建筑在一些个别的历史见证上的，而它们作为历史见证，能给人们提供的关于它们的内容的确定性还达不到报纸新闻给人们提供的关于任何一项事件的确定性那样的程度；——又比如，瞎说宗教信仰的确定性还依靠这些见证偶然的**保存传留**，一方面是文件的留传保存，另一方面是辗转传抄的准确与忠实，最后还有对这些死文字的含义的**正确理解**都有偶然性。但是事实上信仰并不想把自己的确定性寄托在这样一些历史见证和偶然条件上；信仰，在自己的确定性中，乃是对它的绝对对象的一种纯真自然的关系，乃是关于绝对对象的一种纯粹的知识，这种知识并不容许什么词句、文献和抄写人等等因素混杂到它对绝对本质的意识中来，并不让自己由这样一些事物来中介。这种意识毋宁说即是它的知识的自身中介着的根据；它即是精神自身，而精神既是从**个别**意识的**内心**深处自己见证自己，也是通过一切人所**普遍表现**出来的对它的信仰而自己见证自己。如果信仰想当真地以历史事实为根据给自己的内容提供像启蒙所说的那种论据，或者退一步说提供证明，仿佛关键确实就在这里，那么，它就是已经上了启蒙的当；而且它以这种办法来论证自己或巩固自己的种种努力，只不过是一些见证，证明它已经受了启蒙的传染。

现在，我们有待考察的还有一个第三环节，即，**意识与绝对本质在行动上的关系**。这种行动，在于扬弃个体的特殊性或者说扬弃个体的自为存在的自然方式，通过扬弃，个体就产生确定性，确信自己在行动之后是一个纯粹的自我意识，也就是说，确信自己作为一个**自为存在着的**个别的意识，是与绝对本质合而为一的。——由于在**行动中合目的性**和**目的**已区别开来，又由于纯粹识见对待这个行动也是采取了**否定态度**，如同它在别的环节中之否定它自己本身那样,所以纯粹识见,从合目的性这方面来看,必然显得自己是愚蠢的、不可理喻的,因为照它看,见解和意图的结合,目的和手段的一致,成了一种他物,甚至成了它的对立物,——但从目的方面来看,它必然把坏东西、享受和占有当成目的,从而表明自己是最不纯粹的意图,因为纯粹的意图,作为他物,也就是不纯粹的意图了。

因此,从合目的性方面看,我们发现,怀有信仰的个体之因它真实地舍弃自然享乐从而取得了解脱自然享乐的桎梏的较为高尚的意识,以及它之通过实际行动来证明它对自然享乐的蔑视并不是一句谎言而确是真心实意,如此等等,启蒙都认为是愚蠢不智——同样,有信仰的个体通过放弃它的财产,来摆脱它之作为一个排斥一切其他个体而独占自己财产的绝对个别的个体这样一个规定性,在启蒙看来,也是愚蠢不智的;启蒙认为,该个体这样的行动,实际上表明它并没有当真地进行它的解脱,毋宁只表明它超脱了自然的必然性:即超脱了使它自己个别化,并在这样绝对地使自己的自为存在个别化的过程中否认别的个体与它自己同是一样的东西这样一种自然必然性而已。——纯粹识见认为这两种情况都是既不合目的又不正当的。——它认为,为了表明自己解脱了享乐和占有因而拒绝享乐,抛弃财产占有,这是不合目的的;那么,反过来说,它将宣称那为了要吃饭而采取实际可吃的东西的人是傻瓜了。——它又认为,抛弃一顿饭菜不拿奶油鸡蛋换取金钱或拿金钱换取奶油鸡蛋而恰恰相反地不取代价白白送掉这类东西,这也是不正当的;它宣称,一顿饭菜和占有饭菜之类的东西,都是一种自身目的,而这样一来,它实际上等于宣布它自己是一个非常不纯粹的意图了，因为它已把享乐和占有视为完全本质性的东西。另外，它作为纯粹识见，又主张有必要去超脱自然存在物和超脱那追求这种自然存在物的贪欲；只是它认为，通过实际行动来证明这种超脱，乃是愚蠢的，不正当的。换句话说，这种纯粹识见真正说来是一个欺骗，它标榜和倡导一种内心的超脱，而同时却认为，认真地这样做，把这种超脱实际地实行起来以证明其真理性，乃是多余的、愚蠢的，甚至不正当的。——因此可以说，它既否认自己是纯粹识见也否认自己是纯粹意图，说它否认是纯粹识见，乃因为它否定直接合目的的行动，说它否认是纯粹意图，乃因为它否定去证明自己摆脱了个别性目的的那种意图。

〔2. 启蒙的肯定命题〕　这就是启蒙让信仰看到的它自己的情况。启蒙所以表现得这样不好，是因为它恰恰从它对一个他物的关系上取得了一种否定的实在，或者说，把它自己表述成了它自己的反面；但纯粹识见和纯粹意图必然要取得〔其对一个他物的〕这种关系。因为这就是它们的实现。——这个实现看来主要是否定性的实在。也许它的肯定性的实在情况比较好些；那么让我们来看看它的肯定性的实在是个什么样子。——如果说一切偏见和迷信都已排除掉了，那么不免要问：现在下一步是什么呢？启蒙不传播偏见和迷信，它究竟传播了什么样的真理呢？——其实这个肯定性的内容它早在它排除谬误时就已经说出来了，因为它自己的那个异化同样也就是它的肯定性实在。——在那对信仰而言即是绝对精神的东西那里，它把它从中所发现到的规定都理解为木头、石头等等，理解为一种个别的现实事物；由于它以这个方式把绝对精神的一切规定性亦即一切内容一般地都理解为一种有限性，理

解为人的本质和人的表象，于是在它看来绝对本质就成了一种真空，任何规定、任何宾词都附加不上去。假如附加什么规定、宾词到这上面来，那将是根本不可原谅的事；而恰恰由于这种附加，于是产生出了大量的迷信。理性，纯粹识见，本身当然不是空虚的，因为它自身的否定物就是它的对象，它的内容；相反，它倒是内容丰富的，但是它之丰富，只是富于个别性和限制性；它表现它有眼光有见识的地方，就在于它既不让个别性限制性这类东西归属于绝对本质，也不把它们附加到绝对本质上来，而因为这样，所以它懂得如何把它自己和它的有限性财富都安排到它们应有的位置上，懂得如何尊严地对待绝对。

与这个空虚的本质相对立而作为启蒙的肯定性真理的第二环节的，是那属于意识和一切存在而被排除于一个绝对本质之外的个别性一般，也就是说，是绝对的自在而又自为的存在。现在，那就其最初的现实而言本是感性确定性和意见的意识，在遍历了它的全部经验路程以后又返回到了它最初出发的这个地方来，重新成了一种关于它自己的纯粹否定物的知识，或者说，成了一种关于那些与它的自为存在截然对立的感性事物亦即存在着的事物的知识。但是它在这里已不是一种直接的自然的意识，而是为它自己而变成这样一个意识的了。当初，它由于它自己的发展实现而陷入于各种纠纷之中不能自拔，现在，让纯粹识见把自己导回于它的最初形态，因而它已经取得了经验，深知这最初的形态是发展的结果了。这种感性确定性，因以识见为根据，知道一切其他意识形态亦即感性确定性的一切彼岸都是等于零的虚无，就不再是意见，而是绝对真理了。所有超脱了感性确定性的那些意识形态所共有的这种虚无性，真正说来，仅只是这种真理的一个消极的证明，除此而外它是别无所能的，因为感性确定性自己的肯定性真理，正就是作为对象的并且确切说来作为他在的那种概念本身的无中介的〔直接的〕自为存在；——〔概念本身的无中介的自为存在，作为他在，或者说以他在的形式出现，其所以说是肯定性真理，乃是因为：〕它之存在着，别的现实事物之在它以外，以及它像这些现实事物一样处于它自己的自然的存在之中时就是自在自为的或者说是绝对的，如此等等，对于任何一个意识而言都是绝对确定无疑的。

最后，启蒙的第三个真理环节是诸个别本质对绝对本质的关系，也就是说，第一和第二两个环节之间的关系。识见，作为同一物或无限物的纯粹识见，也越出于差别物亦即有限的现实以外；换句话说，也越出于作为单纯他在的它自己以外。单纯他在的彼岸，在它看来就是空虚，于是它就把感性的现实跟空虚联接起关系来。不过，并不是关系双方都作为内容而进入于这个关系的规定之中；因为一方是空虚，因而只是由于另一方即感性现实的那一方的缘故关系才有内容。但是，由于在关系的规定中自在这一方也参与其事，所以关系的形式是可以任意形成的；因为形式是自在否定物，从而是自身的反对物；它既是有也是无；它既是自在也是对方，或者换个说法也一样，现实与作为彼岸的自在的关系既是对现实的一个否定也是对现实的一个设定〔或肯定〕。有限的现实于是真正可以说就是通常人们使用的那种东西了。因此，现在感性事物与作为自在的绝对，发生了肯定的关系，而且感性的现实本身就是自在的；它由绝对创造着、养育着、照护着。可是同时，它也与作为对方、作为它的非存在的绝对发生着否定的关系，在这种关系中，它不是自在的,而是为一个他物的。如果说在前一个意识形态中,对立的〔两个〕概念曾把自己规定为善和恶,那么现在相反,在纯粹识见这里,它们变成自在的存在和为一个他物的存在〔两个〕更加纯粹的抽象了。

〔3.有用是启蒙的基本概念〕 但是有限事物对自在存在的肯定关系和否定关系,这两种考察方式,事实上同样是必要的,因而一切东西都既是自在的又是为一个他物的,换句话说,都是有用的。——一切东西都献身于别的东西,都让自己为别的东西使用,都是为它们的;而现在,它们如果可以这样说的话,腰杆重新挺硬起来,虎视眈眈,使别的东西望而生畏,都是自为的或为自己的,而且转过来利用别的东西。——人是意识到了这种关系的东西,所以人的本质和人的地位就从这里产生出来了。人,就其直接性而言,作为一种自然的意识,他是自在的,好的,作为一种个别的意识,他是绝对的,而别的一切都是为他的,更确切地说,由于各环节在人这种有自我意识的动物看来都有普遍性的意义,所以一切都是为了他的愉快和欢乐而存在的,而他,就像刚从上帝手中制造出来的天之骄子,逍遥于世界之上如同游逛于一座专门为他而培植的花园里一样。——他一定也从善恶的知识之树上摘取过果实;这棵树上的果实对他有一项用处,那就是,足以使他与一切别的东西有所区别,因为他那天生善良的本性碰巧也有这样的性质:欢乐过度就对它的本性有损,或者更确切地说,他的个别性本身也包含着它的彼岸,可以越出于自己本身以外去毁灭自己。为了防止这种情况,他发现理性倒是一种有用的工具,可用以适度地约束这种逾越,或者更确切地说,可用以在逾越了规定的限度的时候维护自

己本身；因为这就是意识的力量。有意识的和自在地普遍的本质，无论从繁复性上或从持续性上说，它的享乐都必须是普遍的，而不是一种有规定有限度的东西；因此，尺度的规定就在于防止享乐在繁复性和持续性上受到阻挠或限制；这就是说，尺度的规定是无尺度〔或无限度〕。——正如对于人一切都是有用的，同样，对于一切人也是有用的，而人的规定、人的使命也就在于使自己成为人群中对公共福利有用的和可用的一员。他照料自己多少，他必须也照料别人多少，而且他多么照顾别人，他也就在多么照顾自己；一只手在洗涤另一只手。但是他在哪里，哪里就是他适当的位置；他利用别人，也为别人所利用。

不同的东西互相有用的方式也不同；但所有的东西都因为它们自己的本质的缘故，也就是说，都因为是在双重方式下与绝对发生着关系的缘故而具有这种相互为用的性质，——就其以肯定方式与绝对发生关系而言，一切事物都是自在自为的，就其以否定方式与绝对发生关系而言，一切事物都是为他的。所以，与绝对本质发生关系，或者说宗教乃是一切有用之中最有用的东西；因为它是纯粹的有用本身，它是使一切事物所以站得住的东西，亦即它们的自在自为的存在，它是使一切事物所以倒下去的东西，亦即它们的为他的存在。

毫无疑问，对信仰说来，启蒙的这种肯定性结果也像它对信仰的否定性态度〔关系〕一样是极端讨厌的。这样的识见，即，认为在绝对本质中没有任何别的，有的只不过是绝对的本质、最高的存在(être suprême)或至大的空虚，——这样的意图，即，认为一切事物在其直接的特定存在中都是自在的或好的，并且最后认为，个别的有意识的存在对绝对本质的关系，或者说宗教，可以由有用性概念加以表述而穷尽无遗，所有这些看法，对信仰说来，都是绝对可恶的东西。同时，启蒙的这种独特的明智之见，在信仰看来必然又是平庸之见，甚至还是它对自己之平庸的招供；因为启蒙之所以是这种见解，就在于它对绝对本质什么也不知道，或者换个说法也一样，它对绝对本质只知道这样一种完全平凡的真理，那就是，绝对本质仅仅就是绝对的本质而已，相反，它只对有限事物有所知道，而且更确切地说，它知道有限事物是真实的东西，并且认为这种关于有限事物亦即关于真实东西的知识是最高的知识。

〔Ⅲ.启蒙的正当权利〕 信仰有权利反对启蒙，这权利是神圣的权利，是绝对自身等同或纯粹思维的权利，而且信仰认为它所受启蒙的对待是完全不公正的，没有任何权利的；因为启蒙把它的一切环节都歪曲了，把它们歪曲成一些与它们在信仰中的真实情况大不相同的东西；而启蒙之反对信仰以及坚持其自己的真理，则只有人世的权利；因为启蒙所做的不公正的事情，所进行的颠倒和改变，乃是不平等的一种权利，这种权利是属于那与简单本质或思维相对立的自我意识的本性的。但是，既然启蒙的权利是自我意识的权利，那么启蒙就将不仅限于主张它自己也有权利，以便让两种精神权利仿佛可以互相对峙各不相下，相反，它将主张它的绝对权利，因为自我意识是概念的否定性，而这种否定性不仅是自为的，并且也是干预其对方〔意识〕的；而且由于信仰就是一种意识，所以信仰就将不能拒绝承认启蒙有它的权利。

〔1.思维的自身运动〕 因为，启蒙对待信仰意识所根据的并不是启蒙自己特有的原则，而是信仰意识本身中原有的原则。启

蒙只不过把信仰意识自己的一些不自知地分散孤立着的思想联系到一起呈现给信仰意识而已；启蒙只不过使信仰意识根据自己的某一个思想环节去回想也是其自己本来就有的、但一想到这一环节就总被忘掉了的那些别的思想环节而已。启蒙通过这样的事实向信仰意识表明自己是纯粹识见：那就是，它能在某一个特定的环节上见到全体，它能找出与该环节联系着的对立面，并能使一个转化为别一个从而产生出这两个思想环节的否定性本质、概念。这样一来，启蒙在信仰看来就成了一种歪曲和谎言，因为它把信仰的诸环节的他在（Anderssein）揭示出来了；它因此好像把信仰的环节都直接搞成不同于它们在其个别性中时的某种别的东西了；但是，这种别的东西也同样是本质的，并且真正说来是信仰意识在其本身中本来就有的，只不过没曾被信仰意识想起过而被保存于什么别的地方了的；因此，这种别的东西，既不是信仰意识以外的什么异己物，也不能为信仰意识所否认。

但是，启蒙虽然提醒了信仰，使之注意其自己的那些孤立的没联系到一起的环节，但对它自己本身却也还同样是没有启开蒙昧、同样是认识不清的。它以纯粹否定的态度对待信仰，只因为它把它的内容排除于它的纯粹性之外，把它的内容当成它自身的否定物。因此，它既没有在这种否定物中、在信仰的内容之中认识自己本身，它因此也没有把它所提供的思想跟它提供出来的思想所反对的那种思想两者结合起来，联系起来。由于它没认识到，它所谴责的在信仰方面的那种东西直接就是它自己的思想，所以它自身总是处于两种〔思想〕环节的对立之中，它只承认两种环节之一，具体说，它每次都只承认那与信仰相对立的一个环节，而另外一个环节,它就使之与前一环节分离开来,恰恰像信仰的做法一样。因此它并不统一两者从而创造出两者的统一体、概念,而毋宁是,概念在它面前出现是自为地发生出来的,换句话说,它只是发现到现成存在着的概念而已。因为,纯粹识见的实现〔运动〕,从本质上说,恰恰是这样的:首先,那以概念为本质的纯粹识见自己本身异化为一个绝对的他物,否认了自己(因为概念的对立是绝对的),然后再从这个他物回到自己本身,也就是说,回到它的概念。——但启蒙仅只就是这个运动,它是纯粹概念的一种还没有被意识到的活动,这种活动诚然达到了它的对象,也就是说,达到了它自己本身,但是它把对象亦即它自己当成了一个他物,并且它也不认识概念的性质,即是说,它也不知道,那无差别的东西就是绝对分裂着自己的东西。——因此,纯粹识见在反对信仰时所以是一种概念势力,乃是因为它是把信仰意识中各自孤立的环节联系到一起去的运动,而由于这么一联系,信仰各环节之间的矛盾就显现出来了。纯粹识见所以能对信仰施加暴力,其绝对权利就在这里;但是,识见所以能使这种暴力成为现实,产生实效,则恰恰在于这样的事实:即,信仰意识本身即是概念,而且本身承认了纯粹识见给他找出的那个对立面。纯粹识见于是保有了它反对信仰的权利,因为它使信仰本身所必要的和信仰本身所已有的东西在信仰那里成了有效准的东西。

〔2.对信仰的诸论点的批判〕 首先,启蒙坚持主张概念〔这个环节〕乃是意识的一种行动;它违反着信仰的看法,坚持主张信仰的绝对本质是信仰者亦即一个自我的意识的本质,换句话说,绝对本质是由意识创造出来的。在信仰意识看来,它的绝对本质固然

对它而言是自在的东西,同时却不是一个什么异己的东西,如果说是自在的但又是异己的东西,那就仿佛说,这东西却是在那里,而人们却不知道是怎么样和从哪里进来的;事实上毋宁是,它所信任就在于发现它自己作为这一个〔特殊的〕个人的意识即在绝对本质之中,而它所以要顺从和礼拜,就在于要通过它的行动使绝对本质成为它的绝对本质。关于这一点,真正说来,启蒙只是对信仰提醒一下而已,因为信仰曾毫不含糊地宣称绝对本质的自在〔存在〕是在意识的行动的彼岸。——但是,启蒙即使针对着信仰的片面性提出了一个与信仰在这里所思维的唯一环节——与存在正相对立的环节——信仰的行动,但它本身既然同样没有把它的思想结合到一起,那么它就是在孤立信仰的行动这个环节,而把信仰的自在宣布为仅只是意识的一个产品。但是,被孤立了的,与自在相对立的行动,是一种偶然的行动,而且,它,作为一种起表象作用的行动,是虚构——表象的一种产生〔活动〕,而表象都不是自在的东西;这些就是启蒙对信仰内容的看法。——但是反过来,纯粹意见同样也说反面的话;比如说,当它强调概念本身所具有的那种他在环节时,它声称信仰的本质是一种与意识无干的、在意识之彼岸的、为意识所不认识的异己的本质。就信仰来说,情况也是这样,一方面,信仰信任它的本质,并因信任它的本质而取得对它自身的确信,另一方面,在它看来,它的本质的通路是不可探索的,它的本质的存在是不可达到的。

其次,启蒙所以坚持认为它有权利反对信仰意识,其根据又在这里,即,当它把信仰意识所崇拜的对象看作石头和木头之类的一种有限的拟人的规定性时,信仰意识自己对这个看法也是接受的,承认的。因为,由于信仰意识是这样一种分裂为二的意识,它既有一个现实的彼岸又有这个彼岸的一个纯粹的此岸,所以事实上信仰意识本身对它所崇拜的对象也抱有这种感性事物的看法,即是说,也认为这是自在而自为地有效准的东西;不过信仰意识并没有把关于自在而自为存在着的东西的两种看法,亦即有时认为是纯粹本质而有时又认为是一个普通的感性事物这两种看法,结合到一起。——甚至连它自己的纯粹意识也不免受这后一种看法的影响;因为,由于它的超感性世界里没有概念,所以它这超感性世界的诸差别就是一系列独立的形态,而它们的活动就是一种不期然而然的偶发事件,换句话说,超感性世界的诸差别都只是属于表象方面的东西,它们本身都具有着感性存在的样态[1]。——至于启蒙呢,在它这一方面也是一样,它同样把现实孤立为一种被精神遗弃了的本质,把规定性孤立为一种固定不移的有限物,仿佛既不是本质的精神活动中的一个环节,又不是无,也不是一种什么自在自为地存在着的东西,而毋宁是一种消逝着的东西。

显而易见,知识的根据方面的情况也是这样。信仰意识自己承认着一种偶然的知识;因为,它与偶然性事物保有关系,而且在它看来绝对本质自身就是一种表象化了的普通现实;这样,信仰意识就也是一种在自己本身中没有真理的确定性〔确信〕,而且它就坦率招认自己是这样一种处于那确信着自己并证实着自己的精神之此岸的、非本质的意识。不过,信仰意识在它关于绝对本质的直

[1] 这里谈到,信仰意识把"圣父"、"圣子"、"圣灵"想象为三个截然不同的境界,使它们都具有表象的样态;于是精神的必然性降为事件的偶然性。——译者注

接的精神性的知识中，把这个环节忘掉了。——但是，启蒙固然记住了这个环节，却又只想到偶然知识而忘掉了他物，——启蒙只想到那通过一个异己的第三者参与而发生的中介过程，而忘掉了这样一个中介过程：在这个中介过程里，直接的东西本身就是它自己借以与他物亦即与自己本身发生中介的那个第三者。

最后，就对于信仰〔意识〕的行动的看法来说，启蒙认为，舍弃享受和牺牲财产是既不公正而又不合目的的。——在信仰的行动的不公正性问题上，启蒙是和信仰意识意见一致的，一致之处就在于，信仰意识本身也承认占有财产、保持财产和享受财产这个现实；信仰意识在保卫其财产时越是坚决和顽强，在放弃其享受时也就越是粗野和狠心，因为它放弃财产享受的这个宗教行动，关涉着这个现实的彼岸，能够替它换取在那现实之彼岸的自由。牺牲自然欲望和放弃享受的这种礼拜〔行动〕，由于现实与彼岸的对立，事实上就没有任何真理性；保存是与牺牲双双并存着的；这样的牺牲只不过是一种姿态，它只在一个很小的部分里完成了真正的牺牲，因而事实上只是作了象征性的牺牲。

在信仰的行动的合目的性问题上，启蒙认为，抛弃一笔财产以便让自己感觉到并向别人显示出自己一概摆脱了财产，戒绝一种享受以便让自己感觉到并向别人表示出自己一概超脱了享受，这乃是笨拙的、不合目的的做法。信仰意识本身把绝对的行动当成一种普遍的行动；在它看来，不仅对它的绝对本质亦即对它的对象的行为，显然是一种普遍的行为，就连个别的意识也应表明自己完完全全摆脱了它的感性本质。但是，对一笔个别的财产的舍弃或者对一种个别的享受的戒绝，却并不是这样的普遍的行为。而且由于在行为里，目的是一种普遍的东西，而实行是一种个别的东西，所以在意识看来，行为从本质上说总不能不包含着目的与实行这两者的不协调、不对应；而因为这个缘故，这种行为就表明自己是一种没经意识参加过或过问过的行为了，更进一步说，这种行为真正说来是太朴素以至根本不能算是一种行为了；为了证明自己并不贪求口腹之乐而进行绝食，为了证明自己并不沉湎于其他肉体快乐而像奥里根①一样废除一切肉体的享受，这实在是太朴素、太天真了。行为本身表明自己是一种外在的和个别的行动；但贪欲则有内在的根源，是一种普遍的东西；贪欲的乐趣既不会随同寻乐工具的消逝而消逝，也不会因戒绝了个别欲求而消逝。

但是启蒙一方面呢，它现在把内在的东西、非现实东西孤立起来以与现实性相对立，正如它以前在信仰的直观和虔诚方面把事物性、外在性孤立起来以与信仰的内在性相对立那样。它把本质之点放在意图上、思想上，并且因此认为，旨在解脱自然目的的具体实行，是不必要的；相反，这种内在性本身是形式性的东西，它要在自然冲动中才能得到实现，而自然冲动所以被认为是正当的，正因为它们都是内在的，正因为它们都属于普遍的存在，都属于自然。

〔3.信仰变为空无内容〕 启蒙于是对信仰有了不可抗拒的支配力，因为，在信仰本身中就存在着种种支持启蒙使之现实有效的环节。如果我们仔细考察这种力量的后效，则我们看到，它对信仰所采取的反对行为好像是在分裂着信心(或信任 Vertrauen)与直

① 奥里根(Origenes，185—254)是早期的天主教神学家。——译者注

接确定性之间美满的统一，好像是在以感性现实的低级思想玷污着信仰的精神性的意识，好像是在以理智的、自身意志的和实践的虚骄破坏着信仰因谦卑而取得的宁静的和安全的心情。然而事实上启蒙给信仰带来的并不是这些，而毋宁说，启蒙是在扬弃着信仰本身中原来存在的那种无思想的或者更确切地说无概念的割裂状态。信仰意识使用的是双重的衡量尺度，它有两种眼睛、两种耳朵、两种口舌和语言，它使一切表象都成为双重的，却并不把这种双重性的东西进行对照。换句话说，信仰是生活在两种知觉中，一种是纯然生活于无概念的思想中的意识的昏睡着的知觉，另一种是单纯生活于感性现实中的意识的觉醒的知觉，而且信仰在这两种知觉中分别过着互不相干的各自的生活。——启蒙以感性世界的表象来启发那个天堂世界，给天堂世界展示出信仰所不能否认的这个有限〔世界〕；信仰之所以无法否认，乃是因为信仰是一种自我意识，因而是这样一种统一体：上述两种表象同属于这个统一体，而且两者在这统一体里是结合在一起两不分离的；其所以两不分离，则是因为它们都隶属于信仰所过渡而成的那同一个不可分割的简单的自我。

这样一来，信仰就丧失了充实着它的元素的那种内容，并沉沦为这样一种精神状态，在此状态下，精神只在其自身中进行着沉闷的编织〔活动〕。信仰已被排除出它自己的王国，或者说，这个王国已被抢劫走了，因为，觉醒的意识已把这个王国的一切区别和扩展都抢劫到自己这里来，将其一切部分都当成大地〔人世〕的财产索取回来，归还给了大地。但是，信仰并没有因此而感到满意，因为经过这样的启发之后，它发觉，到处呈现出来的都只是个别的本质，以至于能对精神有所激发的，就只是无本质的现实和丧失了精神的有限事物了。——由于信仰已没有内容而又不能甘居于这种空虚之中，换句话说，由于它超越这个即是它唯一内容的有限世界之后所找到的只是空虚，所以它就成了一个纯粹的眷望，它的真理就成了一个不复容有任何适当内容存在其中的空虚的彼岸，因为一切一切都已另作安排使用了。——这样，信仰事实上就变成了与启蒙同样的东西，即是说，变成了使自在存在着的有限事物与那不曾认识也不可能认识因而不具任何宾词的绝对发生关系的意识；其不同处只在于，启蒙是满足了的启蒙，而信仰则是没有满足的启蒙。不过启蒙是否能继续心满意足下去，马上就将从它自己身上发现出来；那因失掉了它的精神世界而忧伤抑郁的精神所怀抱的眷望之情，仍然潜伏在背后。甚至启蒙自己身上就有着没有满足的眷望这一污点，这个污点，——在启蒙的空虚的绝对本质那里，表现为一种纯粹的对象，——在超过启蒙的个别本质以趋赴空虚彼岸的超越中，表现为一种行动和运动，——在有用事物的无我性(Selbstlosigkeit)中，表现为一种有内容的对象。启蒙将要消除这个污点；而只要仔细考察一下被启蒙视为真理的那种肯定性结果，我们就会看到，这个污点自在地已经取消掉，扬弃掉了。

(b) 启蒙的真理性

精神再也不能从中作出任何区别的那种沉闷的编织〔活动〕，于是进入自己本身，居于意识的彼岸，而意识反倒变得对其自己有了明白了解。这种明白了解的第一个环节，就其必然性和条件说来，是由这个事实所规定的，即：纯粹识见，或者说，其本身自在地即是概念的那种识见，自己实现了自己；说它实现了自己，是由于它把他在或者说把规定性设置于它自己之中。这样，它就是否定性的纯粹识见，也就是概念的否定；概念的否定，同样是纯粹的；这样一来，就出现了**纯粹事物**、绝对本质，而这种东西是没有任何进一步规定的。如果加以进一步规定，那么，识见，作为绝对概念，就是对于不复是区别的那些区别的一种区别〔活动〕，就是对于自己不复支持自己而只靠**整个运动**来支持和区别自己的那些抽象或纯粹概念的一种区别〔活动〕。这种对于无区别的东西的区别〔活动〕，确切说来就是这么一回事：绝对概念把自己本身造成为自己的**对象**，并且相对于上述那个**运动**把自己设定为**本质**。这本质于是就缺少一个让诸抽象或诸区别在其中**被分别开来**的方面，因而就成了作为一种**纯粹事物**的**纯粹思维**。——这就是我们前面说过的、信仰于失掉它的有区别的内容时沉沦而成为的那个精神状态，即，精神于其自身中进行着的那种沉闷的无意识的编织；——这同时也就是纯粹自我意识的上述那样一种**运动**，对该运动说来，本质应该是绝对异己的彼岸。因为，这种纯粹自我意识既然是进行于诸纯粹概念亦即并没有区别的诸区别之间的一种运动，那么，纯粹自我意识事实上就崩溃而成为无意识的编织，即是说，崩溃而成为纯粹的**感觉**（Fühlen）或者说纯粹的**事物性**（Dingheit）。——但是自身异化了的概念，由于此时还正处于异化阶段，就不认识自我意识的运动和自我意识的绝对本质这两个方面的**同一个本质**，就不认识事实上即是它们双方的实体和持存的这个双方的**同一本质**。这种异化了的概念，由于不认识这个统一体，所以在它看来，本质只算是一种对象性的彼岸，而造成这种区别的意识(在此情况下,其自在是在其本身以外),只算是一种有限的意识。

在这个绝对本质问题上,启蒙自己分裂为两派互相争执起来,如同它从前与信仰争执过的那样。一派所以能证明自己是胜利的一派,只是因为它本身又已分裂成为两派:因为,它从这个分裂中表明它在它自己本身中含有着它从前所反对的原则,并从而表明它已经扬弃了它从前出现时所带有的片面性。从前,兴趣是由它和对方分而有之的,现在,兴趣完全落到它一派身上,而忘掉了另一派,因为兴趣现在发现,自己所关注的那种对立,即在它这一派自身之中就有。同时这种对立已经上升于更高级的胜利的元素之中,并在这高级元素中,以纯化了的方式呈现出来。因此,在一派中发生的这种分裂,表面上是一种不幸,其实倒反是这一派的一个大幸。

〔Ⅰ.纯粹思维与纯粹物质〕 纯粹本质自己在其本身中并没有任何区别,因此,纯粹本质之所以有区别,乃是由于在意识面前出现了这样两种纯粹本质,或者说,由于出现了两种关于纯粹本质的意识。——纯粹的绝对本质只存在于纯粹的思维中,或者更确切地说,它就是纯粹思维本身,因而根本是处于有限事物、自我意识的彼岸,并且只是否定性的本质。但是既然这样,它恰恰就是存在,就是自我意识的否定物。作为自我意识的否定物,它也是与自我意识关系着的;它是外在的存在,这外在的存在,由于与那能作出区别和规定的自我意识关系着,其本身也就有了因被尝到或被看到等等而产生的种种区别;而这种关系,就是感性的确定性和知觉这样的关系。

如果我们从上述否定性的彼岸所必然过渡成为的这个感性的存在出发，而同时抽除其与意识的这些特定方式的关系，则我们看到，余留下来的只是物质，只是在自己本身中进行着的沉闷的编织和运动。在这个地方应加注意的首要之点是，纯粹的物质只是我们抽除了观看、感受、品味等等活动之后剩余下来的那种东西，即是说，纯粹物质并不是所看见的、所感受的、所尝到的等等东西；被看见了的、被感受了的、被尝到了的东西，并不是物质，而是颜色、一块石头、一粒盐等等；物质毋宁是纯粹的抽象；而这样一来，思维的纯粹本质，就昭然若揭了，思维的纯粹本质，或者说，纯粹思维自身，乃是自身无区别、无规定、无宾词的绝对。

一派的启蒙，把当初以之为出发点的、处于现实意识的彼岸、而存在于思维之中的那个无宾词的绝对，称之为绝对本质；——而另一派，则称之为物质。假如它们被区别成为自然和精神或上帝，那么自然，作为在自己本身中进行无意识的编织，就会缺少发挥展开的丰富生活，而精神或上帝，就会缺少对其自身进行区别的意识。两者，诚如我们已经看到的那样，完全是同一个概念；它们的区别并不在于事情本身，而纯粹只在于，两派思想形成的出发点不同，并且两派在思维运动中各自停留于自己的一个定点上原地不动。假如它们越出它们的定点，它们就会走到一起，并且认识到，那在一派看来据说是一种可恶的而在另一派看来是一种愚蠢的东西者，乃是同一个东西。因为，对于一派来说，绝对本质是存在于它的纯粹思维之中或者说是直接为纯粹意识〔所知觉〕的，是存在于有限意识以外的，是有限意识的否定性的彼岸。假如这一派反思一下这样一个事实：一方面，思维的那种简单的直接性并不是别的,正就是纯粹的存在,另一方面,那对意识说来是否定的东西,同时也和意识发生着关系,因为否定判断中的系词"是"是既使主宾两词分离同样也把分离开来的两词联系到一起的,而假如注意到了这一点,那么,这个彼岸,作为一种外在地存在着的东西,就会与意识发生关系,并且,这个彼岸既然是以外在存在物的规定而呈现出来的,它与那被称为纯粹物质的就会是同一个东西;现前存在所缺少的环节,也就会有了。——另一派的启蒙,从感性存在出发,然后抽除味觉、视觉等等的感性关系,使之成为纯粹的自在,成为绝对的物质,成为既没被感觉也没被品尝的那种东西;这样一来,这种存在就变成了无宾词的简单东西、纯粹意识的本质;它是自在地存在着的纯粹概念,或在自己本身之中的纯粹思维。这种识见,并不在它的意识〔活动〕里向反对方向迈步前进,它并不从存在着的东西(这是纯粹的存在物)走向被思维的东西(这与纯粹的存在物是同一个东西),或者说,它并不从纯粹肯定物走向纯粹否定物;不过虽然如此,肯定物之所以是纯粹的,却完完全全是因为通过否定,因为,纯粹否定物既然是纯粹的,它就是自身等同的,而恰恰由于是自身等同的,它就是肯定的。——换句话说,两派启蒙都没有达到像笛卡尔那样的形而上学概念,都没理解,存在和思维两者自在地即是同一个东西,都没想到,存在、纯粹的存在不是一种具体的现实,而是纯粹的抽象,并且反过来说,两派都没有看到,纯粹的思维、自身等同性或本质,一方面,是自我意识的否定物,因而是存在,另一方面,作为直接的简单性,也同样不是什么别的,正是存在;思维就是物性(Dingheit),或者说,物性就是思维。

〔Ⅱ.功利世界〕 本质之所以到现在才本身一分为二(Entzweiung)，乃是因为它受了两种不同方式的考察；一方面，本质必定本身中具有区别，另一方面，正是在这种区别中，两种考察方式又合而为一；因为，纯粹存在和否定物两者所赖以互相区别的那些抽象环节，随后在这两种方式所考察的对象中又联合起来了。——它们共有的普遍物就是纯粹的自身颤动或纯粹自身思维的抽象。这种以自己为轴心的单向自转运动，必然把自己抛散，化为诸多环节，因为，只有当它区别它自己为环节时，它本身才是一种运动。这种环节区别运动，把不动的东西〔本质〕，当作不复是现实思维、不复是自身生活的纯粹存在的一种空壳，抛在身后；因为这种区别运动，作为差别，乃是一切内容。但是这种区别运动，既然把自身置于上述统一性之外，那么，它就是诸环节的先后交替，就是自在存在、为它存在和自为存在这些环节的一种不向自身返回的先后更替；——它就是纯粹识见的现实意识以之为对象的那种现实，——功利（或有用性，Nützlichkeit）。

功利，在信仰看来，或在情感看来，或在那专为自己制造自在存在而称自己为思辨的抽象看来，尽管是那么丑恶，但它毕竟是这样一种东西，在这里，纯粹识见使自己得到实现并以自己本身为对象，在这里，纯粹识见不复否认它的对象，而且也不认为它的对象只具有空洞无物或纯粹彼岸的价值。因为，纯粹识见，为我们已见到的那样，就是存在着的概念自身，或者说，就是这样一种自身等同的纯粹的人格，这种人格之自己区别自己，只是使每个被区别的环节本身成为一个纯粹概念，也就是说，成为简直不是什么有区别的东西；它是一种简单的纯粹的自我意识，这种自我意识不仅自在地而且自为的存在于一种直接的统一性中。因此，这种自我意识的自在存在,不是一种长存不变的存在,相反,当它有了区别时它就立即停止其为某种东西了;但是这样一种简直没有停留不能持续的存在,就不是自在的,从本质上说毋宁是为一个他物的,而这个他物,正是吸取它或吞食它的那种势力。但是这个与第一环节亦即自在存在相反的第二环节,也像第一环节一样,立即归于消逝;或者说得更确切些,它作为一种仅仅为他的存在,毋宁即是消逝〔过程〕本身,而这样一来,返回自身的存在、自为存在就设定起来了。可是这种简单的自为存在,作为自身等同的东西,又毋宁是一种存在,因而是为一个他物的存在。——纯粹识见,当它发展出了它的环节时亦即当它作为对象时所具有的这种本性,表现于外,就是有用的东西(das Nützliche)。有用的东西是一种自在的持存或事物,这种自在存在,同时又只是一种纯粹环节;它因而是绝对为一个他物的,但它之所以是为一个他物的,又恰恰只因它是自在的;这两个相反的环节,于是返回于自为存在的不可分割的统一性中。但是,有用的东西虽然表述着纯粹识见的概念,它却并非即是纯粹识见一般,而毋宁只是作为表象和作为其自己的对象的那种纯粹识见;它只是上述那些环节的不断更替,其中有一个环节,本身固然即是已经返回于自己本身的存在,但也仅只是作为自为存在,即是说,仅只作为一种抽象的、出现于一方而与另外一方相反对的环节。有用的东西本身并不是这样一种否定本质,即是说,它并不是把这些环节当作互相对立的环节同时又以同一个观点或态度不加分别地看待它们,或者把它们一律当作一种自在的思维(就像它们作为纯粹识见时那样)来看待。有用的东西本身固然保有自为存在环节,但自为存在环节在它这里并不干涉自在存在和为他存在这两个环节，假如那样，自为存在就该是自我（或主体）了。因此，纯粹识见在有用的东西这里，就把存在于其诸纯粹环节中它自己的概念当成对象；它是对这种形而上学的意识，但还不是对这种形而上学的概念理解；它还没有达到存在与概念的统一性。因为有用的东西仍然保有其作为纯粹识见之对象这一形式，所以纯粹识见固然已经不再保有一个自在而自为地存在着的世界，但它毕竟还保有着一个与它自己有所区别的世界。不过，既然对立都已发展到了概念这个尖端上来，那么在紧接着的下一阶段，这些对立就将瓦解，而启蒙则将收获它的行动的果实。

〔Ⅲ.自身确定性〕　如果我们联系着〔精神生活的〕整个领域来考察已经达到的对象，则我们发现现实的教化世界已把自己归结为自我意识的虚妄（Eitelkeit），——归结为这样一种自为存在，这种自为存在，仍然以教化世界的混乱为自己的内容，仍然是个别概念，而还不是自为的普遍概念。但是这种个别的概念，返回自身之后，就是纯粹识见，——而纯粹识见就是作为纯粹自我或否定性的那种纯粹意识，正如信仰之就是作为纯粹思维或肯定性的那种纯粹意识那样。信仰发现，上述〔纯粹〕自我是使它趋于完满的补充环节；——但是信仰既然由于这一补充而趋于消灭，那么现在，我们要想看到〔互相补充的〕两个环节，一个作为绝对本质，亦即纯粹被思维的或者说否定性的东西，另一个作为物质，亦即肯定性的存在着的东西，那就只能就纯粹识见来考察了。——纯粹识见虽然完满，但作为自我意识，仍然缺少虚妄的意识所具有的那种现实——世界，思维当初就是把自己从这个现实、这个世界上升到思维高度上来的。就一个意义说，纯粹识见所缺少的这种东西，已经在功利中获得了补充,因为它在功利中达到了肯定的对象性;纯粹识见因此就是一种现实的、在自身中满足了的意识。这种对象性,现在,构成着纯粹识见的世界;纯粹识见已成为了观念的世界和实在的世界、亦即所有的先行世界的真理性。精神的第一个世界,是由它的分散着的特定存在以及对它自身的个别确定性构成起来的广阔王国;正如自然将自己的生命分散为无限繁多的形态那样,它虽有多种形态,却没有各该形态的类型①。第二世界含有类型,是自在存在的王国或者说是与上述确定性相对立的真理性的王国②。但第三世界是功利王国,在这里,有用性就是真理性,而真理性同样也就是自身确定性。信仰的真理性王国,缺少现实性原则,或者说,缺少这个个别的人的自身确定性。但是,现实性,或者说,这个个别的人的自身确定性,则又缺少自在存在。在纯粹识见的对象中,这两个世界已结合起来。有用的东西,就是对象,这是因为,自我意识透视对象,并且从对象那里得到它自身的个别确定性,得到它的享受(它的自为存在);自我意识以这种方式洞察对象,而这种洞察或识见,包含有对象的真正本质(对象的真正本质,是一种被透视了的东西,或者说,是为一个他物而存在的);因此,这种识见本身就是真正知识,而自我意识,在这样一种关系中直接具有对它自己的普遍确定性、对它自己的纯粹意识,在这种关系

① 第一个世界指教化世界,它是孤立分散的自我迷失了的精神的世界。——译者注

② 第二个世界指信仰世界,它是本质的世界、普遍物的世界,但它没有自我意识的现实确定性;只有在功利或有用性中,两者才合而为一,构成第三个,为自我意识的世界。——译者注

中，真理性以及现在和现实性是结合起来了的。两个世界得到和解，天地互相交接，天国降入人世[1]。

C．绝对自由与恐怖

〔Ⅰ．绝对自由〕　意识在有用性中找到了它的概念。但是，意识的这个概念，一方面，还是一个对象，而另一方面，正因为是对象，所以还没有为意识所直接占有，还是一个目的。有用仍然是对象的一个宾词，还不是主体自身，换句话说，还不是主体的直接和唯一的现实。这同以前我们所见到的是同一种情况，以前我们见到，自为存在还没有表明自己即是其余各环节的实体，而由于这个缘故，有用的东西直接即是意识的自我，并且因此已为意识所占有。——但是，〔意识既以有用性为概念〕，有用的东西的对象性形式，事实上已经自在地被收回、被取消了，而且由于这种内在方面的变革，于是出现了现实方面的实际变革，出现了新的意识形态、绝对自由。

这是因为，事实上呈现在这里的，只还不过是一个分割着自我意识与其占有物的对象性假象。因为，就一方面来说，现实的和被信仰的世界，其特定组成部分的一切持存性与有效性，根本都已返

① 这个转化过渡，预示着法国大革命、“绝对自由”的到来。自我意识已使现实确定性和真理性两个环节归于和解，结合成为它自己的世界；它现在只还有待于在它自己的世界中实现它自己。它的这个世界既是自在存在，又是现实确定性；既是天国，又是人世。黑格尔的这个意思，可参看他的《历史哲学》，三联版，485页起论法兰西大革命的部分。——译者注

归于这个简单的规定,作为返归于它们的本原与精神;而就另一方面来说,这种简单规定已经再也没有什么是它自己的独有物了,它毋宁已是一种纯粹的形而上学,一种自我意识的纯粹概念或知识。这就是说,意识从作为对象的有用的东西的自在而自为存在那里已经认识到,它的自在存在,本质上是一种为他存在;自在存在,作为无自我的或无主体的东西,真正说来,是被动的东西,或,是为另外一个自我而存在的东西。然而对象在意识看来,正是具有纯粹自在存在这一抽象形式,因为,意识是一种纯粹的识见,而这种纯粹识见的诸区别,都具有纯粹概念的形式。——但是,自为存在,即,为它存在返回于其中的那种自为存在,那种自我(Selbst),并不是一个与我(Ich)有所区别的自我,并不是那被称为对象的东西自己所独有的一种自我;因为意识,作为纯粹识见,并不是这样一个个别的自我,仿佛对象同样作为一个个别的自我,可以与之相对立;相反,它是纯粹概念,是自我对自我的直观,是对自己本身的双重绝对观看;它的确定性是普遍的主体,它的认知着的概念是一切现实的本质。因此,如果说有用的东西曾经只是诸环节的一种不向它自己的统一性返回的更替〔运动〕,因而还只是认知的一个对象,那么现在,它就不再是这样的东西了;因为认知本身就是那些抽象环节的运动,它就是普遍的自我,既是它自己的自我又是对象的自我,而且,作为普遍的东西,它就是这种运动的向其自己返回的统一性。

这样,精神就作为绝对自由而呈现出来了;它现在是这样一种具有自知之明的自我意识,它知道它对它自己的确定性乃是实在世界以及超感觉世界的一切精神领域的本质,或者反过来说,它知道本质和现实乃是意识对它自己的知识。——这种意识，对于它自己的纯粹人格以及其中的一切精神实在，是有所意识的，而一切实在都只是精神性的东西；对它而言，世界纯然是它的意志，而它的意志就是普遍的意志。① 更确切地说，普遍的意志并不是由默自表示或由代表所表示出来的赞同所表达的那种关于意志的空洞思想，而是实在的普遍意志，换句话说，是一切个别人的意志本身。因为，意志自在地就是对人格的或者说对每一个个别人的意识，并且，它作为这种真正的实际的意志，应该是一切人格和每个人格的一种有自我意识的本质，以至于每一个人所采取的行动，都永远是没有分解的全体的行动，而那作为整体的行动而出现的行动，又是每一个人的直接的有意识的行动。

绝对自由的这种没有分解的实体，登上了世界的宝座，没有任何一种势力可以与它抗衡。因为，既然意识真正说来就是诸精神本质或精神势力从中取得其实体性的唯一元素，那么，一旦意识认识到对象除自我意识本身而外别无本质，或者说，一旦意识认识到对象绝对地就是概念，则精神势力当初通过分解为各个集团而组织起来并保存下来的它们那整个体系，就瓦解崩溃了。当初，概念之所以成为一种存在着的对象，乃是由于对象被分解或区别成为一些孤立的有持续性的集团；但现在，对象既然变成概念，那么在

① 这段话是对新的意识形态的特性的一个概括。前引《历史哲学》489 页上说："感觉，感官性、冲动也是内在生活用来实现它自己的方式，但……它们是意志的不稳定的内容。至于公平和道德是……普遍的意志。……只有当意志不欲望任何别的，……而只欲望它自己时，……意志才是自由的。绝对的意志，就是欲望成为自由的意志。自己欲望自己的意志，乃是一切权利和义务的基础。"——译者注

它那里就再也没有什么有持续性的东西了;否定性已渗透了它的一切环节。现在,对象是这样客观存在着:每个个别的意识,都从自己当初被分配指派于其中去的那个领域里将自己超脱出来,不再把这些特殊的集团当成它的本质和它的作品或事业,而把它的自身理解为意志的概念,把所有的集团都理解为这个意志的本质,而且因此只能在一种其本身即是整体劳动的劳动中实现它自己。于是,在这种绝对自由中,由整体分解而成的那一切精神本质,也就是说,一切社会阶层,就消除了;当初曾隶属于一个这样的集团并在其中行使意志和获得完成的那种个别的意识,于是扬弃了它的局限性;它的目的就是普遍的目的,它的语言就是普遍的法律,它的事业就是普遍的事业。

对象和区别,现在丧失了它们那曾是一切实际存在的宾词的有用性含义;意识所据以开始它的运动的对象,现在不是它当初从其中返回于它自身去的那样一个异己物,相反,在它看来,对象就是意识自身;因此现在的对立,只存在于个别的意识和普遍的意识的差别里;但是个别的意识自己就知道,它本身直接就是曾经有过纯系对立假象的那种东西,它就是普遍的意识和意志。它的这种实在的彼岸,现在漂浮于实际的存在或信以为的存在所原有而现已消逝了的那种独立性的尸体的上空,只还好像是空虚的“最高存在”(être suprême)散发出来的一缕乏味的气息。

〔Ⅱ.恐怖〕 在有区别的诸精神集团扬弃了之后,在诸个体的局限生活扬弃了之后,并且在这生活的两个世界也扬弃了之后,现在呈现出来的就只有普遍的自我意识在其自己本身中的运动了,这种运动,乃是具有普遍性形式的意识与私人的意识之间的一种交互作用;普遍的意志集结于自身,成为一个与普遍的法律和事业相对立的个别的意志。但是这个个别的意识,对于它自己同样是一个普遍的意志这一点是直接意识到了的;它意识到它的对象就是它自己制定的法律和它自己完成的事业;因此,当它向运动过渡以创造对象性或者说客观性时,它所完成的不是什么个别的东西,毋宁只是一些法律和国务活动。

这种运动因而是意识对它自己的交互作用;意识在它的这种运动中并不把任何作为一种自由的与它相对立的对象的东西抛弃掉。因为这个缘故,意识并不能达成任何肯定性事业,它既不能达成语言上的普遍事业,也不能达成现实上的普遍事业;既不能完成有意识的自由所制定的法律和规章,也不能完成有意志的自由所实现的行动和事业。——有意识的自由,假如说它能够完成某种事业的话,那么它所完成的事业就该无非是这样:它作为普遍的实体使自己成为一种对象和一种常住不变的存在。那么这种他物,该是自由本身之中的区别,按照区别,自由把自己分解为多种持存的精神集团和不同的权力的部门;就一部分说,这些集团该是立法、司法、行政各种分立的权力的思想事物;但就另一部分说,它们该是呈现于现实文化世界中的那些实在本质;而假如更多地从普遍行动的内容上着眼,则它们该是再进一步就被分化为更加专门的社会阶层的那些特殊的劳动集团。——普遍的自由,假如它真是这样地分化成为它自己的环节,并且真是由此而变成存在着的实体了,那么,它就会因此而摆脱个别的个体性,并且把大批的个体分配到它的不同环节中去。但这样一来,人格就会感觉自己的行动和存在被限制到整体的一个分支中,被限制于一种的行动和存在了;人格在被置入于存在元素中以后,就会意味着是一个特定的人格;它就会不再真正是普遍的自我意识。普遍的自我意识是不会上当的,无论它对于它部分地参与了的那些自己制定的法律所怀抱的服从观念,无论制定法律和采取普遍行动时它所享有的代表性,都不能使它受骗而放弃现实,——这里说的现实,是指亲自去制定法律,亲自去完成普遍的而不是个别的事业;因为,当自我只是被代表着和观念地被呈现着时,它就不是现实的;它在哪里有代表,它就不在哪里。

个别的自我意识并不存在于作为实际存在着的实体的绝对自由的这种普遍的事业中,同样,它也并不存在于绝对自由的一些独特的行动和个别的意志行为中。普遍的东西要想成为一个行动,它就必须把自己集结起来,形成个体性那样的单一性,并且将一个个别的自我意识安置于领导地位;因为普遍的意志,只有在一个单一性的自我之中,才是一种现实的意志。但这样一来,一切其他个别的自我意识就被排除于这个行动整体之外,而对这个行动只有局部的参与了,其结果,这个行动就该不是一种现实的普遍的自我意识的行动。——所以,普遍的自由,既不能产生任何肯定性事业,也不能做出任何肯定性行动;它所能做的只是否定性行动;它只是制造毁灭的狂暴。

但是,最高的、与普遍自由最相对立的现实,或者更确切地说,那唯一还能为自由所意识到的对象,乃是现实自我意识本身的自由和个别性。因为,那种普遍性,即,不让自己取得有机组合的实在性而以保持自己不失其无分割的连续性为目的的那种普遍性,事实上在其本身中也同时正在区别着自己,因为它就是运动或意识一般。确切地说，它由于它自己的抽象作用的缘故，正在把自己分裂成同样抽象的极端：分裂成简单的、不可屈挠的、冷酷的普遍性，和现实自我意识所具有的那种分立的、绝对的、僵硬的严格性和顽固的单点性（Punktualität）。现在，它已完成了对有组织的实在的破除，它孤独地自为地存在着，这就是它的唯一对象；——这种对象，再也没有任何别的内容、别的占有物、别的客观存在和外在广延，它仅仅就是知道自己是绝对纯粹的、自由的、个别的自我这一知识。这种对象，我们可以根据什么来理解呢，唯一的根据就是它的抽象的特定存在一般。——因此，这两者之间的关系乃是一种完全直接的、无中介的纯粹否定，即是说，是作为存在事物的个别的东西在普遍的东西中的否定；因为两者都直接是绝对自为的，不能插入任何东西为中项使两者结合起来。于是，普遍的自由所能做的唯一事业和行动就是死亡，而且是一种没有任何内含、没有任何实质的死亡，因为被否定的东西乃是绝对自由的自我的无内容的点；它因而是最冷酷最平淡的死亡，比劈开一棵菜头和吞下一口凉水并没有任何更多的意义。

在这个无所表示的简单音节的平淡之中，就包含着政府、普遍意志借以完成其自身的那种智慧、理智。政府本身不是什么别的，只不过是一个自己确立自己的点，或普遍意志的个体性。政府，作为从一个点出发的一种愿望和实现〔活动〕，它同时也愿意并实现着一种特定的意旨和行为。它于是一方面排除其余的个体，使之不得参与它自己的行动，另一方面，把自己构成为这样一种政府：其本身是一特定意志，从而与普遍意志相对立；因此，它完全没有别的选择，而只能把自己呈现为一种派别。我们称之为政府的，只是那胜利了的派别，而正是由于它是一个派别，这就直接孕育着它的倾覆的必然性；而且反过来说，它既是一个政府，这就使它成为一个派别，使它有罪过。如果说，普遍意志保持自己于政府的现实行为中，换句话说，保持自己于政府对它（普遍意志）所犯的罪行中，那么相反，政府却没有任何特定的和外在的东西可以让那与它（政府）对立的意志借以表现其罪过；因为那与作为现实的普遍意志的政府相对立的，只是非现实的纯粹意志、〔内心〕意图。因此，有嫌疑就代替了有罪过；或者说，有嫌疑，就有犯了罪的意义和效果，而且为对付这种深藏于单纯内心意图中的现实而采取的外在行动，就是干脆地把这种存在着的自我或个人消除掉，这种自我除了它的存在本身而外，是没有任何别的东西可供消除的。

〔Ⅲ. 自由主体性的觉醒〕 绝对自由在它这种独特的事业中成了它自己的对象，而自我意识体验到了这种绝对自由是个什么东西。就其自在而言，绝对自由正是清除了自身中一切区别和一切有区别事物的这种抽象的自我意识。就其作为抽象的自我意识而言，绝对自由是它自己的对象；死亡的恐怖就是绝对自由的这种否定性本质的直观。但是，绝对自由的自我意识发现，它的这种实在与这种实在当初对其自己所抱有的概念，是完全不同的，即是说，按照当初的概念，普遍意志只是人格的肯定性本质，人格知道自己在普遍意志中只是肯定的或被保持着的。而现在呢，绝对自由的自我意识所见到的已完全不同，它作为纯粹识见，已把自己的肯定本质和否定本质绝对地分割开来，换句话说，它已把无宾词的绝对径直地分割为纯粹思维和纯粹物质，所以现在呈现在它面前的乃是那实现了的、从一个本质向另一个本质的绝对过渡。——

普遍意志，作为绝对肯定的、现实的自我意识，由于它即是这种已上升为纯粹思维或抽象物质的、有自我意识的现实，于是就转化为否定的本质，表明自己同时又是自我思维（或自我意识）的扬弃。

绝对自由，作为普遍意志的纯粹自身等同，于是，本身就包含着否定，但因此也就包含着区别一般，并且发展着这种区别，使之重新成为现实的区别。因为，纯粹的否定性，在自身等同的普遍意志那里，有着它自己的诸环节所赖以实现的那种持存元素或实体，有着它可以将其转化为它的规定性的那种物质；而且一旦这实体表明自己是对个别意识的否定物，各种精神集团就重新组织形成起来，而大批的个体意识就分别归属于这些集团里去。这些个体意识在感觉到他们的绝对主人的、死亡的可怕的时候，就重新屈从于否定和区别，自行归属于各个集团，返回到一种局部的有限的事业上来，不过这样一来，他们也就返回到了他们的实体性现实。

精神也许会从这种骚乱中被抛回于它的出发点，被抛回于伦理世界和实在的教化世界（伦理世界和教化世界只会因受那重新进入心灵里来的对主人〔死亡〕的恐惧心理所激励而变得活力充沛，青春焕发，精神也许会不得不重新开始并永远重复环行这个必然性的圆圈，假如发展的结果只是自我意识与实体两者完全渗透的话，即是说，假如结果是这样一种渗透：自我意识，由于认识到了它的普遍本质乃是与它自己相反对的否定力量，从而愿意把自己不视为这个特殊物而只视为一种普遍物，并且因此而也能忍受得住把它当作特殊物加以排斥的那普遍精神的客观现实的话。——但是，发展的结果并不是这个样子，因为在绝对自由中，无论是已沉沦为各种各样特定存在的或固着于自己特定的目的和思想的那个意识，不论是属于现实或属于思维的一个外在的有效准的世界，都没有交互作用互相渗透；其结果毋宁是，世界，作为普遍意志，完全以意识的形式出现，而自我意识，也摆脱了一切有广延的特定存在或各种各样的目的和判断，而集结为简单的自我。自我意识与上述本质(普遍意志)交互作用而达成的文化或教化，因而是最高的和最后的文化，从这种教化的观点上看，自我意识的纯粹的简单的现实，已直接消逝，已过渡为空虚的无有[①]。在教化世界本身中，自我意识直观不到它在这种纯粹抽象的形式下的否定或异化；它的否定毋宁是内容充实的否定，是它异化了它的自身而换取来的荣誉或财富；或者说，是分裂意识所达到的精神和识见的语言；再或者，是信仰意识的天界或启蒙〔阶段〕的有用性(功利)原则。所有这些规定，都跟随着自我〔或个人〕在绝对自由中所遭受的损失而丧失了；它的否定是毫无意义的死亡，是那本身不含任何肯定性东西、不含任何充实内容的否定物的纯粹恐怖。——但同时，这种否定，就其现实性而言，并不是一种外来物；它既不是位于彼岸的、伦理世界在其中归于消灭的那种普遍的必然性，也不是分裂意识休戚所系的私有财产之个别的偶然〔有无〕或财产所有者之兴致的偶然〔高低〕，它毋宁是普遍的意志；普遍的意志，在它自己这种最后的抽象中，不具有任何肯定性东西，因而不能从牺牲中取回任何代价；——但唯其如此，它与自我意识直接即是一个东西，或者说，它是纯粹的肯定物，正因为它是纯粹的否定物；而自我或个人的毫无意义的死亡、空无内容的否定性，就在内在的概念中转化为

① 指康德的“自在之物”或“物自体”。——译者注

绝对的肯定性。对于意识说来，自我与普遍意志的直接统一，自我之要求知道它自己是普遍意志中的这个特定的中心点，这样的经验都转变成了绝对相反的经验。在这种新经验中，意识觉得消逝了的东西，乃是抽象的存在，或无实质的点的直接性，而且这种消逝了的直接性乃是意识现在知道它本身正就是的那种普遍性，因为它是扬弃了的直接性，因为它是纯粹知识或纯粹意志。这样一来，意识知道这种纯粹意志就是它自己本身，它自己本身就是本质，不过它并不知道这个本质就是直接存在着的本质；这就是说，并不知道纯粹意志就是革命政府或力图创立无政府体制的无政府状态，也不知道它自己就是这一个派别的中心点或那一个相反派别的中心点，相反，普遍意志毋宁即是它〔意识〕的纯粹的知识和意愿，而它意识毋宁就是作为这种纯粹的知识和意愿的普遍意志。在这里它并没有失掉自己本身，因为如果说原子式的意识点是它，那么纯粹的知识和意愿就更加是它。因此，它是纯粹意识与其自己的交互作用；纯粹知识，作为一种本质，乃是普遍意志；但这种本质完全只是纯粹意识。因此，自我意识就是关于那作为本质的纯粹知识的纯粹知识。此外，它〔自我意识〕，作为个别的自我，仅仅是当作形式而被它知道了的那种主体或实际行动的形式；而客观的现实、存在，对它说来，也是形式，却是一种绝对无自我的形式；因为，客观现实、存在，是没有被知道的东西；但这种知识知道知识是本质。

因此，绝对自由已经把普遍意志和个别意志的对立同它自己本身协调起来了；自身异化了的精神，即，达到了自己的对立的顶峰、从而纯粹意愿和纯粹意愿两者在其中还互有区别的那种精神，已把这种对立降低为一种透明的形式,并在其中发现自己本身。——正如现实世界的王国之过渡到信仰的和识见的王国那样,绝对自由也从它那摧毁着自己本身的现实王国过渡到另一个有自我意识的精神的王国,在这里,绝对自由带着这种非现实性被看成了真理;而精神,既然它现在是并且继续是思想,既然它知道这种封闭于自我意识中的存在是完全的和完满的本质,它就因为这种有关真理的思想而元气恢复,活力重振。这就产生了新的意识形态,道德精神。

三、对其自身具有确定性的精神、道德

伦理世界曾表明,在它那里只好死掉了的那种精神,即是说,个别的自我,乃是它的命运和它的真理。但这种法权的个人,其实体和内容是在它自己以外的。教化世界和信仰世界的运动扬弃了〔法权的〕个人的这种抽象性,而通过完成了的异化,通过最高度的抽象,精神的自我或主体发现实体首先变为普遍意志而最终竟变成了它自己的财产或所有物。于是知识现在终于显得与它的真理性完全一致了;因为它的真理性就是这个知识本身,双方的一切对立都已消逝;而且这些对立不仅对我们〔研究精神现象学的人〕而言或自在地是消逝了,而且对于自我意识本身而言也是消逝了。这就是说,自我意识已经成了高居于意识自身的对立之上的主人。意识是建立在它的自身确定性与对象的对立上的;但是现在,对它说来,对象就是它自身的确定性,就是知识——它的自身确定性本身现在不再具有自己的目的,因而也不再具有规定性,所以毋宁是

纯粹知识。

自我意识因而现在把它自己的知识当成实体本身。在自我意识看来，这种实体，在一个没有分割的统一体中，既是直接的又是绝对中介了的。这种实体之所以是直接的，乃是因为自我意识像伦理意识那样，本身知道义务，履行着义务，并且以之为它自己的本性而隶属于这种义务；但它毕竟不像伦理意识那样是一种性格(Charakter)，伦理意识，由于其直接性的缘故，乃是一种特定的精神，只隶属于各伦理本质性中的一种本质性，本身包含着没有自觉的知识这样一个方面。——这种实体的意识之所以是绝对的中介，乃是因为它像文化意识和信仰意识那样，本质上是自我的扬弃其直接定在的抽象性并使自己变成为普遍的东西的那种运动；但它所以有这种发展运动，并不是由于它使它的自我和现实经历了纯粹的异化和割裂，也不是由于它对现实作了逃避；相反，它毋宁是带着它的实体而直接呈现于自己面前的，因为实体就是它的知识，实体就是它直观了的纯粹自身确定性；而且，恰恰即是它的独有现实的这种直接性，乃是一切现实，因为，直接的东西乃是存在自身，作为纯粹的、通过绝对否定性而纯化了的直接性，乃是纯粹存在，乃是存在一般或一切存在。

因此，绝对本质，就其规定而言，并不仅限于是简单的思维本质，它毋宁是一切现实，并且是只作为知识而存在着的现实。任何东西，假如是意识所不知道的，对于意识来说，就该没有任何意义，没有任何力量；一切客观性和全部世界，都已退回到了意识的认知着的意志之中。意识是绝对自由的，因为它知道它的自由，而它对它的自由的这种知识，正是它的实体、它的目的、它的唯一内容。

(a) 道德世界观

〔Ⅰ.义务与现实之间被设定的和谐〕 自我意识知道义务是绝对本质;它只受义务的约束,而这种实体就是它固有的纯粹的意识;因为义务不能以自我意识的一种异己物的形式出现。但是,像这样地封闭于自身内,道德的自我意识就还没有被看作意识。对象是一种直接的知识,而这样完全为自我所渗透的对象,就不是对象。但是,自我意识既然本质上即是中介与否定,它的概念里就含有它与一个他在的关系,从而它就是意识。由于义务构成着自我意识唯一的本质性的目的与对象,所以就一方面说,这个他在对自我意识而言是一种完全无意义的现实。但由于这种意识是如此地完全封闭于自身内,所以它与这个他在的关系是完全自由而各不相干的,而且因此,就另一方面说,他在乃是一种完全从自我意识解放出来的、因而只与自己发生关系的特定存在;自我意识愈自由,它的意识的否定性对象也就愈自由。这样一来,对象就是一种在本身中完成了自己个体性的世界,是具有自己固有规律的一个独立整体,也是这些规律的一种独立进程和自由实现,——是一种自然一般,这种自然,其规律与行动,都隶属于它本身,而它本身,作为一种本质,对道德自我意识漠不关心,正如道德自我意识之对它漠不关心那样。①

从这个规定开始,一个道德世界观就形成了,这个道德世界观

① 道德自我意识只有唯一的一个目的和对象,那就是义务;但它既是意识,它就与一个他在、自然发生关系,正如康德在《实践理性批判》所设定的那样。而由于这种双重性、二元性,就产生出了康德的乃至费希特的道德世界观。——译者注

是由道德的自在自为存在与自然的自在自为存在的关系构成的。这种关系以两种假定为基础，一方面假定自然与道德（道德的目的和活动）彼此是全不相干和各自独立的，另一方面又假定有这样的意识，它知道只有义务具有本质性而自然则全无独立性和本质性。道德世界观包含着两个环节的发展，而这两个环节则处于上述两种完全矛盾的假定的关系之中。

于是，首先假定了道德意识一般；这道德意识一般是现实的和能动的，它在它的现实和行动中履行着义务，它把义务当成本质。但同时，这道德意识也假定着自然的自由，换句话说，它从经验中知道，自然对于它之意识到它的现实与自然的现实的统一性与否是漠不关心的，并且知道，自然也许让它幸福也许不让它幸福。相反，不道德的意识也许偶然会得到实现，在这种情况下，道德的意识就只能见到有采取行动的动因，却不能因采取了行动而获得实现的幸福和分得完成实践所应得的享受。因此，道德意识毋宁具有充分理由来抱怨它本身与特定存在之间存在的这种不相对应和不公正的情况，在这种不公正的情况下，道德意识只可具有它作为纯粹义务的对象，却不得看到它的对象，和它实现了的自我或自身。

道德意识决不能放弃幸福，决不能把幸福这个环节从它的绝对目的中排除掉。那被表述为纯粹义务的目的，从本质上说，本身就有必要包含着这种个别的自我意识；因为个体的信念和关于这种信念的知识，本来就构成着道德的一个绝对环节。在对象化了的目的中亦即在已经履行了的义务中的这个环节，就是对于实现了的自我进行直观的那个个别的意识，换句话说，这个环节就是享受,享受固然不直接包含于作为一种意向的道德概念中,却包含于作为一种实现的道德概念中。但是这样一来,享受也就包含于作为意向的道德中了,因为道德并不力图保持自己为一个与行为相对立的意向,而毋宁力图有所行为,换句话说,力图实现自己。因此,目的,作为被表述成为对它所含的诸环节有所意识的那种整体,就有这样的含义:履行了的义务既是纯粹的道德行为,也是体现了的个体性,而且自然,作为与抽象目的相对立的个别性方面,也是与这种目的结合为一的。——这两方面的不和谐,其所以在经验上必然表现出来,这是因为,自然固然是自由的,然而义务同样也是唯一本质性的东西,至于自然,与义务相反,则是无自我的东西。由双方的和谐所构成的上述那种整个目的,其自身中就包含着现实本身。这种目的同时就是现实的思想。道德与自然之间的和谐,——或者换个说法,因为只当意识经验到了它自己与自然的统一时自然才成为考虑的对象,让我们把自然换成幸福来说——道德与幸福之间的和谐,是被设想为必然存在着的,或者说,这种和谐是被设定的。因为设定或要求,意思就是说,有某种尚非现实的东西被设想为存在着的;这里表现出来的这种必然性,并不是那作为概念的概念方面的必然性而是存在方面的必然性。但是,必然性本质上同时也是由概念产生出来的关系。因此被要求或被设定的存在,不是属于偶然意识的表象的东西,而是包含在道德概念本身之中的东西,而道德概念,其真正内容就是纯粹意识与个别意识的统一;个别意识应该看出,这种统一对它来说就是一种现实,这种现实,作为目的的内容,就是幸福,作为目的的形式,就是特定存在一般。——所以,这里所要求的这种特定存在或两者的统一，并不是一种愿望，或者如果把它当作目的来说，它不是一种好像能否实现还在不确定之中的目的，相反，它这样的目的，毋宁是理性的一种要求，或者说，是理性的一种直接确定性和先决条件。

上述的那第一种经验和现在谈到的这种设定(或公设 Postulat)，并不是唯一的经验和唯一的公设；而是有一整系列的公设，现在展现出来了。因为自然不仅只是这种完全自由独立的外在的〔存在〕方式，或者说，它不仅是仿佛意识必须凭以实现它自己的目的的一种纯粹的对象。意识，就其自身而言，本质上是这样一种东西，即，是为它才存在着这另一种自由独立的现实，这就是说，它本身是一种偶然的和自然的东西。这种自然，这在意识看来是属于意识的自然，乃是以意愿的形态、作为冲动和情欲而出现的感性，而感性自为地有着一种为它自己所固有的特定的本质性，也就是说，有着个别目的；因此，它是与纯粹意志和它的纯粹目的相对立的东西。但是，对纯粹意识而言，本质与其说是双方的这种对立，倒不如说是感性对纯粹意识的关系，是感性与纯粹意识的绝对统一。纯粹思维与意识的感性，两者自在地是同一个意识，而且，正是对纯粹思维而言并且正是在纯粹思维之中，存在着这种纯粹的统一；但是，当纯粹思维作为意识的时候，对它而言，就存在着它自己与冲动的对立。在理性与感性这样冲突的情况下，对理性说来，本质的事情是：冲突消除，统一出现，而且作为消除冲突的结果的这种统一，并不是由于双方同在一个个体中的那种原始的统一，而是由于知道了两者的对立才产生出来的统一。像这样的统一，才是现实的道德，因为这种统一里包含有对立，通过这种对立，自我才是意识或者说才是一种现实的和事实上的自我并同时是一种普遍的东西;换句话说,因为在这种统一中,才显示出来我们认为对道德有着本质重要性的那种中介。——由于在对立的两个环节中,感性完全是他在或否定物,而义务的纯粹思维是本质,其中没有任何可加以放弃的东西,所以看来好像只有通过扬弃感性这一条道路才能达到已经产生了的那种统一。然而感性本身既然是这种实现过程的一个环节,现实环节,那么人们将不得不暂时权且说这种统一是感性对道德的符合一致。——这种统一同样也是一种被设立的存在,它不是实际地存在着的;因为实际地存在着的东西是意识,换句话说,是感性与纯粹意识的对立。但是,这种统一同时又不是一个自在存在,像第一种公设那样,在第一种公设中,自由独立的自然构成着一个对立面,因而作为对立面的自然与道德意识之间的和谐是出现于后者亦即道德意识之外的;而在这里,情况相反,自然即在道德意识本身之中;而且我们在这里所考察的是道德本身,是行动着的自我所固有的一种和谐;因此,意识必须自己来创造这种和谐,必须在道德中永远向前推进。但是,道德的完成是可以推之于无限的;因为,假如道德真是出现了,则道德意识就会把自己扬弃掉。因为道德只是一种作为否定性本质的道德意识,对于道德意识的纯粹义务而言,感性只具有否定的意义,只是一种〔与纯粹义务〕不符合不一致的东西。但是在道德的和谐中,道德,作为道德意识或者作为道德现实,就消逝了,正如在道德意识中或者在道德现实中道德的和谐消逝了那样。因此,道德的完成是不能实际达到的,而毋宁是只可予以设想的一种绝对任务,即是说,一种永远有待于完成的任务。同时,这种任务的内容,却又可以被设想为绝对不能不存在的，因而它不会永远只是任务；不管在达到了这种道德目标的时候，人们究竟想象以为道德意识完全被扬弃了也好，或者没有扬弃也好；反正真实的情况究竟是怎么个样子，由于目标的达到要推之于无限渺茫的辽远，那么在这样模糊的无限辽远中是不再可以明确分辨了。真正讲来，我们将不得不说，对上述特定的想象或“以为”，人们是不会感兴趣的，而且也不会是人们所寻求的，因为如果这样去做，那就一定导致矛盾：——这就是包含在一种任务里的矛盾，这种任务既应该是永远完成不了的，却又应该是已经完成了的；这也就是包含在一种道德里的矛盾，这种道德〔作为一种现实的道德意识〕应该不再是一种意识，不再是现实的。可是假如我们接受了这种看法，承认完满实现了的道德中包含有一种矛盾，那么道德本质性的神圣性质就势必遭受玷污，而绝对义务势必显得好像是某种不现实的东西。

第一个公设是道德与客观自然的和谐，这是世界的终极目的；另一个公设是道德与感性意志的和谐，这是自我意识本身的终极目的；因此第一个公设是在自在存在的形式下的和谐，另一个公设是在自为存在的形式下的和谐。但是，把这两个端项亦即两个设想出来的终极目的联结起来的那个中项，则是现实行为的运动本身。这是两种和谐，它们各包含着差别的环节，不过这些环节在其抽象的差别性中都还没有相互成为对象；只有在现实里才出现这种情况，因为在现实里，不同方面都于真正的意识中呈现出来，每一方面都呈现为对方的对方。这样产生出来的公设就跟以前的公设不同，以前的两种公设只分别地包含着自在存在着的和谐和自为存在着的和谐，而现在，则包含着自在而且自为存在着的和谐。

〔Ⅱ. 神圣的立法者和不完全的道德自我意识〕 道德意识，作为纯粹义务的简单知识和简单意愿，在行为的过程中，跟那与它的简单性相反的对象亦即跟复杂多样的现实发生了关联，从而取得了一种复杂多样的道德关系。现在，从内容方面说，就出现了许许多多的一般规律；从形式方面说，就出现了属于认知着的意识与属于无意识的东西的互相矛盾着的势力。——首先，在众多的义务方面，对于道德意识一般而言有效准的，只是众多义务中的纯粹义务；至于众多义务，既然是众多的，就只是些特定的义务，而既然是特定的义务，因此对道德意识说来就不是什么神圣的东西。但同时，通过行为的概念，这些众多的义务又必然地要被视为自在而且自为存在着的，因为行为本身包含着多种多样的现实从而包含着多种多样的关系。此外，由于它们只能存在于一个道德意识里，所以它们同时都存在于与前一道德意识不同的另外一种道德意识里，在这另一道德意识看来，只有纯粹义务作为纯粹的义务才是自在而自为的和神圣的义务。

这样，另外一种意识的存在，就设定了，正是这另一意识，使众多的义务神圣化，或者说，把它们当作一些义务予以认识和愿望。第一种意识认为纯粹义务与一切特定的内容漠不相干，而且义务正就是对特定内容的这种漠不相干性。但另外一种意识，则对行为保持着同样重要的关系并承认特定内容的必要性；既然种种义务都是作为特定的义务才对这另一意识有效准的，那么内容本身，对这另一意识来说，也就像内容赖以成为义务的那种形式一样具有本质重要性。因此，这另一意识就是这样一种意识，在它这里，普遍与特殊完全合而为一，它的概念却是道德与幸福彼此和谐的概念。因为这种对立,同样显示了自身等同的道德意识与那作为复多存在而与义务的简单本质互相冲突着的现实之间的分割。但是,如果说当初第一种公设只表示了道德与自然之间的存在着的和谐,因为在那里,自然是自我意识的否定物,是存在环节,那么现在相反,在这里,本质上这种自在〔和谐〕则被设定为一种意识。因为,存在着的东西现在取得了义务内容的形式,换句话说,成了在特定的义务那里的规定性。自在〔和谐〕因而就是由思维本质性组成的统一体,作为简单的本质性的这些思维本质性,都只会存在于一个意识中。这个意识于是现在成了一个世界主人和统治者,它使道德与幸福达成和谐,同时并将诸义务作为复多的义务而加以神圣化。把诸多义务加以神圣化,含有这样的意思:在纯粹义务的意识看来,特定义务不能直接是神圣的;但是特定义务,既然为了实际行动(实际行动也是一种特定的东西)的缘故,也同样是必要的,那么特定义务的必要性,就超出上述那个意识,落入于另外一种意识里,而这另一意识于是就是特定义务与纯粹义务的中介意识,就是特定义务所以能有效准的根据。

但在实际行为中,意识是把自己当作这个〔特定的〕自我,当作一种完全个别的意识的;它是针对着现实本身、并以现实为目的的;因为它盼望实际上有所完成。义务一般于是落到它〔这现实意识〕以外的另一本质中,而这另一本质,乃是纯粹义务的意识和神圣立法者。行动着的意识,因为它在实际行动着,于是只把(纯粹义务的)对方或他物看作是直接有效准的东西,因此纯粹义务是属于另外一个意识的内容,只是间接地被行为着的意识看作是神圣的,其所以间接,是因为它是属于另一意识的。

这样一来，义务作为**自在自为的**神圣的东西，其效准性既然被设定为落到现实意识以外了，那么因此，现实意识，作为**不完全的**道德意识，就是只站在一方的、片面的。从其**知识**方面说，不完全的道德意识知道自己的知识和信心是不完善的和偶然的，同样，从其**意愿**方面说，它也知道自己的目的是受感性所影响的。由于它的价值不高的缘故，它就不能把幸福视为必然的，而只能视为一种偶然的东西，并且只能指望因恩赐而获得幸福。

不过，尽管不完全的道德意识的现实是不完全的，它的**纯粹**的意志和知识却把义务当作本质；因此，在概念中，在与现实相对立的意义下的概念中，或者说在思维中，它是完全的。但是，绝对本质正是这种被思维的东西，被设定于现实之彼岸的东西；因而它是这样一种思想，在这种思想中，道德上不完全的知识和意愿被当成完全的知识和意愿，而且在这种思想中，正因为这不完全的知识和意愿被当成是最重要的东西，所以它也就按照高尚的道德价值，也就是说，按照这不完全的道德意识所**应得的评价**，给予幸福。

〔Ⅲ. 论道德世界观〕　道德世界观到这里是完成了。因为，在道德自我意识的概念中，纯粹义务和现实这两个方面都被安置到一个统一体里，因而任何一方都不是自在自为地存在着的，毋宁都是作为一个**环节**或作为被扬弃了的东西。这一点，在道德世界观形成的最后阶段，意识是认识到了的；意识把纯粹义务安置到不同于它自己的另外一种本质里，即是说，它一方面设定纯粹义务为一种被**表象了的**〔观念性的〕东西，另一方面将其设定为一种不是自在自为地有效准的东西，反而认为非道德的东西算是完善的。同样，意识又把自己设定为这样一种意识：即它的与义务不相符合的现实，已经扬弃掉了，而且作为扬弃了的现实，或者说，在绝对本质的表象〔或观念〕中的现实，跟道德已不再矛盾了。

不过，对于道德意识自己来说，它的道德世界观却并不意味着它在它这个道德世界观中已发展了它自己的概念并使它的概念成为它的对象，它对无论形式方面的或内容方面的对立都没有任何意识，它并没把对立的双方联系起来加以比较，它并不是结合着对立环节的概念，反而自己则在不断地发展前进。因为它只知道，纯粹本质或对象，如果对象是指义务，如果对象是指它的纯粹意识的抽象对象的话，是一种纯粹知识或者说是它自己本身。它所进行的活动因而只是在思维，而不是在概念地理解。因此，对它说来，它的现实意识的对象，还不是透明的，还没有透辟地理解；它不是绝对概念，只有绝对概念才把他在本身或它的绝对对方理解为它自己本身。它自己的现实，以及一切客观现实，在它看来，固然都是非本质的东西；然而它的自由，却是纯粹思维的自由，因此，与纯粹思维的自由相对立的自然，同时就出现而成为一种同样自由的东西。因为存在的自由和存在之局限于意识中，两者是以同样方式存在于它之内，所以它的对象就成了一种既是存在着的同时又只是被思维的对象；在它的道德世界观的最后阶段里，内容已基本上被这样设定：它的存在是一种被表象了的存在；而存在与思维的这种联合，则已按其实际情况被表述为表象作用（das Vorstellen）。

既然我们在考察道德世界观时认识到，道德世界观的这种客观方式不是什么别的，只是道德自我意识本身的概念，只不过道德自我意识把它自己的概念弄成对象性的东西而已，那么由于有了关于道德世界观的起源形式的这种意识,现在就产生出了另外一种有关道德世界观的表述形态。——第一个亦即由之出发的命题是:现实地存在着道德自我意识,或者说,的确有这样一种东西。因为,概念设定道德自我意识含有这样的规定:它认为一切现实一般地都只在其符合于义务的时候才有本质,而且概念还设定这种本质即是知识,这就是说,还设定这种本质是与现实的自我直接合为一体的,直接处于统一体中的;因此,这种统一体本身就是现实的,就是一个现实的道德意识。——现实的道德意识,作为意识,现在就把它自己的内容看成对象,即看成世界终极目的、看成道德与一切现实的和谐。但是由于它把这种统一体表象为对象,而对象还不是那具有超越对象本身的能力的概念,所以在它看来这种统一体是自我意识的一个否定物,换句话说,这种统一体是在它自己以外的,是它的现实的一个彼岸,但是这个彼岸,同时也是存在着的东西,不过只是被思维为存在着的而已。

道德自我意识,作为自我意识,既然是不同于对象的另外一种东西,那么在它那里余留下来的就只是义务意识与现实之间,更确切地说,就只是义务意识与它自己的现实之间的不和谐了。因而现在出现了这样的命题:没有道德上完成了的现实的自我意识;——而且,由于道德的东西只在其完成了的时候才是道德的东西,因为义务是没有任何夹杂的纯粹的自在,而道德只因与这种纯粹自在相一致才成其为道德,所以第二个命题就变成了这样:没有道德上现实的东西。

但是由于,第三,道德自我意识是一个自我〔或主体〕,所以它自在地是义务与现实的统一;这种统一于是变成它的对象,成为完成了的道德，——但是这完成了的道德同时又是它的现实的一个彼岸，——不过这个彼岸倒应该是现实的。

在前两个命题的综合统一这一终极目标中，无论是有自我意识的现实，或是义务，都只被设定为一种扬弃了的环节；因为它们都不是个别的、孤立的，但是，按照它们的本质规定，它们都该是摆脱了对方的，既然现在在统一中每一个环节都不再是脱离了对方的，所以每一个环节都是被扬弃了的；而且，从内容方面说，它们作为扬弃了的环节，都变成了对象，它们中的每一个都对对方有效准，而从形式方面说，它们这种互为对方之对象的情况同时又只是呈现于表象中的。——或者还可以说，实际上不道德的东西，因为它也是一种纯粹思维，并且超越于其现实之上，所以它在表象〔或观念〕中倒是道德的，并且被当成是完全有效准的。这样一来，第一个命题"存在着一个道德自我意识"就建立起来了，但它是与第二个命题"不存在任何一个道德自我意识"结合着的；这就是说，存在着一个，但这一个只存在于表象或观念中；或者说，诚然是不存在任何一个，但另外一种意识却又证明和承认存在着这么一个道德意识。

(b) 倒置[①]

在道德世界观里，一方面，我们看到意识自己有意识地创造它自己的对象；我们看到，它的对象既不是一种现成存在着的异己的

① 倒置(Verstellung)有颠倒了位置或放错了位置的意思，在下文为了行文方便有时译为颠倒、倒置、废置甚至否定。原意在指出康德道德观的矛盾。此字德文原文又有做作、假装、蒙混的意思。故本节结尾时谈到由道德的倒置而导致伪善。——译者注

东西，也并不是在它不知不觉中出现在它面前的。而它毋宁到处都是在按照根据进行推理，从而设定这对象性本质或客观本质。因此，它知道客观本质即是它自己本身，因为它知道它自己即是产生对象的那个能动的东西(das Tätige)。因此，在这里意识似乎达到了它的安宁与满足，因为，它只能在它不需要再超出它的对象时才感到满足而安静下来，因为在这个时候它的对象已不再超出它了。但是另一方面，我们看到，意识毋宁是自己把它的对象设置在它自身以外，当作它自己的一个彼岸的。不过这个自在自为的存在物，同时又被设定为一种并非脱离自我意识独立自存，而是为了自我意识和由于自我意识而存在的。

〔Ⅰ.道德世界观里的矛盾〕 道德世界观因而事实上不是别的，只不过是这个基本矛盾向自己的各个不同方面的充分发展；如果使用康德的说法来说——这个说法在这里使用非常合适——它乃是整个的一窝[①]无思想的矛盾。意识在这个发展中的做法是：它先确立一个环节，然后立即转向另一环节，并把第一环节扬弃掉；但当它现在刚刚建立起第二个环节时，它又重新推翻或颠倒了这第二环节，反而以其对立面为本质。同时，它对于它的矛盾和颠倒〔行动〕也是明明知道的，因为当它从一个环节转向其对立环节时它是直接联系着这个环节本身的；正因为一个环节对它说来没有实在性，它就恰恰要把这个环节设定为实在的，或者换个说法也一样，为了主张一个环节是自在存在着的，它就主张其对立环节是

① 康德称宇宙论的证明为“整个一窝的辩证的〔矛盾的〕佞妄主张”。(《纯粹理性批判》，哲学丛书第37卷，第9版，第524页，第18行。)——原编者

自在存在着的环节。这样，它就等于招认它事实上根本没有认真对待这两个环节中的任何一个。而这一点我们可以从这个颠倒的〔有欺骗性〕的运动的诸环节中加以详细的考察。

首先我们让“存在着一个现实的道德意识”这一前提假定以自身为根据，因为这个假定直接同以前的什么东西并没有联系，然后我们来考察道德与自然两相和谐这个第一公设。道德与自然之间的和谐应该是自在的〔或潜在的〕和谐，不为现实意识所知的和谐，不呈现于意识中的和谐，相反，呈现于意识中的，倒不如说只是道德与自然两者之间的矛盾。就呈现于意识中的情况来说，道德被当成为现成存在的东西，而现实则被认定为与道德不相和谐的。但是现实的道德意识是一种行动着的意识，而且正因为它是行动着的，所以它的道德才有现实性。但是在行动或行为本身之中，上述那个位置被直接颠倒了；因为行为只不过是内心道德目的的实现，只不过是去产生出一种由道德目的所规定的现实，或者说，只不过是去制造出道德目的现实本身的和谐。同时，行为的完成也是意识所知道的，它是现实与目的的这种统一性在意识中的当前现在；而且因为在完成了的行为中，意识已把自己实现为这种个别的意识，或者说，意识看到它自己已取回了客观存在，而且享受也就寓于这种取回之中，所以道德目的的实现同时也就包含着被称为享受和幸福的那种道德目的的实现。——于是事实上，行为就把当初被当成不能实现的、只算是一种公设、只算是一个彼岸的那种东西，直接实现出来。意识于是通过它的所作所为表明，它并没有认真地对待它的公设，因为这样一来行为的意义毋宁在于使不会当前呈现的东西当前呈现。而且由于和谐是为了行为而设定的——因为任何东西,凡通过行为而变成为现实的,它必须自在地〔或潜在地〕本是这个东西,否则它就不可能成为现实,——所以行为和公设的关联就成了这样:为了行为的缘故,即是说,为了目的与现实达到现实的和谐的缘故,这种和谐被设定为非现实的、彼岸的。

既然有了行为,那么目的与现实的不相适应的情况,就根本没有什么严重,而相反,行为本身倒似乎应予以严肃对待了。但是,现实的行为事实上只是个别意识的行为,因为行为本身只不过是一种个别的东西,而它所产生出的事业(或作品)只不过是偶然的东西。可是理性的目的,作为无所不包的普遍目的,则丝毫也不小于整个世界;这是一个终极目的,终极目的超出于个别行为的内容之外,因而根本应被设置于一切现实的行为之上。因为普通的至善有待于实现,所以没有什么善的东西能得到实行。但事实上,现实行为的虚无性,以及直到现在才设定的这整个目的的实在性,无论从任何方面说,也已重新被倒置了。道德行为不是什么偶然的和有限的东西,因为它以纯粹义务为本质;纯粹义务构成着唯一的整个的目的;而且不论内容上另有什么样的限制,行为既然作为目的的实现,那么它总是整个的绝对的目的的完成。或者,让我们重新假定:现实既是自然,而自然有它自己的规律,是与纯粹义务相反的东西,因而义务不能在它这里实现其自己的规律,那么情况怎么样呢?那就是,既然义务本身即是本质,事实上这就与构成整个目的的那个纯粹义务之完成与否毫不相干;因为所要完成的目的就将不是纯粹义务,而毋宁是与义务相反的东西、现实了。但是,与现实无干这一点也重新被颠倒了;因为按照道德行为的概念来说,纯粹义务本质上就是行动的意识；因此，无论如何应该有所行为，绝对义务应该在整个自然中表现出来，道德规律应该成为自然规律。

因此，如果我们让这个最高的善充当本质，那么意识就根本不是在严肃地对待道德。因为在这个最高的善里，自然并不是于道德规律之外另有一种别的规律。而这样一来，道德行为本身就消失了，因为只在假定有一种需要行为去克服的否定物的前提之下，才有行为。但是如果自然是合乎道德规律的，那么通过行为、通过对现有的存在物的克服扬弃，道德规律岂不就被破坏了。——因此，这种假定就等于承认了这样一种本质状态：在这种状态中，道德行为成了多余的，甚至根本没有道德行为可言。因此，道德与自然两相和谐（这种和谐是通过使两者趋于一致的道德行为的概念设定下来的）这一公设，也只好从这一方面表述如下：因为道德行为即是绝对目的，所以绝对目的就意味着：道德行为根本不存在。

如果我们将意识在它自己的道德表象中借以发展前进的这些环节汇合在一起，我们就看得很清楚，意识把每个环节都在它的对立面中重新扬弃掉了。由此可见，在意识看来，道德与现实并不和谐；但是它又并不是严肃认真地对待这种不和谐，因为在行为里道德与现实的和谐对意识说来是当前存在着的。但由于行为是一种个别的东西，意识也不是严肃认真看待这种行为的；因为它有最高的善这样一个崇高目的。但是，这也只不过是再一次对事情的一个颠倒，因为在这里一切行为和一切道德都该是归于消失。或者说，意识并不是真正严肃地看待道德的行为，毋宁认为最值得期望的、绝对的情况是：最高的善得到实现而道德行为成为多余的。

〔Ⅱ. 道德转化为它的反面〕　从这个结果出发，意识必须继续进行它的矛盾运动，并且必然地要再度废置它对道德行为的扬弃。道德是自在的；要想它实现出来，世界的终极目的就不能是已经实现了的，道德意识就必须是自为的，并且必须有一个与它对立着的自然。但是道德意识必须是在其自身中已经完成了的。这就导致出第二个公设：道德意识与直接在其自身中的自然亦即感性相和谐。道德自我意识设定它自己的目的是纯粹的、与欲求和冲动独立无涉的，所以在它的目的里感性的目的已经都清除掉了。——可是它刚刚建立起来的这个对感性本质的扬弃，它又立即废置了。它行动起来使它的目的成为现实，而这个应该已被扬弃了的有自觉的感性却正是纯粹意识与现实之间的这个中项，就是纯粹意识为实现自己而用的工具或器官，也就是所谓冲动、欲求。因此，意识并不是认真地在扬弃欲求和冲动，因为，欲求和冲动正就是自身实现着的自我意识。但是欲求和冲动也不应该被压抑掉，而应该符合于理性。它们也确实是合乎理性的，因为道德行为不是什么别的，只不过是自身实现着的亦即给予自己以一种冲动形态的意识，这就是说，道德行为直接就是冲动和道德间的实现了的和谐。但是事实上冲动也并不只是空虚的形态，仿佛它本身中除了自己以外还另有弹簧来推动它。因为感性是一种自然，这种自然本身中就有它固有的规律和弹簧；因此不能认真地把道德看作冲动的发动弹簧、欲求的调整角尺。因为，既然冲动和欲求都有它们自己固定的规定性和独特的内容，那么与其说它们符合于意识，倒不如说是意识符合于它们；而这后一种符合，乃是道德的自我意识所不可以做的。因此，双方之间的和谐只是自在的和设定的。——刚刚在道德行为中设定起来的道德和感性之间的当前现在着的和谐，而现在又被否定或废置了；和谐竟是在意识的彼岸，在一个朦胧的远方，在那里既不能再作任何确切区别也不能再作任何明确把握，因为我们刚才曾试图把握这种统一，而结果证明这是办不到的。——但是在这种自在〔和谐〕之中，根本上意识已将自己完全抛弃了。这种自在〔和谐〕乃是意识的道德完成，在这种完成了的状态中，道德与感性的斗争已经停息，感性已以某种不可捉摸的方式符合于道德。——这样一来，这种完成又只是对事情的一个颠倒，因为事实上在这种完成中抛弃了自己的毋宁正是道德本身，因为道德只是绝对目的、纯粹目的亦即与一切其他目的相对立的目的的意识；道德既是这种纯粹目的的活动，同时又是这样的意识：它意识到它上升于感性之上，它意识到感性混进它自身中来，它并且意识到它是与感性对立着斗争着。——意识之没有认真地看待道德的完成，可以直接从意识自己的行动中看出来，因为，意识已把道德的完成颠倒移置到无限里去，即是说，它认为道德的完成是永远达不到的。

因此对于意识而言能够算得上有效准的东西，倒反是这样一种并没有完成的中间状态，这种中间状态虽然并未完成却至少是应该趋向于完成的一种前进过程。但是这种中间状态同样也不能是前进；因为在道德里的前进，将是一种向着道德消亡的迈进。因为这样的迈进，将以道德与意识本身的上述虚无或消灭为目标；而永远一步一步地走近虚无，则叫做减退。而且还有一层，前进，一般说来也像减退一样，将承认道德上有数量大小的差别，但在这个领域里，大小差别是根本谈不上的。在道德里，在以伦理目的为纯粹义务的意识里，人们根本不能设想有差别，尤其不能设想有数量大小这样肤浅的差别;只有一个德行,只有一个纯粹义务,只有一个道德。

那么,既然意识并不是认真看待道德的完成,倒反认真看待中间状态亦即我们刚才讨论的那种非道德〔状态〕,于是我们就从另一个方面又回到第一个公设的内容上来了。因为我们看不出我们何以能为了道德意识的尊严或价值的缘故替这种道德意识要求幸福。道德意识明明知道它自己没有完成,所以事实上它要求幸福不能是由于它仿佛有资格享有某种报酬,而毋宁只能是出于一种自由的恩赐,即是说,它所能要求的幸福是自在而自为的幸福本身(als solche);并且它期待幸福的来临不能有什么绝对根据,而只能出于偶然与任意。——非道德〔状态〕在这里恰恰显露出本性来了:它原来并不是道德,而是那与道德无关的自在而自为的幸福。

通过道德世界观的这第二方面,还有第一方面的另一个断言,即假定着道德与幸福不相和谐的那一断言,也随同被扬弃了。——人们会自以为经验事实是这样的:在我们当前的世界里有道德的人时常遭逢不幸,而不道德的人反而时常是幸运的。但是,已经表明自己具有本质重要性的那种尚未完成的道德中间状态,清楚地指明这种看法和所谓经验只是事情的一种颠倒。因为,既然道德是没有完成的东西,即是说,既然事实上没有道德,那么关于道德遭逢不幸这样的经验能有什么意义呢?——由于事实真相同时又表明这里涉及的是自在而自为的幸福,所以这一点也很明显:在人们提出"不道德的人生活得很好"的论断时,人们心目中所指的并不是会在这里实际发生的那样一种不公正、不道德。既然道德一般说来是没有完成的,那么称某人为一个不道德的人这种说法自在地就归于消失，从而也就只具有一种任意武断的理由根据。因此，这项经验论断的内容含义只不过是说，有些人不该得到自在自为的幸福，这就是说，这种论断的真正含义是一种披上了道德外衣的嫉妒。可是人们又说有另外一些人该当获得所谓幸运，其理由何在呢？这其实是出于良好的友谊，由于友好，所以竟然愿望他们那些人和自己都能享有这种恩赐、这种机遇。

〔Ⅲ.道德自我意识的真理性〕　道德因此在道德意识中是没有完成的。这一点现在已经设定了。但是，道德的本质却只在于它是完成了的纯粹的东西；因此没有完成的道德是不纯粹的道德，也可以说是不道德。因此道德本身是在不同于现实意识的另一种本质里，这种本质乃是一位神圣的道德规律制定者或道德立法者。——在意识里没完成的道德，亦即作为这个公设的根据的那种道德，起初具有这样的含义：道德，既然在意识里被设定为现实的，就是与一个他物、一个特定存在关联着的，因而自己本身中就包含有他物或差别，而由于它本身中含有他物或差别，所以就产生出许许多多的道德诫命。但是道德的自我意识同时又认为这许许多多的义务都是非本质的、不重要的；因为本质的、重要的问题只在于一个纯粹的义务，而这许多义务，对它而言，既然都是特定的、不纯粹的，就没有任何真理性。它们因而只能在一个他物那里获得它们的真理性，它们在道德自我意识看来本不是神圣的，只是由于一位神圣的立法者的缘故才是神圣的。[①] ——但是，这种情况

① 康德自己就曾说过："道德规律……导致宗教，这就是说，它们使人认识到一切义务都是神圣的戒律，不是……而乃是每个自由意志本身的本质性规律，但这些规律则应该被看作最高存在的戒律。"参考《实践理性批判》，商务版，第132页。——译者注

本身再度不过是事情的一个颠倒。因为,道德自我意识是它自己的绝对,而义务则仅仅是它所知道的那种义务。可是它只知道纯粹义务是义务;它认为不神圣的东西,自在地就是不神圣,而自在地不神圣的东西,不能因神圣本质的缘故而神圣化。其实道德意识根本也不是认真地要让不神圣的东西通过它自己以外的另一种意识而得到神圣化;因为它认为只有那种在他看来是通过自己本身并且即在其自身之内而神圣的东西才是神圣的。——因此,它看待“这另一个本质是一个神圣的本质”这件事也同样不是那么严肃认真,因为有些在道德意识看来本来没有本质性的东西,在这另一本质中竟会取得本质性。

于是,如果神圣本质当初被设定为这样:在它这里具有有效性的义务不是纯粹义务而是许许多多特定的义务,那么,这个设定也必定是又被推翻了,而且那另一本质,也必定只在这样一种情况下,即,只当在它那里唯有纯粹义务具有有效性时,才是神圣的。事实上纯粹义务也确实是只在另一本质中具有有效性,而不是在道德意识里具有有效性。在道德意识里虽然好像纯粹道德是唯一有效的,然而道德意识毕竟必须以另外的方式来加以设定才行,因为它不仅是道德的意识同时也是自然的意识。道德,在它〔道德意识〕这里是为感性所激发,因感性之制约而产生的,所以不是自在自为的,而是自由意志的一种偶然结果;不过,在它这里,如果它作为纯粹意志,则道德就是知识的一种偶然结果;所以,道德不在它这里而只在另一本质里才是自在而自为的。

这样,这个本质现在即是纯粹完满的道德,因为在这一本质里道德同自然和感性不发生任何关系。但是,纯粹义务所以有实在性，就在于它在自然和感性中得到了实现。道德意识认为它自己的不完满性就在于在它那里道德同自然和感性保有一种肯定的关系，因为在它看来，道德之同自然和感性仅只保有一种否定的关系才算得是道德的本质环节之所在。纯粹的道德本质却与此相反，它因为超越于对自然和感性的斗争之上，所以同自然和感性不是保有否定的关系。因此，它与它们之间事实上就只还余有一种关系、肯定的关系，这即是说，余留给它的关系正是刚才称之为未完成的非道德的那种东西。但是纯粹的道德，既然与现实完全隔离，以致与现实完全不发生肯定关系，那就该是一种无意识的、不现实的抽象，而在这种抽象中，道德，它是对纯粹义务的一种思维和一种意志和行动，它的概念就该已被完全扬弃。所以，这个如此纯粹的道德本质，也不过是事情的一种颠倒，也必须予以抛弃。

但在这个纯粹的道德本质中，这个综合的表象作用曾在其中翻来覆去运动的那个矛盾的各个环节，彼此接近起来了；同样，这个综合的表象作用并没使之结合起来而却使之（先后）相继出现并且不断使之为其反面所代替的它这些对立思想、这些"也"字，也彼此接近起来了；它们彼此接近得如此之紧密，以至意识现在不能不抛弃其道德世界观而逃归于自身。

道德意识所以认识到它的道德是未完成的，乃是因为有一个与道德相反对的感性和自然影响了它，感性和自然一方面混浊了道德本身使之不成纯粹的道德，一方面搞出一批义务来使道德意识在实际行为的具体事件中陷于困惑；因为，每一事件都是许多道德关系的一个辐集点，就像每一知觉对象都是包含许多属性的一个事物一样；而且既然特定的义务是目的，那么它就有一个内容，它的内容就是目的的一部分，因而道德就不纯粹。——道德于是就以另一本质为它的实在。但这样的实在性只不过说明道德在这里是自在而自为的，——是自为的，意思是说，它是一个意识的道德，是自在的，意思是说，它有特定存在和现实性。——在第一种未完成的意识中，道德没有实行出来，它在那里是一个自在存在，意思是说，它是一种思想事物，因为它同自然和感性，同存在的现实和意识的现实结合在一起，以此现实为它的内容；而自然和感性则是道德上的无物。——在第二种意识中，道德出现为完成了的而不是出现为一种没有实行的思想事物。但是这种完成恰恰在于，道德在一个意识中有了现实，并且有了自由的现实，有了一般的特定存在，因而道德不是空虚的东西，而是内容充实的东西；——这就是说，道德的完成在于刚才被规定为道德上的无物的那种东西是遍在于道德的浑身内外。道德于是有时据说要完全作为纯粹抽象的非现实的思想事物才有有效性，但有时据说正是在这种情况下它完全没有有效性；它的真理性忽而在于它与现实相对立、在于它完全摆脱了现实，忽而又在于它即是现实。

这些矛盾以前在道德世界观中经过区别分解、运动展开，曾是纷然杂陈、集矛盾之大成；现在，这纷然杂陈的一堆矛盾自行消失了。因为，诸矛盾所赖以成立的那种区别，本来是不能不那么设想、是不得已而设定起来、同时确实又是非本质的区别，现在这样的区别已变成为一种哪怕在语言字句之中都不复存在的区别了。其结果，被设定为具有差别性的东西，无论作为等于零的无物还是作为实在事物，乃完全是同一个东西，乃是特定存在和现实；而那应该绝对只作为现实存在和现实意识的彼岸、同时又绝对只存在于道德意识之中、并且作为一个彼岸而应该是一无物的那种东西，乃是纯粹义务和关于“纯粹义务即是本质”的知识。意识，它作了这种不是区别的区别，它宣称现实同时既是无物又是实在事物，它表示纯粹道德既是真正本质而同样又是全无本质的东西，这个意识，现在把它以前所分解区别的那些思想集合在一起说出来了，并且它亲自表明，它之对待这种规定以及关于自我和自在存在这两个环节的区分都不是郑重其事严肃认真的，相反，它毋宁把被它宣称为绝对的在意识以外存在着的事物保有于自我意识的自我之内，并且因此而把被它宣称为绝对的思想事物或绝对的自在的东西当作一种没有真理性的东西。——意识现在明确认识到，把这些环节区别开来，分别安置，乃是事情的一个颠倒混乱，如果它真是继续颠倒下去，那它就是伪善。但是它，作为道德的纯粹自我意识，现在抛开了它的表象作用与它的本质之间的这种不同一性，抛开了它把它认为不真实的东西宣称为真实的东西的这种非真理性，怀着厌恶逃回自身来了。它是纯粹的良心，良心鄙视这样一种道德世界观；它是在自己本身中的简单的自身确信的精神，这种精神无需通过上述表象的中介而直接地凭良心行动，并且它的真理性就在这种直接性之中。——但如果这个真伪颠倒的世界不是别的，正是道德自我意识在它自己的环节中的发展，从而即是它的实在，那么按照它的本质来说，它之返回于自身也将不会变成什么别的；它返回于自身，毋宁只意味着它已经意识到：它的真理性是一个假冒的真理性。可是它又不能不始终用这个假冒的真理性混充它的真理性，因为它不能不一方面把自己表述和呈现为对象性的表象但同时又明明知道这样做只是一个蒙混、颠倒；它因此事实上就是伪善，而且对于上述颠倒蒙混所采取的那种鄙视态度，已经就是伪善的初步表现。

(c) 良心，优美灵魂，恶及其宽恕①

道德世界观的二律背反，即，既存在着一种道德意识，又不存在任何道德意识，或者换句话说，义务的效准既存在于意识的彼岸，又相反地只存在于意识以内，像这样二律背反的环节，前面已经总结成为这样一种观念，在这种观念里，非道德的意识俨然成了道德的，它的偶然知识和意愿被当成了充分重要的，它由于恩赐而获得了幸福。这样自相矛盾的表象、观念、道德自我意识并没接纳到自己身上，而是把它安置到它以外的另一个本质里。但道德自我意识这样把它不能不认为是必要的东西安置到它自己以外去，从形式上看，这本身也就是一个矛盾，正如从内容上看这样做法之是一个矛盾一样。但是，显然自相矛盾的东西，和道德世界观在其分割与消融中反来复去兜圈子的那种东西，自在地就是同一个东西，因为纯粹义务作为纯粹知识不是什么别的正是意识的自我(或主体)，而意识的自我不是什么别的正是存在和现实，同样，那据说是在现实意识之彼岸的东西，不是什么别的正是纯粹思维，因而事

① 从“良心”到“优美灵魂”再到“恶及其宽恕”，是黑格尔心目中德国道德哲学发展的三部曲。从康德、费希特的道德主义，到席勒、诺瓦里斯、谢林、施莱马哈等人的浪漫主义，表明那以居于彼岸的纯粹义务为其本质的道德意识(良心)，发展到了道德上的“慧心”、优美灵魂；个体与普遍要联合，私意与公心要一致，有时个体占优势，有行动，有时普遍居主导，只静观。再进一步发展，就到了黑格尔认为比道德较高的宗教阶段。“恶及其宽恕”，表明在天启的基督教那里义务与冲动、理性与感情都辩证地取得了和解，达到了具体的统一。——译者注

实上即是自我；因为这个缘故，所以自我意识，无论在我们看来或者自在地，就返回其自身，并知道作为其自身的那个本质，知道在那个本质中现实的东西同时也就是纯粹知识和纯粹义务。自我意识把它自身当成是在它的偶然性中有充分效准的东西，它，作为在其偶然性中有效准的东西，知道它的直接的个别性就是纯粹的知识和行为，就是真正的现实和和谐。

〔Ⅰ.良心是在自己本身内的自我的自由〕　这种良心的自我，亦即对其自身之即是绝对真理和存在具有直接确信的精神，乃是第三种自我。① 这种自我，正如我们所见的那样是从第三种精神世界中发展出来的，现在请让我们拿它跟以前两种自我作一简单比较。整体或现实，它曾表现为伦理世界的真理性，那是个人的自我；个人的特定存在是得到承认了的存在。个人是没有实质的自我，所以它的这个特定存在也是抽象的现实；个人是有效准的，而且是直接有效准的；自我是在它自己的存在元素中静止不动的点；这个定点没有同它的普遍性分割开来，所以〔它这个定点和它的普遍性〕两者并没有相互运动和相互关系；普遍是无区别地存在于这个定点之中的，它不是自我的内容，而自我也没有把自己充实起来。——第二种自我是已经达到了自己的真理性的教化世界的自我，或者说，是一分为二之后重建起来的精神，是绝对自由。在这种自我中，个别性与普遍性最初的直接统一，趋于分裂；普遍性，虽

① 第三种精神世界即指道德世界，其中的主体为道德的自我。又第一种精神世界为伦理社会，其自我是法权状态下的原子式个人；第二种精神世界为教化世界，第二种自我是经过启蒙而反宗教、重功利、争自由的自我；这两个阶段的主体有别于讲道德、重义务的这“第三种自我”即道德自我。——译者注

然继续是纯粹的精神本质、被承认的存在，或普遍的意志和知识，同时却是自我的对象和内容，是自我的普遍现实。但普遍性并不具有脱离了自我的特定存在的形式；因而它在这种自我中没有得到具体充实，没有取得积极内容，没有成为世界。道德自我意识虽然也让它的普遍性自由独立出来，使之成为一种独自的自然，可是它同时又坚持将它的普遍性保留于其本身中，当成扬弃了的环节。但是实际上，它这只不过是玩弄了一个将这两种规定互相替换的颠倒手法。只作为良心，有了它的自身确定性，道德的自我意识这才取得内容以充实以前那种空虚的义务和空虚的权利以及空虚的普遍意志；而且，因为它这种自身确定性同样是直接的东西，所以它有了自身确定性也就有了特定客观存在本身。

〔1. 良心作为义务的现实〕 道德自我意识达到了它的这种真理性之后，于是就抛弃或者毋宁说扬弃它本身中导致颠倒的那种分裂；也就是说，扬弃自在与自我之间的、作为纯粹目的的纯粹义务与作为一种跟纯粹目的相对立的自然和感性的现实之间的分裂。道德自我意识在这样返回于自身之后，就成了一种具体的道德精神，它不把纯粹义务的意识当成它自己的一种与现实意识相对立的空虚尺度；相反，纯粹义务正如那与之相对立的自然一样也是被扬弃了的环节；具体的道德精神，在一种直接统一性中，是一种自身实现着的道德的本质，而行为，则直接是一种具体的道德的形态。

让我们假定现在有一件行为，这件行为对于认知着的意识说来是一个对象性的或客观的现实。认知着的意识，作为良心〔或良知〕，直接具体地认知这件行为，同时这件行为只于认知着的意识认知它时才存在着。在这种情况下，如果知识是不同于知识对象的另外一种东西，则知识就是偶然的了；但是对其自身具有确定性的精神，已不复是这样一种偶然的知识，已不复是由思想自己所产生的、仿佛与现实完全不同的东西，相反，既然自在与自我的分离已经扬弃了，那么这件行为直接在知识的感性确定性中是个什么样子也就是像它自在的那个样子，它自在地是个什么样子也只是它在这种知识中的那个样子。——这样一来，行为，作为实现〔运动〕，就是纯粹形式的意志；也就是说，行为就是单纯的转化〔运动〕，就是由一种存在着的现实变为一种被实行了的现实、由单纯关于对象的知识变为关于意识产物那样的现实的知识的一种单纯转化运动。正如感性确定性之直接地被接受于、或者说得更确切些，直接转化为精神的自在那样，这里所说的转化，也是简单的不经任何中介的，这乃是一种通过纯粹概念而不改变内容的过渡，至于内容，那是由认知内容的那个意识的兴趣来规定的。——此外，良心并不把行为的各种情境区分为各个不同的义务。良心并不以一种肯定的普遍的媒介自居；假如它以这样的媒介自居，那么在它这里，各种不同的义务就会各自取得一种不可改变的实体性，而这样则势将不出下列两种情况之一，或者是，根本不能有所行为，因为每一件具体行为都包含着一般的对立，每一件道德行为都包含着诸义务的对立，那么按照行为的规定说来就总有一个方面、一种义务会受到损害；或者是，能够有所行为，那么互相对立的诸义务之一就会出现实际遭受损害的情况。良心，真正说来，乃是清除了这些不同道德实体的那种否定的单一或绝对的自我；它是合于义务的一种简单行为，作为行为，它并不履行这一义务或那一义务，却在认知和实行具体的正义事情。因此一般说来,良心只在这个时候才是行为,才是道德的行为,才是先前阶段的无所行动的道德意识过渡成为的道德行为。——一个行为,其具体形态可以由有区别能力的意识加以分析,区别出不同的特性,在我们此处那就是说,区别出不同的道德关系,而且,这些道德关系既可以各被宣称为绝对有效准的,(如果它们各是一个义务,那就必然如此)也可以经受比较和审核。但在良心所发动的简单的道德行为里,各种义务都是搅拌在一起的,以致所有这些个别本质都被打乱了,因而在良心的不可动摇的确定性中,义务根本就不发生经受审核的问题。

同样,在良心中也不存在上述意识的徘徊动摇的不确定性,那种意识时而把所谓纯粹道德安置于自己以外的另一个神圣本质里,自视为不神圣的东西,时而又反过来把纯粹道德安置到自己本身中,认为另外那一本质是感性与道德的结合体。

良心拒绝采取道德世界观所有这些忽而设置或肯定下来忽而又加以否定或废置的做法,因为它根本拒绝那认为义务与现实互相矛盾的意识。在那认为义务与现实互相矛盾的意识看来,说我正在道德地行为着,乃是因为此时我只意识到我在完成纯粹义务,而没意识到任何别的什么,这事实上就是说,我正在道德地行为着,是因为当时我不行为。但是,当我实际行为着的时候,我是意识到有一个别的、一个现实现成存在着,而且意识到有一个东西是我想使之实现的,我怀有一个特定的目的,履行着一个特定的义务;在这里显然有一个与纯粹义务不同的东西,尽管纯粹义务据说是行为的用意之所在。——与此相反,良心则是这样一种意识,它知道当道德意识说纯粹义务是其自己的行为的本质时,其所说的这种纯粹目的乃是对事情的一种颠倒；因为事情自身是这样的：纯粹义务是由纯粹思维的空虚的抽象构成的，它只以一种特定的现实为它的实在和内容，而这种特定现实，乃是意识自身的现实，更确切地说，这个意识乃是作为一个个别事物而非作为一个思想事物的意识。——良心，对其自己来说，其真理性就在它的自身直接确定性那里。这种对它自身的直接的具体的确定性，就是本质；如果按照意识所包含的对立来考察这种直接确定性，则固有的直接的个别性就是道德行动的内容；而道德行动的形式，正是作为纯粹运动、亦即作为知识或自己的信念的这个自我。

如果就其统一性和环节的意义来仔细考察这个自我，则我们发现，道德意识只把它自己了解为自在〔存在〕或本质；但当它作为良心，它就了解到它的自为存在或它的自我。——道德世界观的矛盾自行消融，意思就是说，道德世界观的矛盾所根据的区别，已经表明自己不是区别，区别归结为纯粹的否定性；但纯粹否定性恰恰就是自我；这是一种简单的自我，它既是纯粹的知识，又是关于它自己这个个别意识的知识。这个自我于是成为以前的空虚本质的内容，因为它是现实的东西，这个现实不再意味着是一种对本质而言外来的并具有自己的规律的独立的自然。这个自我，作为否定性，是纯粹本质的区别、是一种内容，确切地说，是一种自在而自为地有效准的内容。

此外，这个自我，作为纯粹自身等同的知识，就是绝对的普遍，所以正是这个知识，作为它自己的知识，作为信念，构成着义务。义务已不再是出现于自我之对面的普遍，毋宁已被认识到在这种分割之中是无效准的东西。现在是，规律为了自我而存在，而不是自我为了规律而存在。但是这样,规律和义务就不仅意味着是自为存在,而且意味着是自在存在;因为这种知识由于它的自身等同性的缘故正就是自在存在。这种自在存在在意识中也把它自己从上述它与自为存在的直接统一那里分离出来;在这样分离对立的情况下,它就是存在,就是为他存在。——正是在这个时候,义务,作为被自我所抛弃的义务,被认识出只是一个环节;它本来意味着是绝对本质,现在已下降而成为这样一种存在,这种存在不是自我,不是自为的,这就是说,它已下降为一种为他存在。但是这种为他存在始终还是一种本质性的环节,这是因为,自我,作为意识,构成着自为存在与为他存在的对立;而现在义务,既然它本身直接是现实的东西,就不再仅仅是抽象的纯粹意识。

〔2.对信念的承认〕 因此,这种为他存在就是自在地存在着的、与自我〔或主体〕有所区别的实体。良心并没扬弃掉纯粹义务或抽象自在存在,而纯粹义务倒是本质性环节,在对待别的环节时是以普遍性自居的。良心是不同的自我意识的公共元素,而这个公共元素乃是行动在其中可以取得持续存在和现实性的实体;它也是被别人承认的那个环节。道德自我意识并不具有被承认这一环节,并不具有特定存在着的纯粹意识这一环节,所以它根本不是一种有所行动的意识,不是一种有所实现的意识。它的自在存在,对它说来,要么是抽象的非现实的东西,要么是一种无精神的现实、存在。但良心所具有的存在着的现实,则是这样一种现实,这种现实是一个自我,这就是说,它是对自己有所意识的特定存在,它是受到承认这一精神元素。行动因而只是一种翻译,只是把它的个别的内容翻译成为对象性的元素,而在这种对象性元素中,个

别的内容成了普遍的和得到承认的，而且，正是由于内容得到了承认，所以行为才成为现实。行为所以是被承认的从而是现实的，乃是因为特定存在着的现实是直接与信念或知识结合着的，换句话说，有关一个人的目的的知识直接就是特定存在元素，就是普遍承认。因为，行为的本质、义务，是由良心对义务的信念构成的；这种信念正是自在存在本身；所以行为的本质就是自在地普遍的自我意识，换句话说，就是得到承认从而就是现实。根据对义务的信念而做出来的行为，因而直接是一种具有持续存在和特定存在的东西。因此在这里，根本再也不能说什么善意没得实现或好人遭遇厄运等等了；相反，被认识出是义务的东西得到了完成，成为了现实，因为符合于义务的东西正是一切自我意识所共有的普遍的东西，被承认的东西，因而是存在着的东西。但是如果割裂开来不连同自我的内容而单独看待，那么这种义务就是为他存在，透明的东西，透明的东西只意味着是一般的空无内容的本质性。

如果我们回头来看看精神的实在初次出现时的那个领域，我们就发现，当时的概念是：对个体性所作的表述，就是自在而自为的存在。但是，当时直接表述这个概念的那种意识形态是诚实的意识，诚实的意识当时是跟抽象的事情自身打交道的。这种事情自身在那里只是一个宾词；它只在良心这里才第一次是一个主词，其所以是主词，因为它已设定它具有一切意识环节，并且在它看来，所有这些意识环节，诸如实体性一般、外在的客观存在和思维的本质，统统都包含在它对它自身的这种确定性之中。事情自身在伦理中是实体性一般，在教化中是外在的客观存在，在道德中是认知着自身的思维本质性；而在良心这里，事情自身就是主体，亦即主词,主体知道这些环节都在它自己本身中。如果说诚实意识所把握的永远只是空虚的事情自身,那么相反,良心所赢得的则是由它充实了的事情自身。良心所以是这样的力量,乃是由于它知道意识的这些环节只是些环节,而它〔良心〕作为它们〔这些环节〕的否定性本质统治着它们。

〔3. 信念的绝对自由〕 如果我们结合着显现于行为中的对立所包含的种种个别规定来考察良心,——并且如果我们考察良心对这些个别规定的性质所具有的意识,那么我们就会发现,良心在对待行为发生于其中的那种情况的现实时,首先是以一种认知着的知识自居的。只要普遍性这个环节呈现于这种知识面前,那么,对于摆在面前的现实进行彻底详尽的把握,从而对情况作确切的认识和考虑,就是属于良心行为这个知识的分内之事。但是,这种知识,由于它认识到普遍性是一个环节,所以它是这样一种有关这些情况的知识,即,它自知并不是在把握这些情况,或者说,它自知在把握这些情况时并不是那么真心实意,本诸良心。知识的真正普遍而纯粹的关系,乃是它与一种并不同它相对立的东西的关系,乃是它与自己本身的关系;但是行为,由于它本身包含着对它说来具有本质重要的对立的缘故,它就总是关系到意识的一种否定物,关系到一种自在地存在着的现实。与纯粹意识的简单性相反,这种现实,作为绝对的他物,或者说,作为各种各样的自在,乃是情况的一种绝对复多性,绝对复多的情况,自己无限地分裂和扩散,向后面扩散,就表现为它的条件;向旁边扩散,就涉及于它的并存事物;向前方扩散,就产生出它的后果。——本诸良心的意识对事情的这种性质以及它对待事情的态度都是有所意识的,它知道,它在

认识它于其中行动的那种事件时它不是按照这里所要求的这种普遍性来认识的,它知道,它佯言对一切情况都作这样本诸良心的认识与考虑只是一句空话。然而对一切情况的这种认识与考虑,倒也并不是根本不存在的,只不过它们是作为一种环节,作为某种仅只为他物而存在的东西存在着而已;而这种本诸良心的意识,就把它的不完全的知识当成一种充分的完全的知识,因为这种不完全的知识是它自己的知识。

同样,在本质的普遍性方面,换句话说,在纯粹意识所作的内容规定方面,情况也是这样。——正在朝着采取行动的方向前进的良心,是同事件的许多方面发生着关系。事件分裂为许多部分事件,同样,纯粹意识与事件的关系也分裂为许多部分关系,这样一来,事件的多样性也就是义务的多样性。——良心知道它必须在各式各样的义务中进行抉择,作出决定;因为从其规定性上说或从其内容上说它们任何一种义务都不是绝对的,只有纯粹义务才是绝对的。但是这个抽象物已经在它的实在性中获得了它即是有着自我意识的"我"这样的意义。对其自身有确信的精神,作为良心,静止于其自身中,而它的实在的普遍性或它的义务,则存在于它对义务的纯粹信念之中。这种纯粹的信念本身就同纯粹义务是一样的空虚,其所以说是纯粹的,乃因为义务在它那里不是任何东西、不是任何有规定的内容。但是行动是必须采取的,个体必须为行动而进行规定;并且,对其自身有确信的精神,亦即自在存在在其中获得它即是有着自我意识的"我"这一意义的那种精神,知道这种规定和内容就在其自身直接确定性中。自身直接确定性,作为规定和内容,就是自然的意识,就是冲动和欲求。——良心不承认任何内容对它说来是绝对的,因为它是一切被规定的东西的绝对否定。它完全由自己本身来进行规定;但是,自身中接纳规定性本身的那个圈子或领域,乃是所谓感性;所以要想从自身直接确定性中取得任何内容,那就除了感性之外什么也找不到的。——所有的一切,在此前的形态中曾表现为善或恶、表现为法律和法权的那些东西,统统是不同于自身直接确定性的一种他物、别的东西;所有这些东西都是一种普遍的东西,而普遍的东西现在是一种为他的存在;或者另换一个观点来说,所有这些东西都是这样一种对象,这种对象在中介着意识与它自身时,出现于意识与它自己的真理性之间,不但不构成意识的直接性,反倒使意识脱离自己。——但是对于良心来说,自身确定性就是纯粹的直接的真理性;而且因此,这种真理性就是良心的被当成内容呈现出来的自身直接确定性,或者一般说来,这种真理性就是个人的任意性和个人的无意识的自然存在的偶然性。

这种内容同时却又算得是道德的本质性或算得是义务。因为纯粹义务,像前面考察审核法律的理性时所表明的那样,是对任何内容都绝对一视同仁,对一切内容都可以容纳或适应。在这里,纯粹义务同时具有着自为存在的本质形式,并且这种形式的个人信念不是别的,正就是对纯粹义务的空虚性的意识,意识到:纯粹义务只是一个环节,这个环节就其实体性来说乃是一个宾词;而宾词是以个体为它的主词〔即主体〕的,主体可以任意给予纯粹义务以什么内容,可以把任何内容与这种形式结合起来,可以使任何内容具有出诸良心的性质。——让我们设想有一个人在以某种方式发财致富;每一个人都要维持他自己以及他家庭的生活,也同样都要积蓄可能性以便成为对别人有用的人，给需要援助的人做些有益的事，这是一种义务。关于这是一种义务这一点这个人是有所意识的，因为这个内容是直接包含在他的自身确定性中的；并且这个人还认识到他在这件事例中是在履行这种义务。别的人也许认为〔他以发财致富作为履行义务〕这一方式乃是骗局；他们坚持于这件具体事例的一些别的方面，但这个人所以坚持他的这一方面，是因为他意识到发财致富乃是一种纯粹的义务。——所以，别的人称之为强横不义的行为，在这个人看来正是履行义务，以保持自己的独立性而不听人摆布；别的人称之为怯懦退缩的行为，在这个人看来正是完成义务以保全生命和保持可能性以便造福于别人；相反，别的人称之为勇敢的行动，在他看来反倒是大大有损于上述两种义务。但是，怯懦退缩当然不可以达到这样拙劣的地步，以至于不知道保全生命和使自己有可能造福于别人都是义务，——以至于对它的行为之合乎义务性没有信念，以至于不知道其合乎义务性是出于上述认识；假如一个人怯懦到果真没有这种信念和认识，那就等于说怯懦已拙劣到了不道德的地步。道德之所以是道德，全在于具有知道自己履行了义务这样一种意识，那么被称为怯懦的行为，将也像被称为勇敢的行为一样，并不缺少这种意识；因为义务这个抽象的东西，既然能够接纳各种各样的内容，它也就能够接纳怯懦这个内容。——因此，只要采取行动的人知道他的所作所为是义务，而且只要一方面他知道这一点，另一方面既然对义务的信念也即是合乎了义务，那么，他就是得到了别人的承认；他的行为就因此而有效准，因此而有了现实存在。

随便哪一种内容都完全可以和别的内容一样毫无限制地任意

自由地把自己安排到纯粹义务和知识这一普遍的被动的媒介里去，这种自由是无法反对的，即使有人主张另外一种内容应该被安排到那里面去，也并不能有助于否认这种自由；因此无论哪一种内容，只要它是内容，本身就具有规定性的污点，这种污点是纯粹知识本来所没有的，是纯粹知识既可以接受也可以鄙弃的。一切内容之所以是内容都因为它是一个有规定的东西，所以任何内容就这一点而言都是与别的内容站在同一个平面上的，虽然这样说来好像使人觉得各个内容所含的特殊的东西都被扬弃掉了似的。可能出现这样的情况：义务既然在实际事例中一般总是一分为二，形成对立，并因此而形成个别性与普遍性的对立，那么，以普遍性自身为内容的那种义务本身直接就该具有纯粹义务的性质，而且它的形式与内容因而就该彼此完全符合。因此，比如说，为普遍的善的行为就好像比为个别的善的行为更为可取些。然而，这种普遍的义务，根本是作为自在自为地存在着的实体、作为法权和法律而现成存在着的那种东西，是不依赖于知识和信念、不依赖于个别人的直接兴趣而独自有效准的东西；而这样的东西恰恰就是道德一般曾经把反对的矛头指向着它的形式的那种东西。不过，谈到它的内容，既然普遍的善与个别的善是对立的，那么它的内容就也还是一种特定的内容；因此，它的规律就是这样一种规律，对于这种规律，良心知道自己完全不受约束，完全独立自由，并且自己拥有绝对权力，予以任意增减，任意取舍。——不仅如此，上面对于为个别物而尽的义务与为普遍物而尽的义务所作的那种区别，按照对立的一般性质说来也就完全不是什么固定的区别了。情况毋宁是，个别人为他自己所做的事，对于普遍物、多数人也有好处；他关心他自己愈多，他有益于别人的可能性也就愈大；而且，他所以有现实性，本身恰恰就在于他同别人共同生存和共同生活；他的个别享受本质上就意味着他为别人而牺牲他自己的享受，从而帮助别人获得他们的享受。因此在完成对于个别亦即对于自己的义务时，也就在完成着对于普遍的义务。——所以这里进行的这种对义务的权衡和比较，如果真会出现的话，最后就会演变成为对于一件行为能给普遍物提供多少利益的估量和计算；但是这种情况是不会发生的，因为从一方面说，如果这样，道德就会必然地湮没于见识的偶然性之中，从另一方面说，良心的本质正在于去除这种计算和权衡，不根据任何这样的理由而直接凭它自己来作出决定。

良心于是就这样地行动并且这样地保持自己于自在存在和自为存在的统一之中，保持自己于纯粹思维和个体性的统一之中；良心于是就是自身确信的精神，而自身确信的精神本身就包含着它自己的真理性，它的真理性就在它的自身中，就在它的知识中，并且所谓在它的知识中意思就是说在关于义务的知识中。这种精神所以保持自己于关于义务的知识中，正是因为，那在行为中的肯定性的东西，即，义务的内容和形式以及关于义务的知识，都是隶属于自我、隶属于它的确定性的；而凡是要想作为一种具有自己的自在存在而出现在自我面前与自我对立的东西，则不作为真实的东西、而只作为一种被扬弃了的东西、只作为一个环节而有效准。因此，有效准的东西并不是普遍的知识一般，而是它的知识、它就情况所取得的知识。自我把它从它的自然的个体性中取来的内容放置到义务亦即普遍的自在存在中去；因为内容是在它自己本身现成存在着的内容；这种内容通过自己存在于其中的普遍媒介而变成自我所履行的义务，并且正是因为这样，空虚的纯粹义务就被设定为一种扬弃了的东西、一种环节；这种内容就是纯粹义务的被扬弃了的空虚性，换句话说，就是纯粹义务的充实。——但是良心同时又根本不含有任何内容；它超身于任何要想充当规律的特定义务之外；在它的自身确定性的力量中，它拥有可合可分的绝对权力的至高尊严。——因此，这种自身规定直接就是绝对符合于义务；义务就是知识本身；不过，这种简单的自我性(Selbstheit)就是自在存在；因为自在存在就是纯粹的自身等同；而自身等同则在这种意识之中。

〔Ⅱ.良心的普遍性〕 这种纯粹知识直接是一种为他存在；因为作为纯粹的自身等同，它就是直接性，或者说就是存在。但这种存在同时是纯粹的普遍性，一切个人的自我性；换句话说，行为是得到了别人承认的，因而是现实的。这种存在是这样一种元素：良心通过这种元素而直接与一切自我意识立于等同的关系中；并且这种等同关系并不意味着是无自我的规律，而毋宁是良心的自我(或主体)。

〔1.信念的无规律性〕 但是良心所做出来的这种正义的事情既然同时是一种为他存在，那么在良心这里似乎就出现了一种不等同性。良心所实行的义务是一种特定的内容；特定的内容诚然就是意识的自我，从而就是意识关于它自己的知识，就是意识同它自己的等同。但是这种等同，既然已经实现，已经被放置到存在这个普遍媒介中，那么这种等同就不再是一种知识，就不再是这样一种既作出区别而又立即扬弃其区别的那种区别活动；而毋宁是，区别是被设定为在存在中持存着的区别，而行为乃是一种特定的行

为，它与一切个人自我意识的元素并不等同，因而并不是必然地得到承认。两个方面，一方面，行为着的良心，另一方面，承认这种行为是义务的那个普遍意识，都同样摆脱了这种行动的规定性。由于这样摆脱了规定性的缘故，两者在它们互相关联的共同媒介中所处的关系，就毋宁是一种完全不等同的关系；因此，那知道行为的意识，对于那行为着的、具有自身确定性的精神就完全没有确定性，处于无确定性中。自身确信的精神，行动着，把一种规定性建立为存在着的东西；别的意识则把这种存在当作它的真理性，并由此取得对它的确信；它已通过其行动表示出了它所当成义务的那种东西。不过，自身确信的精神并不包含有任何一种特定的义务；它已经越出了这样的境地，在那个境地中，别的意识以为它是现实的；而且对它说来，存在这一媒介本身，以及作为自在存在物的义务，都只算得是一种暂时的环节。因此它给它们设置起来的，它又重新予以废置，甚至应该说它已立即废置了。因为对它说来它的现实性并不是这种设置或建立起来的义务和规定，而是它在绝对自身确定性中所具有的那种义务和规定。

别的意识因而并不知道究竟这个良心在道德上是善的还是恶的，甚至于可以说，它们不仅不能知道这种良心究竟是善是恶，而且它们必须把它也当成是恶的。因为正如良心之并不受任何义务的规定性的束缚，也不把义务当作自在的存在物那样，它们也不受良心的拘束。良心给它们设置或提供出来的东西，它们自己知道如何去废置掉；良心是这样一种东西，它所表示的只是一个人的自我，而不是它们自己的自我；它们知道它们不仅不受良心的束缚，而且它们必须在它们自己的意识中把它消融掉，通过判断和解释把它化为乌有，从而保持它们自己的自我。

但是良心的行为并不仅仅是这种被纯粹自我抛弃了的存在规定而已。那应该作为义务而有效准并被承认的东西，其所以能够成为那样的东西，完全是由于有了关于它即是义务的信念和知识，由于有了关于它的自我即在实际行动之中的知识。实际行动(die Tat)一旦不再含有这种自我，它也就不再是唯一构成着自己的本质的那种东西了。假如实际行动失掉了这种关于自我的意识，则它的特定存在就将只是一种普通的现实，而在我们看来行为就将仿佛是自我的兴趣和欲望的一种实现活动。凡是实际地存在着的东西，其所以现在具有本质性，完全是因为它是被知：它被知道是一种自己表述着自己的个体性；并且这种被知道的东西即是被承认的东西，而作为被承认的东西，即是应该具有实际存在的东西。

自我进入实际或特定存在，成为自我(或主体)自身确信的精神实际存在着，成为为他的、为别人承认的精神；它的直接的行为不是有效准的和现实的东西；并非特定的东西、自在存在着的东西即是被承认的东西，相反，只有那知道其自己的自我本身的才是被承认了的东西。持续存在的元素是普遍的自我意识；行为的效用不是能够进入这种持续存在元素的东西；在持存元素中行为的效用是保持不住的，不能继续存在的；只有自我意识，是被承认了的东西，具有现实性。

〔2. 信念的语言〕 在这里我们于是再一次见到了作为精神的特定存在的语言。语言是为他的、为别人而存在着的自我意识，而这种自我意识是作为自我意识而直接现成存在着的，并且作为这一个自我意识就是普遍的自我意识。语言是一种能把自己从自己

本身分离开来的自我，这种自我，作为纯粹的“我＝我”，变成为自己的对象，却又在这种对象性中保持自己为这一个自我，并且直接与别的自我汇合一起成为它们的自我意识；这种自我当别的自我对它有所知觉时，也对自己有所知觉，而这个知觉本身正是变成了自我的那种特定存在。

在这里，语言所获得的内容，已不再是教化世界中颠倒着的、颠倒了的、分裂了的那种自我，而是已返回到本身、确信自己、在其自身中确信自己的真理性或确信自己的承认活动、并作为这种知识而被承认了的那种精神。伦理精神的语言是规律和简单命令以及作为对必然性所挥洒的眼泪的抱怨；与此相反，道德意识还是封闭于它自己的内心深处而沉默无言的，因为在道德意识那里自我还没具有特定存在，而毋宁说特定存在与自我才刚刚发生外在的关系。语言只是作为独立的自我意识与被承认的自我意识之间的中项而出现的，而特定存在着的自我直接就是普遍的、复多的，而且既复多又简单的被承认的东西。良心的语言所包含的内容，则是知道自己即是本质的那种自我。良心的语言仅只表述这一点，而这种表述乃是行动的真正实现和行为的实际效准。意识表述它的信念；只有在这种信念中行为才是义务；行为之所以算得是义务，又只因为信念得到了表述。因为，普遍的自我意识，跟那仅仅存在着的特定的行为，是独立无涉的；对于普遍的自我意识而言，这种行为，作为特定存在，是算不得什么东西的，只有认为这种行为即是义务的那种信念，才算得是有效准的东西；而且这种信念在语言中是现实的。——在这里，所谓把一项行为实现出来，并不意味着要把这个行为的内容从目的或自为存在的形式中转变到抽象的现实的形式中去，而是意味着要把这项行为的内容从确定性的形式中转变到保证的形式中去，确切地说，行为的实现意味着把知道自己的知识或自为存在即是本质的那种自身直接确定性，转化为对于意识之对义务深信无疑及其自主地认识到义务即是良心的那种深切保证；因此，这种保证就在于保证意识已经深信它自己的信念是本质的东西。

那么现在可能发生这样的一些疑问：确实根据对义务的信念而行动的这种保证是真的吗？实现出来的行为真正是义务吗？其实这样的疑问对良心提出来是毫无意义的。——因为，当你提出保证真不真那一个疑问时，你已经假定内心的意图是与摆在外面的意图不相同的，换句话说，这个疑问必须预先假定，个别自我或个人所怀抱的意愿能够从义务、从普遍的和纯粹的意识所具有的意志那里分离开来；假如真是这样，则普遍意识的意志将只是言词而个别自我的意愿才真正是行为的推动力。但是，普遍意识和个别自我之间的这种区别乃是一种已经被扬弃了的区别，并且扬弃这种区别正是良心的作用。具有自身确定性的自我，其直接知识就是法律和义务；而它的意图，唯其是它自己的意图，就是正义的东西：唯一有待于做的事情只是：这个自我必须知道这一点，必须说出它深信它的知识和意愿是正义的东西。当自我说出这种信念或保证时，它同时也就把它身上的特殊性扬弃掉了；因为在述说中它已承认了自我的必然普遍性；当自我把自己叫做良心的时候，它就在把自己叫做自身知识和纯粹抽象意愿，这就是说，它把自己叫做一种普遍的知识和意愿，而普遍的知识和意愿，既承认别的自我，又为别的自我所承认，因为它与别的自我是等同的，而这又是因为它们也同样都是这种纯粹的自身知识和意愿。正义的事情的本质就是寄寓在具有自身确定性的自我的意愿中的，就是寄寓在自我即是本质这一知识中的。——因此，谁说他自己是根据良心行动的，谁就是在说真话，因为他的良心是认知着和意愿着的自我。但是他必须表述或说出这一点，这是具有本质重要性的，因为这个自我同时也必须是一个普遍的自我。自我的普遍性并非存在于行为的内容中，因为，行为内容由于自己的规定性的缘故天然与普遍性无干；普遍性毋宁存在于行为的形式中；正是这种形式，才可以被设定为现实的；形式乃是这样一种自我，它作为自我或主体，在语言中是现实的，它宣称自己是真理的，而且因为这样，它承认一切自我并为一切自我所承认。

〔3.优美的灵魂〕① 良心因而就凭它凌驾于一切特定法律和义务内容之上的至高尊严而把随便一种什么内容安置到它的知识和意愿里去；良心就是这样一种创造道德的天才，这种天才知道它自己的直接知识的内心声音即是上帝的神圣声音，而且由于它本着这种知识同样直接地知道它的特定存在，所以它是一种以其概念为生命力的那神圣创造力。这种道德天才同时又是自己本身中的上帝崇拜；因为它的行为就是它对自己的这种神圣性的直观。

这种内心的孤独的上帝崇拜，从本质上说同时也就是一个〔宗

① 在早期神学著作里，黑格尔把优美灵魂说成是一种想要逃避命运摆布而创造上帝无限爱情的内心世界的精神。他承认“这样一种高度被动的主观性并不能逃脱世俗的干扰”。在这部《现象学》里，优美灵魂仍然是孤芳自赏，静观自己的纯洁，不采取任何足以造成局限性的行动，只在语言中表现自己。黑格尔在这里似主要在评述耶可比。——译者注

教)社团的上帝崇拜,而纯粹的内心的对于自己本身的知识和知觉,进一步发展就成为一种意识环节。良心对于自己的直观就是它的对象性存在,而这种对象性元素就是它那作为一种普遍物的知识和意愿的表述。通过这种表述,自我就成为实际有效准的东西,行为就成为有所作为的行动。它的行动所具有的现实和持存,就是普遍的自我意识;但是良心,在得到了表述时,就把它的自身确定性设定为纯粹的自我并从而设定为普遍的自我;别的人由于有了自身被表述和承认为本质这一言词,就承认行为是有效准的东西。于是,别的人所赖以结合成为社团的那种精神和实体,就是他们之间对他们之本乎良心和怀有善意的相互保证,就是因相互之间这种目的的纯洁性而产生的喜悦,就是对这样纯洁高尚的东西的认知和表述、关怀和维护中表现出来的光明磊落所产生的愉快。——只要这种良心还把它的抽象的意识同它的自我意识加以区别,则它的生活就仅只是隐藏在上帝之内的;上帝固然直接呈现于它的精神和心灵之前,于它的自身之前,但是启示于外的东西,即是说,它的现实意识及其中介活动,对它说来,毕竟是不同于那种隐藏于内的东西,毕竟是不同于当前现在的本质的直接性。不过,当良心完成了的时候,它的抽象意识和它的自我意识之间的区别就自行扬弃了。良心知道抽象的意识恰恰就是这个自我,就是这个对它自己具有确信的自为存在:它知道差别性已在自我与自在存在之间的关系的直接性中被扬弃了,至于自在存在,它在被置于自我之外之后乃是抽象本质,乃是对它而言隐藏未显的东西。因为,当关系者不是同一种东西而彼此互为他物并只在一个第三者中才合而为一时,它们所构成的那种关系乃是一种间接的关系;

但直接的关系则事实上意味着不是别的，只是关系者的统一。当意识超越了无思想性，即，当它不再把这些并非差别的差别当做差别时，它就认识到本质在它那里呈现时的直接性乃是本质与它的自我的统一，它因而就认识到它的自我乃是有生命的自在，并且认识到它的这种知识乃是宗教，而宗教作为直观了的知识或实际存在着的知识，就是〔宗教〕社团对其自己的精神所作的语言表述。

因此我们现在看到自我意识返回它自己的最深的内在本质中去了，它的一切外在现象作为外在的东西都消逝了，这就是说，自我意识已返回"我＝我"的直观中去了，在这种直观中我乃是一切本质性和特定存在。自我意识已沉没在关于它自己的这种概念之中了，因为，它已走到了它的极端的顶点，而且达到了这样的程度：它所赖以成其为实在或保持其仍为意识的那些不同环节，都不仅对我们而言是这些纯粹的极端，而且，对其自己而言它所是的那种东西以及它认为是自在存在的东西和它认为是客观存在的东西，统统都蒸发消散，成为对这种意识本身而言再也没有根据再也没有实体的一些抽象了；并且意识过去一直认为是本质的那一切一切，现在也都返回成为这样的抽象了。——纯化到了这样纯粹的程度之后，意识就成为它最贫乏的形态，而且意识唯一所有的这种贫乏，本身就是一种消逝；实体已消融为绝对的确定性，而这种绝对确定性就是自行崩溃着的绝对非真理性；这就是意识沉没于其中的那种绝对自我意识。

如果我们从自我意识自己内部来考察这种沉没，我们就发现，自在地存在着的实体，对意识说来，乃是知识，乃是它的知识。作为意识，自我意识分裂成为它自己与被它视为是本质的那种对象，两者对立着；但是这种对象恰恰是完全透明的东西，是它的自我，而它的意识则只是它关于它自己的知识。一切生命活动和一切精神本质性都已返回到这种自我并丧失掉它们与我本身的差别。意识的环节因而都是这样一些极端的抽象，它们之中没有任何一个是站立得住的，相反，任何一个都丧失于别的之中，并产生着别的。这就是苦恼意识同它自己的更替过程，但是这一次，这个更替是自我意识自己知道的，是在它自身以内进行的，自我意识知道它自己即是理性概念，至于前述苦恼意识，则只自在地是理性概念。因此，自我意识的这种绝对确定性，对它自己作为意识说来，直接转化为沉寂了的响声，转化为它的自为存在的对象性；但是这样制造出来的世界，就是它又直接地听到了的它自己所说的话语，它这种话语的回声只返回到它自己这里来。这种返回因而并不意味着自我意识是自在而自为地在这里；因为对它说来本质并不是自在存在，而是它自己；同样，自我意识也并不具有特定存在，因为对象性的东西并不能成为现实自我的一个否定物，正如自我之不能成为现实一样。自我意识缺乏外化的力量，缺乏力量把自己变为事物并承受住存在。自我意识生活在恐惧中，深怕因实际行动和实际存在而玷污了自己的内在本心的光明磊落；并且为了确保内心的纯洁，它回避与现实接触，它坚持于无能为力之中，认为自己无力拒绝它那尖锐化到了最终抽象的自我，无力给予自己以实体性，或者说，无力把自己的思维转化为存在并无力信赖思维与存在的绝对差别。它自己所创造的空虚对象，于是使它充满了空虚感；它的行动成了这样一种渴望，这种渴望是不能不在其自身变成无本质的对象的过程丧失掉的，并且等到超过了这个丧失过程而随回于本身时，就发现自己只不过是一种已丧失了的东西；——在它的诸环节的这种透明的纯洁性中，它就变成一种不幸的苦恼的所谓优美灵魂，逐渐熄灭，如同一缕烟雾，扩散于空气之中，消逝得无影无踪。

〔Ⅲ. 罪恶及其宽恕〕 但是，蒸发消散了的生命的虚弱无力的诸本质性之这样无声无息地融汇合流，我们还需要从良心的现实的另一意义上并从良心的运动的现象上来予以把握；而且还应把良心当做行为来加以考察。——照上文所说，这种意识里的对象性环节曾被规定为普遍的意识；对自己有所认识的知识，作为这个自我，是与别的自我有所区别的；语言，（在其中一切自我都互相承认为凭良心而行为者），这种普遍的等同性，分解成为个别的自为存在的不等同性，每个意识又都脱离其普遍性而完全返回于其自身；因此，就必然出现个别与个别以及个别与普遍的对立，而这种对立关系及其运动，也应该加以考察。——或者还可以说，这种普遍性和义务具有完全相反的意义，即是说，义务意味着是摆脱了普遍性的、特定的个别性，对于这样的个别性说来纯粹义务作为普遍性只不过是游离于表面和转身而外向的普遍性：义务仅只是寄托于言词中的东西，只不过是一种为他的存在。良心，由于它最初只与这个特定的现成的义务保有否定的关系，所以它知道它自己是与义务独立无涉的；但是由于它从它自身拿出一种特定的内容来充实了空虚的义务，它就肯定地意识到，是它自己，作为这个自我，在构成着它自己的内容；它的纯粹的自我，作为空虚的知识，是没有内容没有规定的。它给自己提供的内容，是从它的自我亦即从这个特定的自我中得来的，是从它作为自然的个体性那里得来的，并且当它述说它的行为之如何真诚如何本诸良心时,它所意识到的诚然是它的纯粹自我,但是在它的行为的目的中亦即在现实的内容中它所意识到的自己则是这个特殊的个别存在,则是这样的对立,即,它的自为存在和它的为他存在之间、普遍性或义务和它之离开义务而返回自身之间的对立。

〔1. 真诚与伪善的冲突〕 如果说良心在采取行动时所达到的对立是表现于良心的内心生活中的话,那么这种对立同时也表现于外,是特定存在元素中的不一致性,是它的特殊的个别性和其他的个别性的不一致性。——良心的特殊性在于,构成着它的意识的两个环节,亦即自我与自在存在,在它这里具有两种不相等的价值,具体地说,具有着这样的规定:即,它的自身确定性是本质,而自在存在或普遍物则只算得是环节。这样,这个内在的规定就与客观存在元素或普遍意识形成对立,因为对于普遍意识而言,普遍性或义务反倒是本质,而那与普遍物相对立而自为地存在着的个别性,则只算得是被扬弃了的环节。在这样坚持义务立场的意识看来,第一种意识是恶,因为它表示它的内心生活与普遍物是不一致的;并且,由于它又宣称它的行动是与它自己的本心是一致的,是出自义务感和本诸良心的,所以是伪善。

这种对立的运动,最初只是形式地建立起了那本身内在是恶的东西与它对外所宣称的东西之间的一致性;那么,这就必须进一步阐明,它本质上是恶的而且正因为它是恶的它的本质才与它的客观存在相一致的,伪善必须揭露出来。——伪善中所蕴藏着的不一致性,这样地向一致性返回或转化,并不是通过人们惯常所说的那种办法就能得到实现,人们通常总说,伪善由于它承认义务和德行的虚假表象并用以当作掩饰它自己的意识和外来的意识的假面具，就算已经证明它是尊重义务和德行的了；仿佛就在它这样地口头上对其对方的承认中它就自在地含有同一性和一致性了。——但是当它口头上这样承认的时候它同时就已放弃了这种承认而返回了自身；并且它把自在存在着的东西只用以充当一种为他的存在，这一做法本身就已包含它对于自在存在的东西的真正蔑视，就已包含它要向一切人把这种自在存在表述为无本质的东西。因为，凡是可以被用为一种外在工具的东西，就表明是一种本身并没有真正分量的东西。

另外，伪善中所蕴藏的不一致性既不能通过恶的意识之片面坚持其自身而达到一致性，也不能通过普遍意识的判断而达到一致性。——如果恶的意识否认自己违反义务意识，硬说义务意识所称为坏的、与普遍意识绝对不一致的东西是符合于内在规律和良心的行为，那么，在它对一致性的这种片面保证中也还存在着它与别的意识的不一致性，因为别的意识并不相信和承认它的这种保证。——或者反过来说，如果恶的意识取消了它对一个极端的片面坚持，那么它固然因此而招认自己是恶的，但在它招认它是恶的时候也就该直接扬弃了自己而不会是伪善，更不会揭露自己是伪善的了。事实上，它既然硬说自己违反公认的普遍意识而是依照它的内在规律和良心而行动的，它就招认自己是恶的了。因为假如这种规律和良心不是出自它的个别性和任意性的规律，那就不能说这是什么内在的、独有的而毋宁是普遍的公认的东西了。因此当一个人说他依照他自己的规律和良心来对待别人时，他事实上是在说他虐待别人。但是现实的良心并不是这样地坚持按照那与普遍的东西相对立的知识和意志而行事的，相反，它的特定存在的元素毋宁就是普遍的东西，它的语言毋宁就在于宣布它的行为是普遍承认了的义务。

同样，伪善也不是只靠普遍意识坚持它的判断就能揭露和清除的。——当普遍意识斥责伪善是坏的、卑鄙的等等时，它的这种判断正如恶的意识之依靠其自己的规律一样所依据的也只是它自己的规律。因为它的规律既然呈现出来与恶的意识的规律相对立，就也是一种特殊的规律；因而并不比恶的意识的规律具有什么优越之处，反而使恶的意识的规律成为合法的。普遍意识本着它这种消除伪善的热情所做出来的事情，恰恰是它想做的事情的反面，——即是说，它坚持其自己的判断，结果，竟把它称之为真正义务的东西和应该被普遍承认的东西表明为一种没有被承认的东西，从而给了恶的意识以同样成为自为存在的权利。

〔2.道德判断〕 但是普遍意识的这种判断同时还有另外一个方面，从这一方面出发，就能导致消除现存的对立。——普遍意识相对于恶的意识，并不是以一种现实的和行动的意识自居，——因为事实上恶的意识才是现实的意识，——与恶的意识正相反，是以这样一种东西自居，这种东西并不纠缠于行为里所出现的个别性与普遍性的对立之中。普遍意识停留在思想的普遍性里，只限于进行理解，它的首要行为就只是判断而已。——通过这种判断，它现在就像我们刚才指出的那样把自己同那前一种意识并列起来、等同起来，而且由于彼此具有这样的等同性于是它就开始在这前一种意识中直观它自己本身。因为义务意识所采取的态度是被动的、理解的态度；但由于它只限于被动的理解，它就陷于与它自己

之作为绝对的义务意志、作为绝对自身规定着的东西的自相矛盾之中。它确实是很好地保全了纯洁性，因为它并不行动；它是这样一种伪善，这种伪善只想把判断当作实际行动，只以表述卓越心意的言词而不以行动来证明其正直性。因此义务意识就其实际情况来说，同人们指责其只把义务放在口头上的那种意识完完全全是一个样子。在这两种意识中，现实方面同样都不同于它们的口头方面，在一种意识中现实所以不同于口头上的说话，是因为它的行为具有自私的目的，在另一种意识中现实所以不同于口头上的说话，是因为它根本不发生行动，但行动的必要性就包含于对义务的谈论本身，因为空谈义务而没有行动，义务就没有任何意义。

但是判断也应该被视为一种积极的思想行动，并且它也具有一种积极的内容；由于这个方面，理解的意识中现有的矛盾以及理解意识和行为意识的一致性、等同性就变得更加完全。——行为的意识声称它的这种特定行为就是义务，而判断的意识则不能拒绝它这个说法；因为义务是一种本身没有任何内容却能容纳一切内容的形式，——换句话说，具体的行为，由于它的方面很多所以本身是千差万别的，它既具有一个被称之为义务的普遍方面同样也具有一个构成个人利益和享受份额的特殊方面。现在，判断的意识并不停留在义务的那一方面了，并不满足于行为的知识：关于这就是它的义务这就是它的现实性的地位和关系之类的知识了；相反，它已站到另一方面，通过行为去窥测内心，并根据与行为本身完全不同的那种内心意图和自私动机，来说明行为。正如每一个行为都能从它的义务性来考察那样，每一个行为也都能从另一个观点，从它的特殊性来考察，因为行为既然是行为，它就总是一个个人的现实。——这种判断意识于是把行为从它的特定存在回溯到行为意识的内心方面去，或者说，追溯到个人的特殊性形式中去。——比如说，当某一行为带有名誉的时候，判断意识就认定这个行为的内在方面是一种沽名钓誉的意图；——当某一行为合于个体的社会身份而并无潜越，却表明该个体性所具有的身份地位并非附加于其身的外在规定而只是由其自己实行而赢得的一种普遍性，从而显示该个体性有能力享有一个更高的身份地位时，判断意识就认定这个行为的内在方面是一种好大喜功的野心等等。当行为者在一般行为中能就它的对象性来直观他自己，或者说，能就他的特定存在取得对他自己的自我感受时，判断意识就认定内在方面是一种追求自己幸福的冲动，不管这种幸福只不过是指内心的道德虚荣，还是指自己的优秀品质在意识上的享受，还是指对某一幸福抱有希望而预感的乐趣。——没有任何行为能够逃脱这样的判断，因为像为义务而义务这样的纯粹目的，是没有现实的东西；目的如果有现实，它的现实就在个体性的行动中，所以行为本身包含有特殊性方面。——谚语说，"侍仆眼中无英雄"；[①]但这并不是因为侍仆所服侍的那个人不是英雄，而是因为服侍英雄的那个人只是侍仆[②]，当英雄同他的侍仆打交道的时候，他不是作为一位英雄而是作为一个要吃饭、要喝水、要穿衣服的人，总而言之，英雄在他的侍仆面前所表现出来的乃是他的私人需要和私人表象的

① 这是一句法国的成语："il n'y a pas de héros pour le valet de chambre。"——原编者

② 歌德于 1809 年曾采纳黑格尔这个思想。（Ottiliens Tagebuch，Wahlverwandtschaften，2 Teil，5 Kapitel.）——原编者

个别性。同样，在判断意识看来，没有任何行为它不能从中找出个人的个别性方面以与行为的普遍性方面相对立，不能以道德的侍仆身份来看待行为者。

这种判断意识，因此，其本身就是卑鄙的，因为它把行为割裂开来，制造出行为自身的不一致性并坚持如此。而且，这种判断意识又是伪善，因为，它不认为这样的判断是作恶的另一种方式反而硬说是对行为的正确意识，因为在它吹嘘其良好和较好知识的这种非现实性和虚妄性中它把自己吹捧得远远高出于受到鄙视的实际行动之上，并且因为它硬要把它的毫无行动的空话当成一种卓越的现实。——由于它这样把自己同它所判断的那种行动意识放到同一个水平上，它就被行动意识认为是和其自己一样的东西。行动意识不仅知道它自己被判断意识理解为一种外来的和异己的东西，并且从它这一方面看，反而觉得判断意识就其本性而言是和它自己等同的、一样的。行动意识于是向判断意识坦白招认它看到了也说出了这种等同性，并且盼望那已把自己同它放到同一水平上去的判断意识也能用它所说的这种话语来回答它，也能在答话里表示出它这种等同性来，从而出现一个互相承认的局面。它的坦白招认并不是它对判断意识的一种屈辱、丢脸、泄气；因为它的这种说话并不是一种片面的说话，会导致出它与对方的不等同性，相反，它这样说话，完全是为了表示它认识到对方和它自己的等同性。它通过它的坦白招认，从它这一方面，说出了它们的等同性或一致性；而它所以要说出这种等同性，乃是因为语言就是精神亦即直接的自我的特定存在；所以它盼望对方也从对方那一方面对这种特定存在作出贡献。

但是尽管恶的意识坦白招认："我就是这个样子"，对方却没有在回答中作出这同样的招认。上述那只作道德判断的意识，压根儿就没曾那么想过；情况恰恰相反！它拒绝承认在本性上的这种共同性，它是一副硬心肠，它是自为的，维护它自己而抛弃它与对方的连续性。——这样一来，场面就倒转了。那坦白招认了的意识，发现自己碰了钉子，发现对方是很不公正的；因为对方拒绝把自己的内心生活表现出来使之成为言语这样的特定存在，竟而夸耀自己灵魂的优美，以示不同于恶的意识，竟而摆出"坚贞不屈"的品格那样的桀骜倔强和决不迁就别人而矜持自负的缄默寡言以对抗别人的坦白认错。在这里，我们看到具有自身确定性的精神已达到了最高度的激怒；因为它直观地认识到自己乃是这种在对方之中的自我的单纯知识，具体地说，它认识到即便从外形上说这个对方或他物也不像在财富中那样是一种无本质的东西、一种事物，相反，这个和它相对立的他物就是思想，就是知识自身；可是恰恰这个纯粹知识的绝对流动的连续性却拒绝同它沟通交往，——尽管它在它的坦白招认中早已放弃了孤立的自为存在，破除了它的特殊性，从而使自己与对方有了连续性，有了共同的东西。但是对方，竟在自己本身方面保留着它那不进行沟通交往的自为存在，同时认为在坦白认错的意识方面还保留着已被认错意识抛弃了的东西。这样，对方(判断的意识)就表明自己是一种既被精神遗弃又遗弃了精神的意识；因为它没认识到，精神在其绝对自身确定性中乃是凌驾于一切行动和一切现实之上的主宰，能够抛弃它们并且能使它们根本不发生。同时还因为它没认识到它已陷于自相矛盾之中，因为，它一方面不把在语言中实际做了的那种抛弃当成真正的抛弃，另一方面它本身以为它的精神的确定性不在实际行为中而是在它的内在本性中，而它的内在本性的特定存在又是表述它的判断的那种语言，这是一个自相矛盾。因此，它自己在阻碍着它的对方使之不能从实际行为返回于语言这一精神性的特定存在，使之不能与精神达到一致，并且正是由于这种生硬态度它才又制造出本来还存在着的不一致性。

现在，具有自身确定性的精神，作为优美的灵魂，既然还没有力量把关于它自身的、坚持不移的知识加以外化，它就不能同那遭受拒绝的意识达到一致，因而就不能达到它自己与别的意识在直观上的统一，不能达到特定存在；因此这时候所达到的一致只是消极的，只是一种无精神的存在。这种没有现实性的优美灵魂于是就处于矛盾之中，处于坚持不移的对立的直接性之中；这里所说的矛盾，是指它的纯粹自我与纯粹自我之必须外化为存在和必须转化为现实这个必然性之间的矛盾，这里所说的直接性，是指对立中的直接性，这种直接性是发展到了纯粹抽象程度的对立中的唯一沟通和解的中项，是纯粹存在或者说纯粹虚无。而在这种情况下的优美灵魂，由于意识到了它的这种没有得到和解的直接性中的矛盾，就使精神错乱陷于疯狂，并且忧伤憔悴抑郁而死。① 这样一来，它就事实上抛弃了它对它的自为存在的顽强坚持，但它造成的结果呢，则只是无精神的抽象存在的统一性而已。

〔3. 宽恕与和解〕　双方之间真正的亦即自觉的和现实的和

① 按这是指当时浪漫主义的代表人物诺瓦里斯（Novalis，1772—1801）本人的情况而言。——译者注

解,按其必然性来说,早在先前的意识中就包含着了。使硬心肠折服并使之上升为普遍性的那种运动正就是在坦白招认的意识那里表现过了的运动。医治精神的创伤,不留丝毫疤痕。已实践了的行为,并不是什么一成不变不可消失的东西,精神已经把它撤销了,收回于其自身中去了;实践了的行为中的个别性方面,不论作为意图或是作为意图的实际否定和限制,乃是直接消逝着的东西。有所行为以求实现的自我〔恶的意识〕,或者说,精神的行为的形式,只不过是整体的一个环节;同样,那通过判断而对行为进行规定并对行为的个别方面和普遍方面进行区别的知识,也只不过是整体的一个环节。前者,恶的意识,由于它从对方中直观地认识了自己,被诱致采取了实际认错的行动,可以说已对其自身或自己进行了这种外化运动,已使自己外化为环节。但是后者,对方,正如前者之抛弃其片面的没有得到承认的、处于特殊的自为存在状态中的特定存在那样,也必须抛弃它的片面的没有得到承认的判断;而且就像前者已显示精神力量是在它的现实之上那样,它也必须显示精神力量是在它的特定概念之上。

但是后者,对方,其所以抛弃它的分解剖析的思想并且抛弃这种思想中的自为存在的坚固性质,乃是因为事实上它在前者之中直观地认识了它自己。这后一意识,既然抛弃了它的现实,并使自己成为扬弃了的这个特殊物,它事实上就已经把自己呈现为一个普遍物;它已从它的外在现实返回于自身,返回于本质;因为这样,所以普遍意识就能在它那里认识到其自己。——它对前一意识所表示的宽恕,实际上就是它对它自己的放弃,对它的非现实的本质的放弃;因为它把当初曾是现实的行为的那一意识同它的非现实的本质等同起来，并把那曾被称为恶的东西——行为在思想中曾取得恶的东西这一规定——当作好的东西予以承认，或者说得更明确些，因为它就像作为它的对方的那另一意识之放弃其对行为所做的自为着的规定活动那样，放弃了它在被规定的思想与它的起规定作用的自为着的判断活动之间所作的区别。——和解这个词就是这样一种实际存在着的精神，这种精神在它的对方中，亦即在作为绝对存在于其本身的个别性的那种纯粹自身知识中，直观地认识到作为普遍本质的那种纯粹自身知识，——这种精神就是一种相互承认，也就是绝对的精神。

绝对精神只在最高点上才进入实际存在，即是说，只当它的纯粹自身知识即是它与它自身的相互对立和相互交替时才进入实际存在。绝对精神，对于它的纯粹知识之是抽象本质是有所认知的，因而它是这样一种认知着的义务，它与另一种知识绝对对立，而这另一种知识乃是知道它自己这个自我的绝对个别性即是本质的知识。前一种知识是普遍物的纯粹连续性，它知道那知道自己是一本质的个体性自在地说来是无物，是罪恶。但后一种知识则是绝对间断性，它知道它自己在它的纯粹单一中是绝对的，并且知道上述普遍物是非现实的东西，只是为他而存在的东西。双方都净化到了这样的纯粹地步，以致它们都不复含有无自我的实际存在，都不复含有意识的否定物，而毋宁说，在这种纯粹状态下，前者，认知着的义务，乃是精神的自身知识的自身等同性格，而后者，恶的意识，也同样以它的自身存在（Insichsein，内心意图）当作它的目的，以它的话语当作它的现实；这种话语的内容乃是精神赖以存在下去的实体；话语本身乃是精神之相信自己在其本身之中这一确定性的保证。——这两种对其自身具有确定性的精神，除它们的纯粹自我外别无目的，同样，除它们的这个纯粹自我外别无实在性和实际存在。但是它们毕竟还是互有差别，而且它们的差别是绝对的，因为它们的差别是包含于这种纯粹概念的元素之中的。并且，它们的差别不仅是对我们（考察此处精神现象的人）而言的差别，而且也是对这样对立着的概念本身而言的差别。因为，这两个概念固然是彼此对立的特定概念，但同时又自在地是普遍的概念，所以它们两者构成着全部范围的自我，而这个自我除了它的这种既不多于其自己也不少于其自己的规定性而外别无任何内容；因为，一个规定性、绝对普遍性，正如另一规定性、个别性的绝对间断性一样，也是纯粹自身知识，而且两者都仅仅是这种纯粹的自身知识。因此两种规定性都是这样的认知着的纯粹概念：这纯粹概念，其规定性本身就是直接知识，换句话说，其联系和对立就是我(Ich)。这样，它们彼此看来都是这种绝对对立的东西；这样同自己对立并进入实际存在的东西，乃是完全内在的东西；它们所构成的纯粹知识，由于有这种对立，就被设立为意识。但意识还不是自我意识。它要在这种对立所经历的对立中才实现为自我意识。因为这种对立倒不如说本身就是“我＝我”的无间断的连续性和同一性；而且，每个我恰恰由于它的纯粹普遍性的矛盾而自为地在其本身中把自己扬弃掉了，至于我的纯粹普遍性所以有矛盾，那是因为这纯粹普遍性虽然一方面意味着它与对方的同一性，而另一方面却还违抗它与对方的同一性而从对方分离出来。通过这个外化运动，这种在其实际存在中一分为二的知识就复归于自我的统一；它就是现实的我，就是在其绝对对方中、在自身存在着的知识中的普遍的自身知识，而自身存在着的知识，由于其分离出来的孤立的自身存在所具有的纯粹性的缘故，本身乃是完全普遍的东西。两个我都是在和解性的“是的”(Ja)中抛弃它们互相对立着的实际存在的，这个“是的”就是发展到了一分为二的那个我的实际存在，而这一分为二的我在它的这个实际存在中则保持着自身同一并在它的完全外化和它的对方中取得它对其自身的确定性；——这个我，就是出现于知道自己是纯粹知识的那些自我之间的上帝。

丙(丙)、宗教

第七章　宗教

在前此所讨论过的诸形态里(这些形态我们大略区别为意识、自我意识、理性和精神),无疑地,宗教也曾经作为对绝对本质一般的意识出现过,不过,那是从以绝对本质为认识对象的那种意识的观点出发而言;自在自为的绝对本质本身、精神的自我意识,却没有出现在那些形式里。

即在意识阶段,就意识作为知性而言,已经有了关于对象性定在的超感官或内在本质的意识。但是超感官的东西、永恒的东西或者无论人们对它如何称谓,总是没有自我性的。它仅只是普遍,这普遍距那自己知道自己是精神的精神还很远。——其次,那在苦恼意识的形态中得到它的完成的自我意识,也只是精神再次努力企求客观化其自身但又未能达到自身的客观化而感到的痛苦。个别自我意识在这阶段与其不变的本质的统一,因此对它来说仍然是达不到的彼岸。——那在我们看来从痛苦的形态中产生出来的理性之直接的特定存在和理性所特有的形态是没有宗教的,因为理性的自我意识是在直接的现在中认识或寻求它自身的。

反之在伦理世界中我们看见了一种宗教，一种阴间的宗教。这种宗教是一种相信命运之恐怖的、不熟悉的黑夜和相信死去的精神能够复仇的信仰；——前者是具有普遍性形式的纯粹否定性，后者则是在个别性形式中的纯粹否定性。因此绝对本质在后面这一形式里无疑地就是自我〔或主体〕，并且就是现存的东西，因为自我除了是现存的之外并不会是别的东西。不过个别的自我就是把它自己同普遍性，亦即命运，分离开了的这一个个别阴影。这一个个别阴影既然是一个阴影，一个被扬弃了的这一个，因而即是普遍的自我；但是前一种否定的意义还没有转化成后一种肯定的意义，因此那被扬弃了的自我同时还直接意味着这一个特殊的东西和无本质的东西。而那没有自我的命运仍然是没有意识的、没有达到自身内的差别、也是没有达到自己认识自己的明晰性的黑夜。

这种关于毫无内容的必然性和阴间的信仰就会变成对于天的信仰，因为那死去了的自我必须和它的普遍性相结合，必须在普遍性中把它所包含的东西展开出来，并因而明白了解它自身。但是我们曾看见这个信仰的王国仅只在〔抽象〕思维的要素中，而不是在概念中展开了它的内容，因此，它就在它的命运中，亦即在启蒙的宗教中消逝了。在这种启蒙的宗教里，知性的超感官的彼岸又恢复了，不过，是在这样一种情况下而恢复的，即自我意识却满足于现世世界，并且既不把那超感官世界，那空虚的、不可知的、也无可怕的彼岸世界认作自我，也不认作力量。

在道德的宗教里，最后，绝对本质重新恢复了作为一个肯定的内容；不过这个内容既是一个回复到自我，并被包括在自我之中的存在，同样也是一个具有差别性的内容，这个内容的诸部分在它们的差别一建立起来时，立即就被否定了。但是这种矛盾的运动所陷入于其中的命运，乃是一个意识到它自身是本质性和现实性的命运的自我。

自己知道自身的精神在宗教里直接就是它自己的纯粹的自我意识。我们所已经考察过的精神的那些形态，如真实的精神、自身异化的精神和自身确信的精神，一起构成精神自己的意识，精神的这种意识与它自己的世界对立着，不能在这对立着的世界中认识它自己。但是在良心里，精神使它的对象性世界，以及它的表象和它的特定的概念服从它自己，而它现在就是存在于自身内的自我意识了。在这种自我意识里，精神，作为被表象的对象，对自己说来，具有普遍精神的意义，这个普遍精神包含着一切本质和一切现实在自身内，不过自己却不是采取自由的现实性或独立外在的自然界的形式。普遍精神诚然具有存在的形态或形式，因为它是它自己的意识的对象，但是因为它自己的意识在宗教里是被设定具有自我意识这一本质规定的，所以这种意识所采取的形态完全是自身透明的；而精神所包含的现实性是被包括在精神里面的，并且被扬弃在精神里面的，犹如我们说精神是"一切现实性"那样；而一切现实性就意味着被思维的普遍的现实性。

因此既然在宗教里，精神的真正意识的特性不具有自由独立的异在的形式，所以精神的特定存在是与它的自我意识有差别的，而它的真正的现实性是落在宗教之外的。当然这乃是一个精神的两个方面，不过精神的意识并不一下就包括两个方面，宗教表现精神的特定存在、行动、努力那一方面，而精神的另一方面则是在它的现实世界中所经历的生活。就我们现在所知道，在它自己的世界中的精神，和作为意识到它自身作为精神的精神或者在宗教中的精神，乃是同样的东西，所以宗教的完成在于这两个形式彼此是同一的，即不仅精神的现实性为宗教所把握，而且与此相反，精神作为意识到它自身的精神成为现实的精神，成为它自己的意识的对象。——就在宗教中精神把自己表象给自己而言，它无疑地是意识，而那包括在宗教中的现实性就是精神自己的表象的形态和外衣。不过现在性在这个表象里并没有享受到充分的权利，这就是说，它不只是精神的外衣，而应是独立自由的存在。反之，因为现在性在表象中没有得到完成，所以它只是一个特定的形态，这个形态没有达到它应该表现那样，亦即没有达到意识到自身的精神。由于精神的形态应是表达精神自身的，则这形态本身除了是精神外将不会是别的东西，而精神将表现它自身，像它在它的本质中那样。不过这样一来它就会达到——似乎与所要求的相反——这样的情况，即它的意识的对象同时会具有自由独立的现实性的形式；但是只有那以自身为对象的作为绝对精神的精神才既意识到自己是一个自由独立的现实性，又能在现实性中意识到它自身。

首先由于自我意识与实际的意识，宗教与存在于世界中的精神或精神的特定存在是有差别的，所以后者包含在精神的全体之内，因为精神的诸环节是各个分离的和每一个环节各自表现其自身的。但是精神的诸环节：意识、自我意识、理性和精神，——末一环节（精神）作为直接的精神，还不是对于精神的意识。精神诸环节合在一起来看的全体构成精神在世界中总的现实的存在;精神这一阶段本身包含着前此各形态的一般规定,即刚才所提到的各个环节。宗教以这些环节的经历过程为前提,并且是这些环节之单纯的全体或绝对的自我或灵魂。——其次,这些环节所经历的过程与宗教的关系是不可以被认作在时间中的。只有整个精神才是在时间中,而且那些作为整个精神本身的诸形态才表现出一个接一个的次序。因为只有全体才真正具有现实性,因而也只有全体对其他东西来说,才具有纯粹自由的形式,这形式就被表述为时间。但是全体的各个环节:意识、自我意识、理性和精神,因为它们仅只是环节,相互间却没有分离的存在。——正如精神与它的环节是区别开的,所以第三,我们还必须把这些环节本身和它们的特殊的个别的规定区别开。我们看见,这些环节中的每一个环节本身在它自己的发展过程里又可区分为若干环节和不同的形态:例如,在意识阶段,就可区分为感性确定性和知觉两个形态。后面这两方面在时间上分别出现,并属于一个特殊的全体。——因为精神由它的普遍性降下来通过规定而成为个别性。这种规定或中介的环节就是意识、自我意识等等。但是个别性是由这些环节的诸形态构成的。因此这些形态就表现了精神的个别性或现实性,并且彼此在时间中有了差别,不过虽说有差别,后面的形态却保有先行的形态在它自身内。

因此既然宗教是精神〔发展过程〕的完成,精神的个别环节:意识、自我意识、理性和精神必须回归到并且曾经回归到宗教作为它们的根据,所以它们一起构成整个精神的特定存在着的现实性,而整个精神之所以存在,只由于它是它的这些方面从它自身区别开并回归到它自身的运动。宗教一般的发展过程就包含在这些普遍环节的运动里。但是由于这些属性中的每一个属性之被表述出来，并不仅是像它一般被理解那样，而是像它是自在自为的那样，这就是说，像它在它自身中作为整体经历的进程那样，所以这里所产生的也不仅是一般宗教的发展，而且是精神的上述个别方面所经历的那些完整的过程同时就包含着宗教自身的种种规定性。精神的整体、宗教中的精神，重新又经历从它的直接性进而达到对于它的自在状态或直接状态的知识的过程，并且通过这一过程达到这样一种形态，在这种形态里，它表现为它自己的意识的对象，它完全与它的本质相等同，并且直观到它自己的本来面目。——在这个发展过程里，于是精神本身就取得各种特定的形态，这些形态构成这个运动的不同阶段：同时特定的宗教就因而同样具有一个特定的现实的精神。因此如果意识、自我意识、理性和精神属于那自己知道自己的精神一般，那么这些在意识、自我意识、理性和精神每一阶段之内特殊发展出来的特定形式就是属于那自己知道自己的精神的特定形态。宗教的特定形态，从它的每一个环节的诸形态中，采取一个适合于它的形态，当作它的现实的精神。宗教的这种单一的规定性贯穿到它的现实存在的一切方面，并且加给它们以这个共同的烙印。

在这种方式下于是前此出现的那些形态现在被安排的次序就不同于它们原来出现时的次序了。关于这点我们还须首先简单指出那值得注意的地方。——在我们考察过的系列里，每一环节自己不断深入到自身中，依据自己特有的原则发挥成为一个全体；而认识就是〔整个过程的〕深邃本质或者精神，那些单独就自身来说没有持续存在的环节便把它当作它们的实体。但是这个实体现在是表现出来了;它就是自身确信的精神的深邃本质;它不容许个别原则把自身加以孤立并把自身当成全体,反之它把所有这些环节集中并保持在自身内,它在它的这个现实精神的全部丰富内容里迈步前进,而且所有它的特殊环节也共同地采取和吸纳全体的同一个规定性于自身之内。——这个自身确信的精神和它的运动就是属于每个个别环节的真正的现实性和自在自为的存在。——因此如果说前此的单线式的系列,在它的进展里,在结节点上曾表现出倒退,不过在倒退之后,它仍然又重新沿着单线前进,那么它现在似乎是在这些结节点上,在这些普遍的环节上,被打断了,并且被打碎成许多直线了,当这些直线被合并成为一束的时候,它们就同时对称地自行连结起来,于是每一条线在其自身内各自形成起来的那些相同的差别,就会合在一起了。——此外,从整个论述看来这里所提示的这些普遍方向的排列应如何理解,是不言而喻的。不用多说即可理解到,这些不同的形态本质上必须只认作是发展过程的环节,而非孤立的部分。这些环节在现实精神那里是它的实体的各种属性,而在宗教那里却只是主体的各个谓语或宾词。同样一切形式或形态一般讲来,无论就它们本身说或者就我们说,诚然都包含在精神内并且包含在每一个精神内。但是就精神的现实性来说,最重要的只在于精神在它的意识里具有什么样的规定性,在什么样的规定性里精神表现了它自己本身,或者在什么形态下精神认识到它的本质。

现实的精神和自己知道自己是精神的精神之间,或者作为意识的精神和作为自我意识的精神之间前此的差别,就在那真正知道自己的精神中被扬弃了；精神的意识和精神的自我意识就是一致的。不过由于宗教在这里还只直接的，这种差别还没有返回到精神里〔达到统一〕。在这里宗教的概念只是初步被建立起来；在宗教的概念里，本质就是自我意识，而自我意识就意识到自己是一切真理，并且在真理中包含有一切实在。这个自我意识，既然是意识，就以自身为对象；因此那最初直接认识自己的精神对它自己说来就是在直接性的形式下的精神，而精神在其中表现其自身的形态的规定性也就是存在的规定性。这种存在诚然既不以感觉或各种质料为内容，也不以其他的片面的环节、目的和规定为内容，但却以精神为内容，并且自己意识到自己是一切真理和实在。这种内容，在这种方式下，是和它自己的形态不同一的；也就是说，精神，作为本质，是和它的意识不同一的。精神，只有当它在它自身的确定性中，亦即在它自己的真理性中时，或者当它作为意识而分裂成两个极端，在精神形态中具有互为对方而存在的关系时，它才真实地是绝对精神。精神作为它的意识的对象而采取的形态仍然是以精神的确定性亦即实体为内容。通过这种内容，则对象之被降低为纯粹的对象性、为自我意识的否定性形式的情况就消逝了。精神同它自身的这种直接统一性是意识在其中分裂成它的组成部分〔主体与对象〕的基础或者纯粹意识。在这种方式下，被关闭在它自己的纯粹自我意识里，精神在宗教里并不作为一般自然界的创造者而存在；而它在这种运动里所产生出来的乃是精神性的东西即它自己的形态，这些形态合在一起构成它的现象的全体；而这运动本身乃是通过它的个别方面或者它的种种不完善的实现而发展出它的完善的实现过程。

精神最初的实现是宗教本身的概念，亦即直接的或自然的宗教。在这里，精神认识到它自身在直接的和自然的形态下，但是精神的第二现实必然是这样的精神，作为自己的对象。它认识到它自己是在一种被扬弃了的自然性形态内，或者在自我的形态内的。这就是艺术的宗教。因为，这个形态由于意识的创造活动而提高到自我的形式，于是意识就可以在它的对象中直观到它自己的活动或者自我。最后，精神的第三现实性扬弃了前两个现实性的片面性；自我既是一个直接的东西，而直接性也同样是一个自我。如果精神的第一现实性可以说一般是在意识的形式内，第二现实性是在自我意识的形式内，那么，精神的第三现实性就是在前两者的统一形式内；精神具有自在和自为存在的形态，而且既然它被表现为像它是自在自为的那样，那么，它就是天启的宗教。虽说精神在这里诚然达到了它的真实形态，不过这个形态本身和它的表象形式还是一个没有被克服的方面，精神还须从这一方面过渡到概念，以便在概念中完全消除对象性的形式，而概念是同样包含它的对方在它自身内的。这时，精神就把握住了它自身的概念，像只有我们〔研究精神现象的人〕才把握住它的概念那样；而它的目的的形态或它的定在要素(由于这个要素或形态是概念)，就是它自身。

一、自然宗教[①]

那认知着精神的精神就是意识到自身的精神，并且自己以对

① 主要指东方的宗教。——译者注

象性的形式出现在自己面前;精神存在着,并且同时是自为的存在。精神自为地存在着,它是属于自我意识一面,因而它是与它的意识一面处于对立的关系,换言之它自己以自己为对象。在精神对它自身的意识里面存在着对立,因而就存在着形态的规定性,精神表现在这些规定性里并通过它们认识自己。在考察宗教时我们所要考察的就只是这些特定的形态。因为精神的未成形态的本质或它的纯粹概念已经在前面阐述过了。而意识和自我意识的区别同时都发生在自我意识范围之内。宗教的形态并不包含脱离了思想的自然,也并不包含脱离了存在的思想那种意义下的精神的特定存在。反之宗教的形态乃是包含在思维内的一种定在,同时也是一种存在在那里的思想内容。——按照精神借以认识自己宗教的形态之不同的规定性,一个宗教便与另一个宗教可以区别开。不过必须指出,于按照个别的规定性以表述精神对其自身的知识时,事实上并没有穷尽现实宗教的全体。那些将要被陈述的一系列的不同的宗教同样也只不过重新表现一个唯一的宗教,甚或每一个个别的宗教之不同的方面罢了。而且那些似乎足以标志出一个现实宗教不同于另一个现实宗教的种种观念也出现在每一个宗教里面。不过这种差异性(Verschiedenheit)也必须看成宗教的差异性。因为当精神处在它的意识和它的自我意识有差别(Unterschied)的境地时,则它的运动的目的就在于扬弃这种主要差别,并赋予意识对象的任何形态以自我意识的形式。但是这种差别并不仅由于意识所包含的诸形态,也具有自我这一环节在内和上帝被表象为自我意识就算是已经被扬弃了。被表象的自我并不是真实的自我;被表象的自我为了也会像这个形态的任何其他较确切的规定那样,属于这一形态,那么,一方面它就必须通过自我意识的活动投入这种形态里去,另一方面较低的规定必须表明自己已为较高的规定所扬弃和把握。因为被表象的东西之所以停止其为被表象的东西和为知识所不能把握的东西,只是由于自我曾经产生了它,并且自我因而把对象的规定看作它自己的规定,所以在对象中直观到自己。——通过这种活动那较低的规定〔即被表象的东西〕,同时就消逝了。因为〔意识的〕这种活动是否定性的,而这种否定过程是由于否定了对方而实现出来的。如果说还有低级的规定出现,则它便已经退居于非本质的地位了。正如在相反的情况下,当较低的规定还处于支配地位,而高级的规定却已经出现时那样,较高者便作为无自我性的东西与较低的规定一起并存着。因此,虽说个别宗教内的不同表象表述了它的诸形式的整个运动,而每一个宗教的性格却为意识和自我意识的特殊统一性所规定,这就是说,为这种情况所规定:自我意识已经把意识的对象的规定吸取进自身内,通过自己的行为已把这个规定完全化为己有,并且知道这个规定和其他规定比较起来是本质性的规定。——对于宗教精神的某一个规定的信仰,其真理性显示在这一事实里:现实的精神具有像它在宗教里借以直观它自身的那种形态所具有的同样性质,因此,譬如,出现在东方宗教里的上帝变成肉身的信仰,就是没有真理性的,因为东方宗教中的现实的精神是没有上帝变成肉身这种观念所包含的神人和解的原则的。——这里不打算从〔宗教精神的〕诸规定的总体回到个别的规定,并且指出在什么形态下其余规定的全体是包含在它〔个别规定〕里面和它的特殊宗教里面。那较高的形式如果倒回去放在较低形式之下,那它对于已有自我意识的精神说来就会没有意义，而只是表面上属于精神而且只属于精神的表象范围。较高的形式必须按照它自己特有的意义来考察，必须就它是这个特殊宗教的原则并就它为它的现实精神所证实等等方面来考察。

(a) 光明之神①

精神作为本质，即自我意识，或者具有自我意识的本质，——这本质是一切真理并且知道一切现实性即是它自己本身——在它的意识的运动中所获得的实在性，首先只是它的概念。而且这个概念对这种意识自身的运动和开展之白天来说，乃是它的内在本质之黑夜，而且对这种意识的各个环节作为独立的形态的特定存在来说，这个概念乃是它的诞生之创造性的秘密。这个秘密启示自己在它自身内；因为这些环节的特定存在在这个概念内有它的必然性（因为这概念是自己知道自己的精神），所以在概念的本质内就具有成为意识并把自己的环节表象为自己的对象的能力。——这是纯粹的自我，这自我于外在化自身的过程中，看见自身作为普遍的对象时，就具有自身的确定性，换言之，这个对象对这个纯粹自我来说，乃是一切思维与一切现实性的渗透。

在这个自己知道自己的绝对精神之最初的直接的一分为二(Entzweiung)的过程中，它的形态具有属于直接意识或感性确定

① 指波斯的祆教或拜火教而言。德文为 Lichtwesen，意指“光明之神”，英译作“God as Light”。直译为“光明本质”。在宗教章节中，“本质”一般指神而言。——译者注

性的那种规定。绝对精神在存在(Sein)的形式内直观到自己,但却并不是在属于感性确定性阶段的无精神性的、充满了感觉的偶然规定的那种存在内,而是在充满了精神的存在内。绝对精神同样也包含有在直接的自我意识阶段上曾经出现过的形式:主人与奴隶对立的形式,这主人作为直接的自我意识是与那从自己的对象那里返回自身的精神的自我意识相对立的。——这种充满了精神的概念的存在因此就是精神自己与自己简单地相联系的形态,或者无形态性的形态。由于这种特性,这一形态就是东方宗教中对纯粹的包含一切、充满一切的光明之神,这种光明保持它自身于它的无形式的实体性中。光明的对方也同样是它的简单否定物——黑暗;它自身外在化的过程,它在它的对方的无抵抗的要素内的创造活动就是光明的放射;这种简单的光明的放射,同时就是从它的特定存在和返回自身的过程和烧毁它的具体形态的火流。光明对它自身所作出的差别无疑地在它的特定存在的实在的实体中增长下去,并且形成自然界的各种形式。但是光明的思维在本质上的单纯性,飘忽不定地和莫名其妙地浮泛在各种形式之中,无限度地扩大它的界限,并使它提高到辉煌灿烂的美也消失在它的崇高性之中。

这种纯存在〔光明〕所发展出来的内容或者它的知觉活动因此就是对这样一个实体的一种不涉及本质的枝节的把捉,这实体只是上升起来在那里,而没有深入到自身成为主体,并且通过自我来固定它的各个差别。这个实体的诸规定只是一些属性,这些属性不能够达到独立性,而仍然只是具有多名的太一的各种名字。这个太一穿上了特定存在的多样性力量和现实性诸多形态的外衣就像戴着一个没有灵魂的装饰品一样。它们只是宣扬它〔太一〕的力量，显示它的光荣的现象，传达它的赞颂的声音，而没有自身意志的一些使徒。

但是〔太一的〕这种朦胧沉醉的生活必须规定自身为自为存在，并且给予它的不断消逝着的形态以持久的存在。直接的存在（在其中太一把它自己和它的意识对立起来）本身就是消除它的各个差别的否定性的力量。所以真正讲来，它就是自我。因而精神就向着在自我的形式下自己认识自己的方向过渡。纯光明把它的简单性分散成无限多的形式，它牺牲它自己借以达到自为存在，使个体可以拥有其实体的持久存在。

(b) 植物和动物〔崇拜〕①

具有自我意识的精神超出无形式的本质回到自身，或者把它的直接性提高到自我的水平，于是它就使得它的简单性成为自为存在的杂多性，并且成为精神性的知觉的宗教，在这种宗教里精神分散为无数多的或弱或强、或丰富或贫乏的精灵。这种泛神论，亦即这些原子式的精灵由最初安静的持存状态，然后过渡为它们自身的敌对运动。那天真的花草宗教〔或植物宗教〕，只不过是无自我观念的自我，过渡具有严肃性的斗争生活之有罪恶的动物宗教，也就是静止无力的直观着的个体性过渡到具有破坏性的自为存在。——从种种知觉的东西那里把抽象性的死亡排除掉，并把它们提高到精神性的知觉的存在，这并没有什么帮助；赋有生命的精

① 主要指印度的原始宗教。——译者注

神王国本身就包含有死亡,由于它具有的规定性和否定性,打乱了各种植物的天真的无差别状态。由于这种规定性和否定性,〔精神之〕分散成众多的静止的植物形态过程就成为一个敌对性的运动,在这个运动中这些植物形态的自为存在之间的恨就被激荡起来,因而损坏了它们的自为存在。——这种分散了的精神之现实的自我意识就是一大群个体化了的敌对的民族精灵,这些民族精灵由于它们之间的恨,相互作殊死的斗争,并且意识地承认特定形态的动物作为它们的本质〔或神灵〕,因为它们不外是相互分离的、意识不到它们的普遍性的动物生活的动物精灵。

但是这纯粹否定的自为存在的规定性在这种互恨之中就抵消掉了或被扬弃了。通过这种概念的运动精神就进入了另一种形态。那被扬弃了的自为存在就是对象的形式,这形式是由自我产生出来的东西,或者也可以说是自己产生的自我、自身扬弃着的自我,这就是说,成为事物的自我。因此这劳动着的自我对于那些只是互相摧毁的动物精灵就占了上风,它的行动不仅是消极的,而乃是安定的和积极的。精神的意识因此现在既是超出那直接的自在存在又是那超出抽象的自为存在的运动。既然自在存在由于受到对立面的否定,被降低为一个特定的形态,它就不复是绝对精神的特有形式,而只是一个由它自己的意识发现在那里,作为一个普通的特定存在,同它自身相对立,并为它自身所扬弃的现实性罢了,并且同时这种意识不仅只是这个扬弃着的自为存在,而且又产生它自己这样的表象,即由自为存在发挥成为对象形式的存在的表象。但这种产生还不是完善的活动,而乃是一个受制约的活动、一种对现成材料的加工使成定型。

(c) 工匠①

于是，在这一阶段，精神就表现为工匠，并且通过它的行为，它使它自己成为对象，但是它还没有把握住它自己的思想，所以它的行为乃是一种本能式的劳动，就像蜜蜂构筑它们的蜂房那样。

第一种形式由于是直接形式，所以它具有理智的抽象性。而它所完成的工作也还没有充满了精神的意义。金字塔和方尖石柱的结晶体、直线与平匀的平面和同等匀称的部分的简单结合（这种结构丢掉了拱形建筑的不匀称性），就是这种工匠按照严格的〔几何学〕形式搞出来的作品。由于这种单纯的理智的形式，它并不能表现形式本身真正的意义，它不是精神的主体或自我。因此这些作品之接受精神：或者只是当作一个异己的、死去了的精神而接受到自身内，这精神已放弃了它同现实性活生生的渗透，本身就是死的、进入了这些没有生命的结晶体，或者它们〔这些作品〕和精神只有外在关系，把精神当作某种本身外在的东西而不是作为精神在那里〔起作用〕，——它们和精神的关系就像和东方升起的阳光那样，这阳光把它的意义放射给它们。

这个作为工匠的精神是从自在存在（这是工匠所加工的材料）与自为存在（这属于工匠的自我意识一方面）的分离出发，而这种分离在它的作品里得到客观化。它的进一步的努力必定趋向于取消这种灵魂和肉体的分离，对灵魂本身赋予物质的外衣和形状，而对肉体则赋予灵魂。这两个方面，由于它们被弄得相互更接近了，

---

① 指古埃及的宗教。——译者注

因而彼此保持着在表象中的精神与其周围外壳两相对立的规定性。精神和它自身的统一包含这种个别性和普遍性的对立。既然〔工匠的〕作品的两方面彼此愈益接近,所以同时就发生另外一件事情,即作品愈益接近那劳动着的工匠的自我意识,而自我意识在这工作中就愈能达到对它自己的真正面貌的知识。但是这样一来这作品首先只构成精神的活动的抽象方面,这方面的活动还不知道它自身活动的内容。工匠自身、整个精神还没有显现出来,而还是一个潜藏着的内在本质,这本质作为整体只是出现在分裂成能动的自我意识和它所产生的对象里面。

因此周围的住所、外在的现实,只是最初提高到理智的抽象形式的东西,被工匠修饰成具有灵魂的形式。为了达到这个目的,他应用植物,植物现在已不复像在前此的软弱的泛神论那里那样是神圣的了,而是被他这个认识到自己是自为存在的工匠当成某种可以使用的东西,并且把它降低为外表的方面和装饰品。但是他利用植物并不是丝毫不加以改变,而这具有自我意识形式的工匠同时否定了作为直接存在的植物生命本身所带有的暂时性,并且使得它的有机形式更接近那些较严格、较普遍的思想形式。那在特殊性中听其自由伸长的有机形式,一方面被思想的形式所约束,另一方面把这些直线的和平面的形象提高到有灵魂的圆形。——这是一种混合,这种混合是自由建筑的根源。

这种建筑(它表现了普遍要素或精神的无机自然的一面)现在又包括有一种个别性的形式在自身内。这种个别性的形式就使得从前和存在分离开的精神、外在或内在于存在的精神更接近于现实,从而使得那艺术品更符合于能动的自我意识。工匠最初抓住一般自为存在的形式、抓住动物的形态。至于他不复在动物生活里直接地意识到他自己，可以通过这一事实来表明，即他认为他是动物生活的产生的力量，并且他知道在动物生活中，即是在他自己的作品中，这样一来，动物形态同时就是一个被扬弃了的形态，而成为另一种意义的象形文字，一种思想的具体象征。因此这动物形态也不复单独地、完全地为工匠所利用，而是和思想的形态、和人的形态混合使用①。但是这个作品里还缺乏自我本身存在于其中的形态和体现。这种作品还缺乏在它自身内表达出它自身即包含着一种内在意义的东西；这就是说，它缺乏语言，而语言是足以表达它本身所包含的意义的一种因素。因此这样的作品，即使完全清除掉动物的形态，而且单独具有自我意识的形态，仍然还是沉默无声的形态，仍然还需要初升的红日的光明以便引起声音，这声音是由光明造成的，也只是声响而不是语言，它所表示的只是一种外在的自我，而不是内心的自我。②

和这种外在自我的形态相对立的，就有另外一种表明其自身具有内在意义的形态。那回复到它的本质的自然把它那活生生的、个体化其自身的、在运动中自身陷于迷乱的杂多性降低为一个非本质的躯壳，这躯壳是它的内在本质的掩盖。而这内在本质仍然不过是单纯的黑暗，无运动的、黑色的无形式的石头。③

---

① 指古埃及的许多半人半动物的神像而言。——译者注

② 指古埃及的一种叫做麦姆农(Memnon)的神像而言，这种神像于日出之时能发出一种音乐式的声音。——译者注

③ 指在伊斯兰教圣地麦加的一块黑石头而言，这块黑石至今仍受到信徒礼拜。——译者注

这两种表达方式包含有内在意义和外在体现，——这是精神的两个环节，而两种表达方式同时在对立的关系中包含着两个环节：即自我作为内心的以及外在的两方面。两方面必须结合起来。——那具人形的雕像的灵魂还不是从内在本质发出，还不是语言，还不是内在本质自身的外在表现。——而且由多种形式表现出来的内在本质还是无声的、没有自身区别的，并且还是同具有一切差别的它的外部存在相分离的。因此工匠在混合自然形态和自我意识形态的过程中把两者结合起来，而这种意思双关的、自身带有神秘性的本质：有意识的一面与无意识的一面相挣扎、简单的内在本质与多种形态外在表现相伴随、思想的暗昧性与表现的明晰性相并行，所有这些情况都迸发在一种深刻的难于理解的智慧之语言里①。

在这种作品里已不复有与自我意识相对立的、创造出没有意识的作品的本能活动了。因为在这里出现了自我意识的工匠的活动面对着一个同样具有自我意识的、能自己表达自己的内在本质。在他的作品里，他曾经努力工作使得他的意识分而为二(Entzweiung)，从而使得精神与精神相遇合。在这有自我意识的精神和它自身的统一里，因为它意识到它是它自己的意识的形态和对象，于是它就清除了以无意识的方式混合在一起的那些直接的自然形态。这些具有形状、语言和行动的巨大怪物于是就消解为〔或转化为〕精神性的形态，即变为一种回复到了自身的外在现象或一种从

① 这是指古埃及的狮身人面的神像(Sphinx)而言。这和下面第250页所讲古希腊神话中斯芬克斯怪物须区别开。——译者注

自身出发并在自身内表现着自己的内在本质；亦即变为这样一种思想，这思想自己产生自己，保持一种适合于它自身的形态，并且是一种明晰的特定存在。这样，精神就是艺术家。

二、艺术宗教[①]

精神把它在它自己的意识中呈现出来的形态提高到意识自身的形式，并且把这样的意识形式提到自己前面，工匠放弃了综合性的工作，即放弃了把思想和自然这两种不同性质的形式混合在一起的工作。当精神的这种形态赢得了具有自我意识的活动的形式时，它就成为精神的工人。

因此如果我们问，那在艺术宗教里能意识到它自己的绝对本质的现实精神是什么，那么我们可以得到这样的回答：它是伦理的或者真实的精神。它不仅只是一切个体的普遍实体，而且由于这实体对那现实意识来说具有意识的形态，这就无异于说，这实体是个体化了的，它被那些个体认识到作为它们固有的本质和自己的成就。所以实体对那些个体来说，既不是光明之神，在光明之神的统一性里自我意识的自为存在只是消极地、只是暂时地被包含着，并且直观着它的现实性主宰；也不是那些互相仇视的不停息地互相消耗或毁灭的各民族；也不是把各个民族压迫在等级制之下的暴力，等级制虽可构成一个完整的全体的假象，但却缺乏个人应享有的普遍的自由。反之，这精神乃是一个自由的民族，在这个民族

---

① 德文为 Kunstreligion，指古希腊的宗教而言。——译者注

生活中,伦理构成一切人的实体,这伦理实体的实现和体现,每个人和一切人都知道是他们自己的意志和行为。

但是伦理精神的宗教是伦理精神之提高到超出它自己的现实性,并且是从它的真理性里返回到对它自身的纯粹知识。由于伦理的民族,生活在同它的实体之直接的统一里,并且它还不具有自我意识那种纯粹的个体性原则,所以这种民族宗教在它的完成形式里首先表现为同它的持久存在之分离。因为一方面伦理实体的现实性建筑在它的静止的不变性上面、不同于自我意识之在绝对运动中,因而也就是建筑在这个事实上面,即自我意识还没有脱离它的静止的风俗习惯和它对风俗习惯的固定信赖而回复到自身,另一方面伦理实体复建筑在它的一套权利和义务的组织形式,以及民众之划分成等级和各个等级的特殊活动(这些活动合起来形成一个整体)上面,因而也就是建筑在这一事实上面,即个人对于他的特定存在的局限性感到满意,并且还没有理解到他的自由的自我之无限制的思想。但是由对〔伦理〕实体的那种静止的、直接的信赖引回到对自身的确信,并引回到自身信赖和确信所包含的那一套权利和义务以及那些特殊的、有限制的活动,乃是伦理实体的一种辩证运动,正如存在于诸多事物和它们的不同规定中的辩证运动那样——这种辩证运动,只有在自身确信的精神的简单性里才获得它们的安静和固定性。——因此伦理生活完成其自身而达到自由的自我意识以及伦理世界的终极命运,就是回到其自身的个体性和伦理精神的绝对松懈。而伦理精神的松懈使得它的稳定存在之一切固定的区别消融并且使得人民群众间的有机关联解体,而且完全确信其自身,达到了无限制的快乐和最自由的自身享受。精神自身的这种简单的确信具有双重意义：既是静止、稳定的存在和固定的真理，又是绝对的不安定和伦理生活的消逝。但是精神的简单确信转化为后者〔伦理生活的松懈或消逝〕；因为伦理精神的真理只有当自我不知道它自身是自由的个体性时，它才仍然是这种实体性的本质和信赖，因此这实体性的本质和信赖在自我的这种内在性和变为自由的情况下就走向崩溃了。于是由于信赖破坏了，民族的〔伦理〕实体本身被打碎了，所以精神本来是〔维系那〕无持久存在的两极端的中项现在就变成了一个极端，变成了把自己理解为本质的自我意识。这种自我意识就是自身确信的精神，它悲哀于失掉了它的世界，现在从它的纯粹自我里产生它的本质并提高它自身超出现实性。

在这样的时代里就出现了绝对的艺术。在早些时候艺术表现为本能式的劳作，这种艺术劳作曾沉入于特定存在之中、从实际存在里面走出来，并且浸透到特定存在的深处。艺术劳作并不以自由的伦理生活为实体，因此从事艺术劳作的自我也没有自由的精神活动。

稍后，精神超出了艺术以便赢得它的较高的表现：即它不仅是从自我中生长出来的实体，而且在它的表现里就是这个自我的对象；精神不仅是从它的概念里产生出来，而且是使它的概念本身具有形象，这样概念和创造出来的艺术品就可以相互认识到彼此是同一的东西。

由于伦理实体既然从它的外在体现里退回到它的纯自我意识，所以自我意识就属于概念主动性这一面，而精神就凭借这种主动性以使其自身成为对象。伦理实体于是就成了纯粹的形式，因为个人在从事伦理的服从和服务时已经摆脱了伦理实体的无意识的特定存在和固定死板的规定，正如伦理实体本身已变成流动而不确定的东西那样。这种〔个人〕形式就是这样一种黑夜，在其中实体曾被背叛，而使自身成为主体。从这种纯粹的自身确信的黑夜里，伦理精神作为从自然和精神自己的直接存在里摆脱出来的形态就兴起了。

精神跳出它自己的有形体的表现而进入的这种纯粹概念，其实际存在就是一个个人，精神就挑选这种个人作为表达它的痛苦的工具。精神便作为个人的共性和力量而起作用，个人遭受精神威力的支配，形成他受难的情调，由于受这种威力的支配，他的自我意识便失掉了自由。不过那种共性的支配性的权威力量便被作为否定力量的个人的纯粹自我所克服。这种纯粹的主动性意识到它自身的不可剥夺的力量，同那还没有取得具体形态的本质相挣扎。在成为这种本质的主人时，这种否定性的主动性曾经把受难的情调变为它的材料，并且赋予自身以内容，而这种统一性表现成为作品，就是个体化了的和被表象出来的普遍精神。

(a) 抽象的艺术品

最初的艺术品，由于是直接性的，就是抽象的、个别的艺术品。就艺术品这方面来说，它必须从直接方式和对象性的方式里超拔出来向着自我意识运动。同时就自我意识这方面来说，自我意识本身企图在崇拜的仪式里消除那种差别，它自己最初提出来以与它自己的精神相对立的，并借此以产生出自身充满了生命的艺术品。

〔Ⅰ.神像〕　最初的方式是直接性的,在其中艺术的精神使它的对象性形态和它的能动的意识彼此间有最远的距离,甚至可以说它的形态就是一般存在在那里的东西。——这种直接方式的艺术品分裂为个别性与普遍性两方面的差别,个别性一面具有自我的形态,普遍性一面表现为与自我的形态相联系的无机存在,作为自我的环境和住所。这种普遍性的形态通过把全体提高到纯概念而赢得它属于精神的纯形式。它既不是象征理智的水晶,这水晶提供死的东西以住处,或者为外在的灵魂所照耀;也不是最初从植物中产生出来的自然形式和思想形式的混合物,在其中思想的活动还只是一个模仿。而它毋宁说是一种概念,这概念把那些还紧附着诸形式的根蒂和枝枝叶叶剥除掉,并且把那些形式纯化成图形,在其中那水晶的直线和平面被提高成不匀称的关系以致有机体的生命力被吸收进入理智的抽象形式,而同时它的本质、它与理智之间的不匀称的关系仍旧保持着。

但是那居住在内的神乃是从动物圈槛中提取出来的、为意识之光所浸透的黑石头。① 人的形态剥掉了曾经与它混合在一起的动物性格。动物只是神的一种偶然的外衣,动物只伴随着神的真形态而出现,②并且已不复有本身价值,而乃被降低到〔仅仅〕对于他物有意义、降低到单纯的符号的地位。正由于这样,神的形态本身也去掉了动物存在的自然条件的缺陷,暗示着有机生命的内部结构是融合在神的外表方面的,并且是直属于这个外表方面

① 参看上文第 219 页及注③。——译者注

② 例如,希腊神话把鹰当作“宙斯之鸟”,因而也被看成是神圣的。——译者注

的。——但是神的本质乃是自然界的普遍存在和自我意识着的精神的统一,〔虽说〕这精神在它的现实性里显得是和自然的普遍存在相对立的。同时由于神首先是一个个别的形态,所以它的存在就是自然界的一个因素,正如它的自我意识着的现实性乃是一个个别的民族精神。[①] 不过前者〔自然因素〕在这个统一体中是回返到精神的因素,是被思想照亮了的、并且是和自我意识着的生命相结合的自然。因此这种神灵的形态是把它的自然因素当作在它里面的被扬弃了的东西、一个暗淡的回忆罢了。这些各自自由存在着的因素之杂乱的存在和彼此之间混乱的斗争、众巨灵之非伦理性的王国被克服了并被放逐到自身透明的现实性的边缘,到在精神中可以寻得的、和自身安静的世界的昏暗的边境去了。这些古代的神灵,光明和黑暗结合的最早产物:天、地、海洋、太阳、地球上盲目的飓风似的火等等,就为这样一些形态所代替,这些形态对那些巨灵只有一点暗淡的回忆的声响,并且已不复是自然的存在,而是自我意识着的民族之明晰的伦理的精灵或神灵。

因此这种简单的形态在自身内消除了无穷的、不安息的个体化,(既消除了在自然因素里的个体化,这种自然因素只有作为普遍的本质才是必然的,但在它的存在和运动里却是偶然的;又消除了在民族生活里的个体化,而民族生活是分散为特殊活动的范围和自我意识的个别的点,具有多样性的意义和行为的特定存在)而达到一种安静的个体性。因此一个不安息的环节即自我意识就与这种静止的个体性或本质对立着。而自我意识,作为这种静止的

① 例如希腊的雅典娜女神。——译者注

个体性的根源，除了是纯粹的活动外，并没有为自身剩下任何东西。凡是属于实体的东西，艺术家完全把它带进了他的作品，但他本人，作为一个特定的个体性〔或个性〕，却在他的作品中实现。他只有通过抛弃他自己的特殊性，并剥掉自己的内容实质、提高到纯粹行动的抽象性时，它才能给予他的作品以完善性。——在这种最初的、直接的〔艺术〕创造里，他的作品和他的自我意识的活动之间的分离还没有得到重新结合。因此那艺术作品就它本身说并不是真正有生命的东西，而只有结合到它的生成过程一起来看，它才是一个整体。艺术作品中的普通因素：如它是意识内创造出来的、并且是人的双手制造成的等，乃是作为概念存在着的概念环节，是同艺术品处于对立着的地位。并且如果概念这一环节，作为艺术家或观赏者，足够无私到宣称这艺术品本身就是绝对有生命的，并且忘记了自己是能动者和观赏者的地位，那么正与此相反，精神的概念必定得到坚持，〔因为〕精神是不可能缺少意识到自身这一环节的。但是自我意识这一环节是和艺术品对立的，因为精神在它的这种最初的一分为二〔Entzweiung〕的过程里分别给予两方面以它们的抽象规定：即行动的规定和事物的规定，而它们之返回到它们所出发的统一体却还没有成为事实。

艺术家因而就体会到，在他的作品里，他并没有产生出一个和他等同的东西。诚然从他的作品所引起的反应里，他会感到这样一种意识，即一批赞赏的群众把他的作品尊崇为能够体现他们的本质的一种精神。不过，群众对艺术品的这种生命化〔或精神化〕，反应给艺术家本人的自我意识上的，既然只是一种赞赏，那么，艺术品的这种生命化就毋宁向艺术家供认了这艺术品与艺术家本身并不是同一的东西，由于艺术品所带回给艺术家的反应只是一般的喜悦，所以艺术家便从其中感受不到他的塑造和创作的艰苦，也感受不到他的劳动的紧张，无论群众另外还怎样评价那作品，或者怎样向它膜拜献礼或者以任何方式把他们的意识放进它里面，——如果人们凭借他们的知识高傲地低估这作品，则艺术家知道他的行动〔艺术实践〕比起他们的理解和议论来，有着丰富得多的内容；如果他们虚心玩味这艺术品，并在它里面认识到他们自己的主导的本质，则他就知道他是这个本质的工匠〔创造者〕。

〔Ⅱ.赞美歌〕 因此艺术品要求一种别的因素来表达它的存在，神要求另外一种方式来体现它的本质，而不需要原先那样的方式，在那种方式里，神是从它创造力的黑夜的深处堕落到它的对方、外在性，堕落到无自我意识的物的规定中。这种较高的因素就是语言，——语言是一种特定存在、一种具有直接自我意识的实际存在。正如个别的自我意识只是存在于语言里面，同样它也直接是一种普遍性的感染。〔在语言里〕自为存在的完全特殊化，同时即是众多自我的流通性和普遍传达的统一性；语言就是作为灵魂而存在着的灵魂。所以，以语言作为表达神的形态的媒介就是自身具有生命的艺术品，这艺术品在神的存在里直接具有纯粹的活动性，这活动性和那作为“物”而存在着的神相对立。换句话说，自我意识在它的本质变为客观对象的过程中正是直接地和自身相同一。当自我意识在它的本质里和自身相同一时，它就是纯思维或默祷，它的内在性同时便在赞美歌里面有其具体表现。赞美歌内保持着自我意识的个别性，而同时这种个别性又在那里作为普遍的东西被感知，在群众中燃烧起来的默祷崇拜之忱是一条精神的洪流，这洪流在众多不同的自我意识里被意识到作为所有的人的共同行动和单一存在。精神作为所有的人的普遍的自我意识既保有它的纯粹内在性，又保有个别意识的为他存在和自为存在在一个统一体里。

这种语言区别于神的另一种语言，即不是普遍的自我意识的语言。艺术宗教以及前此各种宗教的神谕都是神的必然的最初的语言。因为神的概念中即包含有神同时既是自然又是精神的本质，因而神不仅具有自然存在而且具有精神存在。只要精神这一环节仅仅包含在神的概念中；还没有在宗教里实现出来，那么这语言对宗教的自我意识说来〔就只〕是一种异己的自我意识的语言。那对它的〔宗教〕社团还感到陌生的、异己的自我意识就还没有在那里存在着，像它的概念所要求的那样。自我是简单的自为存在，并且因而是纯全普遍的自为存在。但是那从社团的自我意识分离开了的自我只不过是一个个别的自我罢了。——这种特有的、个别的语言的内容是从这样一种普遍的规定性里产生出来的，这规定性一般被认为是绝对精神在它的宗教里所具有的。——因此那还未特殊化其存在的东方宗教的普遍精神就用语言说出了一些关于本质〔指神〕的同时既简单又普遍的命题，这些命题的内容实质，就其简单的真理性而言，是崇高的，但是由于它的这种普遍性，对那在继续向前进展着的自我意识来说，它就同时显得渺小了。

那向前发展了并把自身提高到自为存在的东方宗教自我克服了实体的纯粹情调，克服了那光明之神的对象性，并且知道那普遍真理的简单性乃是自在地存在着的东西，不具有由一种异己的非自我意识的语言而来的那种偶然存在的形式，而乃是确定的、不成文的神灵的法则,这法则永恒地活着,谁也不知道它起于何时。正如光明之神启示出的普遍真理在这里深入到内面或下面,因而取消了偶然现象的形式那样,所以与此相反,在艺术宗教里,因为神的形象曾经采取了意识的形式,从而亦即采取了一般的个体性的形式,那代表伦理的民族精神之神所特有的语言就是神谕,神谕知道这民族的特殊事件,并且宣示出对这些事件有用的话。但是反思的思维自诩能解说那些普遍〔抽象〕的真理,因为它们是已被人们认知了的〔民族生活中〕自在地存在着的真理,而表达这些真理的语言对于它〔反思的思维〕便不复是生疏外在的,而是自己特有的了。正如古希腊的一个哲人[①]在他自己独自的思维里寻求什么是善和美的知识,反之对于〔生活中的〕琐屑的、偶然的知识内容,如像同这人或那人来往对他是不是好,或者做这一次旅行对于一个朋友是不是好,类似这种没有什么重大意义的事情,他都让他心中的"灵异"(Dämon)去认知和决定;同样普遍的意识便从雀鸟,或者从树木,或者从发酵的土地(土地的湿气据说可以夺去自我意识的清醒头脑)那里去寻求关于偶然事情的知识。因为偶然的东西是未经思虑的、生疏外在的,因而伦理的意识也像掷骰子那样,凭借一种无思虑的、生疏外在的方式来决定偶然的事情。如果个人通过他的理智来决定,通过深思熟虑来选择什么是对他有用的东西,那么这种自我决定是以他的特殊性格的规定性为根据的;这种规定性本身就是带有偶然性的,而理智据以提供的什么对于人有用的知识,因此也正和关于神谕、关于抽签的知识一样都同样是偶

① 联系下文谈到"心中的灵异"来看,显然指苏格拉底而言。——译者注

然的。所不同的仅在于那求神谕或者求签的人，对偶然的东西表示出一种伦理的中立情绪，反之，那用理智思考的人，则把本身偶然的东西当作思维和认识的主要兴趣来对待。但是比这两者较高的方式固然要对关于偶然行动的神谕加以思虑，但又须认识到这种经过思虑的行动本身就是偶然的，因为它是和特殊的东西相关联，而它的用处也是偶然的。

精神在语言里（这语言不是生疏外在的，因而也就不是偶然的、不是无普遍性的自我意识的语言）所获得的真正具有自我意识的特定存在，就是我们此前所看见过的艺术品。这种艺术品和表现为物的形式的雕像相对立。雕像是静止的存在，前一种艺术品则是消逝着的存在。在雕像里对象性得到表现，没有表露出自己的直接自我，反之在语言的艺术品里则对象性过多地和自我或主体相联结，过少地得到形象化的表现，而且就像时间一样，当它刚是在那里时，立刻就不再在那里。

〔Ⅲ.崇拜〕　崇拜包含着两方面的运动：一是在自我意识的纯感觉因素中运动的神的形象方面，一是在事物性的因素中静止的神的形象方面，这两方面在运动中相互放弃它们的不同的规定，并使两者的统一性亦即它们的概念得到特定存在。在崇拜中自我使得它自身意识到神圣本质从其彼岸性下降到它自身，这样一来，神圣本质从前是非现实性的并且只是对象性的，就获得了自我意识所特有的现实性。

崇拜这一概念已经潜在地包含在并出现在赞美歌曲的川流里了。这种祷祝的赞美歌是自我通过自身并且在自身内所得到的直接的纯粹满足。这种崇拜是净化了的灵魂，这灵魂由于它的抽象性，还不是把它那种自己的对象从本身区别开的那种自己意识，因此只是一种存在的黑夜，只是为神圣形象的出现作准备的场地。因此抽象的崇拜把自我提高为这种纯粹的神圣的因素。灵魂有意识地完成了这种纯洁化；不过灵魂还不是下降到自己深处、并知道自身是恶的那样的自我，而乃是一种存在物，这样一种灵魂，它用水洗净自己的外部，并且给它穿上洁白的外衣，而它的内在本质却经历了一条在观念中的劳动、惩罚和奖赏的道路，灵魂正是通过这条道路而达到幸福之家和幸福的共同生活的。

这种崇拜最初只是一种秘密的行动，这就是说，只是在一种观念性的、非现实性的行动中完成的。崇拜必定要是现实的行动才行，一个非现实的行动是和崇拜本身相矛盾的。真正的意识通过行动才能提高它自身到它的纯粹的自我意识。本质[①]在这种意识里面具有一个自由对象的意义；通过现实性的崇拜，对象返回到自我，——因为这个对象在纯粹意识里具有纯粹的、在现实性的彼岸居住着的本质的意义。这个本质，通过〔崇拜的〕中介过程，从它的普遍性下降到个别性，因而就和现实性相结合。

至于这两个方面如何出现在行动中，可以这样规定：即对自我意识这方面来说，只要它是现实的意识，本质就表现其自身为现实的自然。一方面，现实的自然属于自我意识作为它的财产和所有物，并且被当作一种没有自在存在的东西；另一方面，自然又是自我意识自己特有的直接现实性和个别性，而这种现实性和个别性

① 按从这里起，“本质”(Das Wesen)一词出现许多次。本质在这里是指作为崇拜对象的外在客观的神或神圣本质而言，英译本在多处把它译成“绝对本质”。——译者注

也同样被认作非本质的、被扬弃了的。不过同时对它的纯粹意识说来，那个外部的自然具有相反的意义，即具有自在存在着的本质的意义，对于它，自我牺牲了自己的非本质的一面。这样的行动之所以是精神的运动，即因为它是这样一种双重扬弃的过程：一方面扬弃本质的抽象性（像在崇拜中所规定的对象那样），并使得它成为现实的〔具体的〕东西，另一方面，扬弃现实性的东西（像行动的主体规定它的对象和规定它自身那样），并把它提高到普遍性。

所以宗教崇拜的行动本身开始于纯粹放弃某种所有物，这物的所有者似乎把它当作对他完全没有什么用处的东西而奉献出去，或者把它泼洒在地上，或者把它烧毁成灰烬让它升起烟雾。在这种行动中，在他的纯粹意识里的本质或神前面，他放弃占有和享受他的财产的一切权利，并且放弃自己的人格，不把自己的行动归功于自己，反而把自己的行为归给普遍物或反射给本质，而不归给自身。——但是正与此相反，在这个自我放弃的过程中，那存在着的本质也同样消灭了。在崇拜仪式中被牺牲的动物就是神的象征，贡献给神的水果就是活着的谷物之神（Ceres）[①]和酒神（Bacchus）本身。在动物的牺牲里，具有血肉和现实生命的上界法则的力量〔奥林巴斯诸神〕死亡了；而在水果的供奉里，无血无肉而具有秘密的、诡诈的下界〔阴间〕法则的力量〔复仇之神〕死亡了。——神圣实体的牺牲，就这种牺牲是行动说来，是属于自我意识方面的行动，至于这种现实的行动之所以可能，必定由于那本质自始就已

① 谷物之神（Ceres）简称“谷神”，是希腊的诸神之一，土地上的农作物和果蔬的保护女神，因此又称为土地之神或地母，下一节里也提到这神。——译者注

经潜在地牺牲了它自身。它作出这种牺牲,即由于它曾经赋予它自身以特定的存在,并使得自身成为个别的动物和水果。因此在行动中牺牲自己的自我把本质已经潜在地完成了的自身弃绝在特定存在里表现出来,并提到他的意识前面,而且以较高的、亦即以他自身的现实性去代替本质的那种直接的现实性。因为由扬弃两方面的个别性和分离状态的结果而产生的统一并不仅只是消极的〔被毁弃掉的〕命运,而且是具有积极的意义的。只有对于抽象的阴间的本质所奉献的牺牲品才是完全毁弃掉了的,因而把个人的所有物和个人的独立存在归属于或反射给普遍的本质,就表明了那些东西是和自我本身有所区别的。不过同时这只是很微小的一部分,而别的牺牲活动只是毁弃掉一些无用的东西,其实无异于把牺牲的物品[①]作为宴席的准备,而宴饮欢乐〔的积极意义〕已经表明所谓牺牲行为的消极意义的欺骗性了。那献出牺牲品的人在那种最初的牺牲物品里保留最大的一份,并从中挑出最有用的物品供他自己享受。这种享受是扬弃本质以及个别性的否定的力量,同时这种享受也是肯定的现实性,在其中本质的对象性的存在被转化为有自我意识的存在,而自我也就意识到它和本质统一。

再则这种宗教崇拜诚然是一种实际的行为,不过它的意义却大部分只包含在默祷里。那属于默祷的东西还没有对象性地产生出来,正如〔在宴饮中〕所享受的结果本身也被剥夺了它的外在存在。所以崇拜仪式前进一步并弥补这种缺陷,首先就要对默祷给予一种对象性的持久存在〔修建庙宇〕。由于崇拜仪式是一个共同

① 这里所提到的牺牲物品一般也叫做“祭品”。——译者注

的活动或事情，也可以说是每个人都要参加的个别的事情或劳动，这种劳动目的是为了神的光荣，给神修建庙宇并加以辉煌的装饰。这样一来，雕像的对象性就一方面被扬弃了，因为通过把他的礼物和劳动成果贡献给神，劳动者使得神对他有好感，并且把自己看成是附于神的。一方面这种崇神的行为也不是艺术家个别的劳动，反之，特殊性却已消融在普遍性之中了。但是这里所出现的，并不仅只是神的光荣，而神的好感或恩典也不只是从观念或想象里赏赐给劳动者或信奉者，这和前面那种外在化(Entäusserung)①自己、崇拜生疏异己的(fremde)神的宗教形式对比起来却有正相反对的意义。神的庙宇和厅堂是拿来供人们享用的，而且在庙宇中所保存着的宝物，在需要的时候也是属于人的。在艺术装饰中神所享有的光荣就是富于艺术天才和宏伟气概的民族的光荣。同样在节日庆祝里，这个民族也用漂亮的装饰品以打扮人民自己的住宅和衣服，正如用华丽的器物以装饰庙宇和神像那样。在这种方式下这个民族的人民从他们对于神的献礼中获得了那值得感恩的神的报答，并且获得神对他们的好感〔或恩典〕的证明，在这一过程中，一个民族便通过它的劳动而与神相结合，不在于空洞的希望和推迟到渺茫的未来的现实性，而在于为神争光和对神献礼的实际考验中直接享受这个民族自己的财产和装饰。

(b) 有生命的艺术品

一个通过艺术宗教的崇拜去接近神的民族是一个伦理的民

① “外在化”这里应作“异化”或“放弃”来理解。——译者注

族，它知道它的国家和国家的行动都是它自己本身的意志和成就。因此这个与有自我意识的民族相对立的精神不是光明之神，这种神是没有自我的，不包含个别自我的确定性在自身内的，而只是众多个别自我的普遍本质和个别自我消失于其中的统治着的力量。因此这种简单的无具体形态的本质的宗教崇拜，大体来讲，对于它的信奉者只给予这样的酬答，即他们是他们所信奉的神的人民。神只能使他们获得一般的持久存在和简单实体，但并不为他们争取到他们的现实的自我，而现实的自我毋宁是被神抹杀了的。因为他们只是把神作为空洞的高深莫测的东西，而不是作为精神来尊崇。但是另一方面艺术宗教的崇拜却没有属于本质所具有的那种抽象简单性，因而也就没有它的那种抽象的高深性，但是那与自我直接地结合为一的本质自在地就是精神和认知着的真理，虽说还不是被认知了的或者在自己的深邃处认识到自身的真理，因为在这里本质具有自我在自身内，所以它的显现对意识说来是友好的、不是生疏外在的，在崇拜仪式中意识不仅获得它的持久存在的一般保证，而且在本质内又获得它自身的自觉的存在。同样，反过来说，本质并不体现在一个被抛弃、被轻蔑的民族里(这民族的实体仅只是〔形式上〕被承认的，仅只具有无自我的现实性)，而乃体现在这样的民族里，这民族的自我是被承认为活跃在它的实体内的。

于是，从崇拜仪式里，在本质〔或神〕中得到满足的自我意识就摆脱出来了，而那进入了自我意识的神就好像进入了它自己固有的圣地。这个圣地，就它自身来说，是实体的黑夜，或者实体的纯粹个体性，但已不复是艺术家的紧张的个体性，即还没有同它的在对象化过程中的本质相和解的个性，而是得到满足的实体或黑夜，这实体具有它自己的情调(Pathos)在自身内，无求于外，因为它是从直观里、从扬弃了的对象性里返回来的。——这种情调本身就是日出的本质〔东方的光明之神〕，但这个本质现在已到日落了或自身消亡了，并且包含它的消亡、〔它的否定、〕自我意识在自身内，因而也就包含特定存在和现实性在自身内。——在这里，本质经历了它的自我实现的运动。从它自己的纯本质性里堕落为对象性的自然力量和自然力量的表现，它就成为为他物、为自我而存在的东西，并且被他物或自我所消灭或扬弃。那无自我性的自然之沉静的本质就赢得这样的阶段作为它的成果，在这阶段里，自然自身给有自我性的生命提供准备的条件和被消化的材料。自然由于它的被利用，亦即提供被吃掉被喝掉的材料而达到它的最高完满性。因为在这里面自然具有一种较高存在的可能性并且接近到精神存在了。——地球精神(Erdgeist)在它形态变化过程中，一方面变为沉静的充满力量的实体，但另一方面又变成精神酵素；前者变为养育万物的阴性原则，后者又发展为有自我意识的存在的富于自身推动力的阳性原则。

在这种享受里，于是那个东方的光明之神①的真实性质就透露出来了：享受就是对光明之神的神秘经验。因为神秘的东西并不是隐藏秘密或莫名其妙，而是包含着自我自身知道他与本质为一，因而本质也就启示出来了。不过，只有自我才启示给自己，或者说，所启示出来的东西只是在自我的直接确定性里。但是在这

---

① 参看第213页译者注。——译者注

种直接的确定性里通过宗教崇拜那简单的本质就建立起来了。这个本质作为有用的东西不仅具有看得见、感得到、嗅得到、尝得到的实际存在，而且又是欲望的对象，并且通过实际的享受与自我合而为一，这样本质就完全透露给自我并启示给自我了。——当人们提起某种东西说：它是启示给理性、启示给内心了时，事实上它还是秘密的，因为它还缺乏直接特定存在的实际确定性；它既缺乏对象方面的确定性，又缺乏享受方面的确定性，而这种确定性在宗教里不仅是无思想性的直接的东西的，而且同时是自我的纯粹认知着的确定性。

这样通过宗教崇拜启示给有自我意识的精神自身内的东西，就是简单的本质，这种启示过程一方面是从它的黑夜的隐晦处向上进入到意识里作为静默地培育着意识的实体，但另一方面同样又沉陷在阴间的黑夜里、在自我里，并且只是以静默地切望回到母亲怀里的心情期待着到上界来。但是纯洁的冲动就是有着许多不同名称的东方的光明之神，而且它的蹒跚上升着的生命，在同样脱离了它的抽象的存在之后，最初体现其自身于土地上果实的对象性存在里，然后寄托其自身于自我意识的方式，而在自我意识中达到真正的现实性[①]，——现在，它像一大群狂热的妇女欢欣跳跃那样，作为具有自我意识形式的自然，肆无拘束的纵酒狂欢[②]。

但是这里透露给意识的还只是作为这种简单本质的绝对精神，还不是作为精神本身的绝对精神，这就是说，只是直接的精神、

① 像在祭酒神的神秘崇拜仪式里那样。——译者注

② 指酒神崇拜中的狂欢境界；狂欢的大群妇女指参加酒神神秘崇拜的女信徒和女祭司，参看优里披底斯《酒神侣伴》一剧。——译者注

自然的精神。因此这简单本质的具有自我意识的生命，只是表现在面包和酒的神秘崇拜仪式中、表现在谷神和酒神的神秘崇拜中，而不表现在其他的、真正较高的神灵的神秘之中，这些较高神灵的个体性已包含着自我意识本身作为主要环节。所以精神作为具有自我意识的精神还没有把自身献给那简单本质，而且那面包和酒的神秘崇拜还不是血和肉的神秘崇拜。

这种在祭神仪式中的不稳定持久的狂欢必须以对象的形式固定下来，而那没有达到意识的狂热情感必须产生出一种艺术作品，——这作品与狂热情感的关系就像前一阶段的雕像与艺术家的灵感的关系那样，仍然同样作为一种完成了的作品，但对意识说来，不是一个无生命的东西，而是一个有生命的自我。——这样的宗教崇拜是人为了他自己特有的光荣所举行的庆祝仪式，不过还没有赋予这种宗教崇拜以绝对本质的意义。因为首先启示给人的只是本质，还不是精神——还不是一种本质上采取人的形式的存在。不过这种崇拜仪式为这种精神启示奠立基础，并且把精神启示的各个环节彼此一个一个地展现开。所以在这里我们获得本质〔神〕活生生的有形体的体现之抽象的环节，正如在前一阶段里我们在无意识的狂热信仰中获得两个环节的统一那样。于是人就把他自身作为达到了受过教养、受过陶冶的形象的完全自由的运动来代替雕像，就像雕像表示完全自由的静止那样。当每一个个人至少作为火炬的高举者知道如何表现他自身时，其中一个人就会突出地涌现出来，这个人就是这一运动的体现者、就是所有一切成员之顺畅的展开和流动的力量，他就是一个富于灵魂的活生生的作品，这个艺术品既美丽又坚强有力；对于这样一个人就给予他以

〔隆重的〕装饰作为对他的伟大力量和光荣的赞扬,就像〔在前一种宗教里〕制作雕像以表示崇敬那样,并且归给他在他的人民中以这样的光荣,——不是把他崇敬为石头的神,而是把他当作整个民族的本质之最高的肉体的表现。

在刚才所出现的两种艺术宗教的表现里,已经存在着自我意识和精神本质的统一;不过两者间还缺乏平衡。在酒神崇拜的狂欢热情里,自我是自在自身之外,而在美的有形体的体现里,精神本质却又在自身之外。前者〔酒神崇拜〕的蒙昧意识及其狂热的模糊的语言必须吸取前者的内在性。完善的要素,在其中内在性同样是外在的,外在性同样是内在的,仍然是语言。但这里所说的语言既不是其内容极其偶然和个别的神谕式的语言,也不是出于情感的、只是歌颂个别神灵的赞歌那样的语言,更不是那狂热的酒神崇拜中内容模糊不清的语言,而乃是赢得了清楚的普遍的内容的语言;这种语言之所以有清楚的内容是因为艺术家已经从前一种实体性的狂欢热情里超拔出来把自己创造成〔明晰〕形象,这形象是他自己独特的,在他的一切活动里,为自觉的灵魂所浸透,并且是与之有共同生命的特定存在;——它所以具有普遍的内容,是因为在崇拜的盛典里(这盛典的举行标志着人的光荣)那些只包含一个民族精神、只体现神的一种特定性格的雕像的片面性消逝了。那美丽的战士雕像诚然是他的特殊民族的光荣;但他只是一个有形体的个别性,在其中丰富、严肃的意义和精神(精神在这里包含一个民族的特殊生活、愿望、需要和风俗习惯)的内在性格都失掉了。在这种外在化其自身为完全具体形体的过程里,精神抛弃了它作为民族的现实精神所包含在自身内的本性之特殊的痕迹和声调。因此它的民族在这种精神里所意识到的不复是它的特殊性，而毋宁是它的特殊性的抛弃和人的特定存在的普遍性。

(c) 精神的艺术品

那些意识到它们的本质体现在一个特殊动物形象里的民族神灵就汇合到一起。于是那些特殊的美丽的民族神灵联合成一个万神殿，而构成万神殿的要素和寄托之所的便是语言。对民族精神自身加以纯粹直观，所看见的就是普遍人性。这种纯粹直观所看见的普遍人性，当民族精神得到实现时，就取得了这样的形式，即：一个民族精神由于自然或自然条件而同其他民族精神联合起来，从事于一个共同的事业，并且为了这个工作或事业，形成一整个民族，亦即形成一整个天地。但精神在它的特定存在中所达到的这种普遍性却只是初级的普遍性，这种普遍性才开始从伦理生活的个体性出发，还没有克服它的直接性，还没有从这些分散的民族形成一个国家。现实民族精神的伦理生活一方面依靠个人对民族整体的直接信赖，一方面依靠所有的人，不管其地位差别如何，都参加到政府的决定和行动中去。在这种联合里，首先不是要联合起来建立一个有永久性的秩序，而只是为了一个共同的行动，所有的人和每一个人参加的自由必须暂时抛在一边。这种最初的共同生活因此乃是众多个人的集聚，而不是有什么抽象思想在支配，抽象思想将会剥夺掉个人自觉自愿地参加到全体意志和行动中去的自由。

〔Ⅰ.史诗〕〔1.它的伦理世界〕　民族精灵的集合过程构成一系列的形态，这一系列的形态在这里包括整个自然以及整个伦理世界在内。这两个世界也只是服从一个〔最高本质的〕最高命令,而不是服从它的最高统治。真正讲来,它们乃是具有自我意识的本质自身及其所作所为的两个普遍的实体,但是这个具有自我意识的本质构成〔推动的〕力量,至少首先构成联系的中心,为了这中心那两个普遍本质劳作着,而这中心最初好像只是在偶然的方式下才把它们所完成的工作联结起来。但是神圣本质之返回到自我意识,就已经包含着自我意识形成那些神圣力量的中心的根据,并且在两个世界之友好的、外在的联系形式下潜藏着它们的本质上的统一。

这个内容所具有的普遍性也必然为这个内容所赖以显现的意识形式所同样具有。这意识形式不复是崇拜仪式中的现实的动作,而是这样一种动作,这动作虽说还没有提高到概念,但却已经首先提高到表象、到有自我意识的存在与外部的存在之综合的联结了。这种表象的客观表达,语言,即是最初的语言,这就是史诗,史诗包含有普遍的内容,至少是以世界的完全性,虽说还不是以思想的普遍性作为它所表象的内容。史诗的歌唱者是个别的和现实的人,而史诗也就是从作为这个世界的主体的歌唱者那里创造出来并传播开来的。他所表现的情调不是使人惊愕若失的自然力量,而是对于已往直接的伟大的传奇人物之记忆、回想、追念并使其在内心中活着。他是一个消失在他所歌唱的内容中的工具;他自己本人是无足轻重的,主要的乃是他的缪斯〔诗神〕、他的普遍性歌唱。但是,事实上这里所体现的,乃是一个推论①,在其中普遍

① 推论即三段式(Schluss),这里应了解为对立面的结合或三一体,即普遍性、个别性与特殊性的结合。——译者注

性（诸神的世界）与个别性（歌唱者）这两个极端（Extrem）通过特殊性〔歌唱的史诗内容〕作为中项就结合起来了。这里的中项是民族中的英雄，这些英雄也同歌唱者一样都是个别的人，不过只是被表象出来的〔作为代表或典型〕，因而就同时是普遍的人，像普遍性的自由那一极端——神灵那样。

〔2. 人与神〕　在这种史诗里，那潜在地出现在崇拜里的东西，神与人的关系一般地就呈现在意识前面了。其内容是一个具有自我意识的本质的行为。这行动扰乱了〔伦理〕实体的安静，并且激动了本质，从而使得这本质的简单统一性分裂成若干部分，并由此展开出各种自然力量和伦理力量的世界。这行动是对安静大地的破坏。这伦理实体的安静大地乃是一座坟墓，而史诗式英雄人物对它的破坏，正是一种掘墓行动。这坟墓由于活生生的掘墓人物的牺牲和破坏行动而洒上了鲜血，从而有了生气，唤醒着那业已死去的、而渴望着重获生命的精灵，使它们在自我意识的行动里获得了生命。这种普遍的活动所努力的事业具有两个方面：一是属于自我的一面，即是为许多现实的民族的全体和以各民族中出类拔萃的人物为代表所完成的部分；一是属于普遍性的一面，就是为各民族的实体性的力量所完成的部分。但是两个方面的联系，就其性质来说即是普遍与个别的综合的结合，换句话说，即是通过表象过程，对于这个世界的评判都是以这种特定结合的性质为依据的。因此，这两方面的关系乃是一种混合，在混合过程中，具有统一性的行动被不合理地分割开，并且这一方的行为不必要地被归给另一方。各种普遍的力量采取个体性〔个人〕的形式，从而这些力量就具有行动的原则；因此当它们要完成任何事情的时候，它们似乎

像一般人一样，完全由它们自己去做，而且是自由地做出来的。因此神灵和人们所做的乃是同样的事情。那些神圣的力量像煞有介事地进行活动的严肃态度，实际上是可笑而无必要的，因为事实上神圣的力量是行动着的个人的推动力量。而个人的紧张和劳作也同样是无用的努力，因为神圣的力量在支配主宰一切。——那些过分紧张努力的、注定要死的凡人，虽说算不得什么东西，但同时都是坚强有力的自我，能够制伏那普遍的本质，冒犯那些神灵，并且使得神灵好像具有现实性并有所作为。正与此相反，那些没有力量的普遍性、神灵，要依赖人们的献礼来养活自己，并且要通过人们才有事可做，但是它们都是一切事变的自然本质和素材并且是一切行动的伦理质料和情调。如果它们的原始本性要通过个人的自由的自我才能够得到实现并发挥实际作用的话，那么也可以说，在同样程度内，它们仍然是这样的共性，这共性摆脱了现实活动的纠缠，它的本性不受限制，并且由于共性的统一具有高度伸缩性，它消除了个别活动和各个形态的孤立散漫并保持其自身的纯粹性，而且在它的流动性里消融一切个别的东西使归于统一。

〔3.诸神自身间的关系〕 这些有普遍性的神灵，一方面和对立着的个别的自我性陷入矛盾的关系，另一方面它们的普遍性也同样与它们自己特有的规定以及这种规定与他物的关系发生冲突。它们是永恒优美的个体，这些个体自身安静地存在着，永不消逝，并且不受异己力量的支配。——但是它们同时是特定的要素、特殊的神灵，这些神灵就他物发生关系。不过这种与他物的关系（由于包含对立，就与他物相冲突），却是它们的永恒本性之可笑的自身忘怀。——它们的这个特性是植根于它们的神圣的持存中，

而且由于持存的局限性，就具有整个个体性的独立性。由于这种自我忘怀，它们的性格同时就失掉其尖锐的独特性，并模糊地混合在一起。——这些神灵活动的目的和它们的活动本身，既然是针对着他物而发，从而亦即针对着一个不可战胜的神圣力量而发，便只是一个偶然的虚假的耀武扬威，这种虚假的威武夸耀也随即化为乌有，而且行为上伪装的严肃性立即转化为毫无危险的、自身确信的游戏，既无结果，也无成效。但是如果在诸神灵的神圣本性里，其否定的因素或规定性〔局限性〕只是表现为它们的活动的不一贯或者目的与成效间的矛盾，并且如果那独立的自身确信取得胜过那特定的因素的优势，那么，正由于这样，那否定的因素的纯粹力量就会走出来反对它们的自然本质和本性，并且这否定力量，是否定它们〔诸神灵〕的神圣性的最后力量，是它们所无法超过的。它们对那些注定要死的人的个别自我来说是普遍的和肯定的东西，它们的力量是个别的注定要死的人所无法反抗的。但是普遍的自我因此就作为空虚的、非概念的必然性，浮游于它们〔诸神灵〕上面，并且浮游于全部内容所属的整个表象世界①上面。——它们只能以无自我的、悲哀的态度对待这一事变，因为在这种纯粹性里这些特定的本性是不能被找到的。

但是这种必然性是概念的统一性，而个别环节的矛盾着的实体性是受这个概念的统一性支配的，在这个统一性里个别环节的行为的不一贯之处和偶然性得到有秩序的调整，而这些个别环节的行为的游戏性质便具有概念的严肃性和价值在它们自身中了。

---

①　这里多次所说的表象世界含有形象或想象世界的意思。——译者注

那表象世界的内容或材料各自松懈散漫地在中介里进行其运动,围绕着某一英雄的个性集聚起表象的材料,但是这个英雄却感觉到他生命的力量和华美遭受破坏,并且眼看着自己的死亡就要过早地到来而感到悲伤。因为那自身固定的和现实的个性是〔被孤立了〕、被排斥到极端了,并且被分裂成两个彼此还没有发现并联合起来的环节。其中一个环节亦即那抽象的非现实的东西乃是一个没有参加到中介性的生活里的必然性,同样那另一个环节那现实的个体、歌唱者,当他自己置身于表演的内容实质之外,并沉没在他的表象或演唱之中时,也没有参加到中介性的生活里。两个极端必须都向内容靠近;那一方面、必然性方面必须用〔表象〕内容来充实自身,那另一方面、歌唱者的语言方面必须参加在表象内容里面;而那前此一直独立自存的内容则必须在其自身中保持着否定的东西的确定和固定的特性。

〔Ⅱ.悲剧〕 这种较高的语言——悲剧——就把本质的、行动的世界中分裂了或分散了的环节更密切地结合起来。神圣的东西的实体按照概念的本性分化成它的各个形态,而这些形态的运动也同样是依照概念进行的。就形式来看,悲剧的语言不复是〔史诗式的〕叙说故事,这由于它已进入了内容,正如悲剧的内容已不复是一种想象的东西了。英雄本人是自己的代言人,而悲剧的表演所表现给听众(而听众同时又是观众)看的乃是些有自我意识的人,这些人知道他们的权利和目的,即他们的权力和意志的规定性,并且知道如何把这些东西说出来。他们是艺术家,他们的语言不同于伴随着现实生活里的通常行为的语言,他们不是不自觉地、自然地、朴素地说出他们开始在做和决定要做的东西的外表方面,反之他们乃是要表达出支配着他们的“思想感情”(Pathos)，摆脱偶然的情况和关涉个人的特殊小节，而突出地表达出这些思想感情的普遍的个体性。最后，具体体现在这些悲剧里的英雄人物的乃是现实的人，这些人扮演悲剧英雄，正如人们的双手塑造对雕像来说是主要的，同样，演员对于他的假面具来说也是主要的，从艺术观点看来，演员并不是一个可以抽掉的外在的条件；或者说，如果演员的作用可以从艺术中抽掉的话，那么我们可以说，这艺术还没有在它里面包含着真正的固有的自我或主体。

〔1. 合唱队的、悲剧英雄的、神圣力量的不同个体性〕 这些从概念产生出来的形态的运动所由以发生的共同基础，就是对那最初表象式的语言和它的无自我性的，互不相关联的内容的意识。那由年长者组成的合唱队中用语言所表达出的智慧一般讲来是普通人民的智慧；普通人民即以此软弱无力的合唱队为其代表，因为普通人民本身只构成与他们相对立的统治者的个体性之传统的和被动的材料。缺乏否定的力量，普通人民就不能够把神圣生活的丰富性和多样性的内容保持住并联结起来，反而让它们散漫无归，在代表普通人民态度的合唱的颂诗里，时而赞美这个环节，时而又赞美那个环节，把每一个环节当作一个独立的神。但是每当普通人民觉察到概念的严肃性并察见到概念，如何破坏各个形态而阔步向前迈进时，每当他们逐渐见得，他们所歌颂的神灵试图在为概念所支配的基地上行事，是怎样地陷于不好的下场时，这时普通人民自身就不是用行动去干预事态的否定的力量，而是保持其自身在关于那种否定力量之无自我性的思想里、在关于异己的命运的意识里，并且带来一种要求安静的空洞愿望和寻求安慰的软弱的

空话。由于对那些作为实体的直接助手之较高力量的恐惧,对这些力量间相互斗争的恐惧,以及对必然性的简单自我(这必然性的简单自我不仅摧毁那些与较高力量结合着的活生生的人,而且也摧毁那些较高力量本身)的恐惧;又由于对这些活生生的人(因为同时知道他们也同自己一样是人)的同情,所以,就普通人民来说,面对着这种过程,所感到的就只能首先是目瞪口呆的震惊,然后是无可奈何的怜悯,最后是空虚的平静,即听命于必然性摆布的平静。这种必然性所产生的作用既不被认作人物性格的必然的行动,也不被认作绝对本质在自身内的行为。

在这种旁观的意识里,亦即在漠不关心的表象或表演基础上,精神并不以它分散的多样性方式出现,而是在概念的简单的一分为二(Entzweiung)中出现。因此精神的实体只表现为分裂成它的两个极端的力量。这些基本的**普遍**的本质同时是一些有自我意识的**个体性**——英雄,这些英雄把他们的意识投进这两个力量中的一个,就在这个力量中找到他们的性格的规定性〔或局限性〕,并且使得他们发挥作用和得到实现。——这种普遍的个体化,像我们指出的那样,还要下降为特殊存在本身的直接现实性,并且在一群观众面前表演,而这些观众在合唱中看到他们自己的反影,或者也可以说,他们自己的观念在其中得到了表达。

这里作为自身对象的精神,其内容和运动已经被看成伦理实体的本性和实现。精神,在它的宗教形式里,达到对自身的意识,或者说,它在较纯粹的形式和较简单的形态里呈现它自身于它的意识前面。因此,如果说伦理的实体由于它自己的概念,按照它的内容,把它自身分裂为两个力量,这两个力量被称为神的法则和人的法则或者下界法则和上界法则——前者是支配家族，后者是支配国家权力的法则——两者中前者带有女性的性格，后者带有男性的性格，那么那前此且有多种形式并具有游移不定的特性的各派神灵也就同样归属到这两种力量之内，而这两种力量通过这种规定也就更接近真正的个体性了。因为前此全体分化为多方面的、抽象的、看来是实体化了的力量，乃是主体的解体，而主体只是把这些抽象的力量看成它自身内的诸环节，因此个体性只是那些本质〔或力量〕的表面形式。与此相反，比刚才所提到的各种性格〔即人物〕更进一步的区别，必须算成是偶然的和自在地外在的人格。

〔2. 个体性的意识的双重含义〕　同时〔伦理实体的〕本质按照它的形式或者按照知道与否来说又区分为二。那行动的精神作为意识就和它的行动所指向的对象相对立，从而对象便被规定为这能知的主体的否定物。这行动的主体因而就发现他自身陷于知道和不知道的对立。他由他的性格决定他自己的目的，并且知道这目的是符合于伦理本质的。但是由于性格的规定性〔局限性〕，他知道伦理实体的一个力量，而另一个力量对他是潜藏着的。因此那客观的当前的现实，一方面是自在的东西。另一方面是对意识而存在的东西；那上界的法则和下界的法则，在这个关系里，就意味着那知道的、启示给意识的力量与那自身潜藏着的、在后面隐伏待发的力量。一个力量是光明面、是颁发神谕的神，这神就它的自然一面〔光明〕说来是从那照耀一切的太阳产生出来的，知道一切、启示一切的太阳(Phöbus)和宙斯(Zeus)，后者是前者的父亲。不过这个说出真理之神的命令和它对存在着的事物的宣示，却是有

欺骗性的。因为这种知识按它的概念〔本质〕说，简直就是无知，因为在行动中的意识本身就是这种〔知与无知的〕对立。那有力量解答斯芬克斯(Sphinx)之谜的人[①]俄狄浦斯和那天真地信赖神灵的人[②]都由于神灵所启示给他们的话而导致毁灭。那美丽的神借以宣示意旨的女祭司[③]并无异于用双关的话预言命运的女巫[④]，这些女巫，用她们的预言导致人犯罪，她们说出好像有确定性的话，由于其双关性或可以容许两种不同的解释，就欺骗了那个信赖其表面意义的人。因此有一种意识，[⑤]它比那相信女巫的意识更为纯洁，比那信赖女祭司和美丽的神的意识更为清醒、更为彻底，它对于父亲自身的鬼魂所作的关于杀他的罪行的启示，不忙于立即采取报仇行动，而还须寻求别的证据，——所以这样做是因为这个启示的鬼魂也可能是魔鬼。

这种〔对于启示的〕不信赖是有理由的，因为那能知的意识设定确信自身和确信对象性本质的对立。伦理实体的正义性既然坚持现实在与绝对法则的对立中*本身*是毫不足道的，它就会发现它的知识是片面的，它的法则只是它的性格的法则，并且它只是抓住了〔伦理〕实体的一个力量。行为自身就是一种转化的过程，

---

① 斯芬克斯是古希腊神话中狮身女面的怪物，它曾在忒拜城外的山上出谜给过路的人，凡不能解答的人，都被它吃掉。俄狄浦斯(Ordipus)解答了它的谜，被忒拜人立为国王。但他由于无知，陷于杀死他的父亲、娶了他的母亲的悲剧。——译者注

② 指古希腊悲剧中的人物奥勒提斯(Orestes)而言。奥勒提斯天真地听信神的话，陷于杀死母亲的悲剧。——译者注

③ 指古希腊德尔斐祭坛通过女祭司以宣示阿波罗颁发的神谕而言。——译者注

④ 指莎士比亚悲剧《马克白斯》中的女巫。——译者注

⑤ 指莎士比亚悲剧中哈姆雷特王子对他被害死的父亲的鬼魂所启示的审慎态度而言。——译者注

把它主观知道的东西转变为它的对方，转化为客观的存在，把性格和知识上的正义转化为相反的客观的正义，即转化到与伦理实体的本质相联系的正义，——转化成另外一个激动的满怀敌意的力量和性格——复仇女神。这种下界的正义同宙斯并列一起坐在宝座上，并且同启示的和全知的神享受同等的尊敬和威望。

合唱队的神灵世界就被那行动着的个体性限制在这三个〔超自然的〕本质上面。一个就是〔伦理〕实体，它既是看管灶炉的力量和维护家庭孝道的精神，又是支配国家和政府的普遍的力量。由于这种区别属于实体本身，它并没有在表象里个体化成两个不同的形态，但在现实里却具有它的性格的两种代表人物。反之那知与无知的区别却落在每一个现实的自我意识身上，——只有在抽象里、在普遍性的范围里，它才被区分为两个个别的形态。因为英雄的自我〔或主体〕只是作为整个意识而存在，因而本质上包含着属于形式方面的整个区别；但是英雄的自我的实体是有局限的，只有区别开的内容的一个方面才是属于他的。于是那在现实中并没有分离开的各自独特的个体性的两个意识方面，在表象里就各自获得其特殊的形态：一个具有能给予人们以启示的神的形态，另一个具有保持其自身潜藏着的复仇女神的形态。一方面两者都享受同等的光荣，另一方面那实体，宙斯，所具的形态乃是两者相互关系中的必然性。实体是这样的关系：〔1〕知识是自为的〔即不为他人所知的〕，但是它的真理却表现在简单的语言里；〔2〕现实的意识所赖以存在的区别却以要消灭这区别的内在本质为根据；〔3〕对确定性的明白的确信只有在忘怀〔一切区别〕中才可得到证实。

〔3. 个体性的没落〕 意识通过行动揭开了这一对立;按照由启示得来的知识而行动的意识认识到这种知识的欺骗性,并且就内容看来,它①对实体的一个属性尽忠,却损害了实体的另一个属性,从而使得后者有权利来反对它自身。当它听从那给予它知识和启示的神时,它所抓住的,并不是启示给它的知识,它因错信了对它说来也具有双关意义的知识(由于双关意义乃是这种知识的本性)而受到了惩罚,而它必须对这种知识保持警惕。女祭师的谵语、女巫的非人的形象、树的声响、鸟的语音、梦中的暗示等等并不是真理赖以表达的方式,反而是令人警惕的欺骗的信号,也是缺乏清醒头脑和信赖零碎与偶然知识的标志。或者换句话说,那被(意识亦即悲剧英雄)所触犯的反对方面的力量是作为明文的法令和有效准的正义而出现,不论是作为家庭规则或是作为国家的法律而出现。与此相反,意识(悲剧英雄)所听从的只是它自己固有的知识,反而把那启示出来的东西掩蔽住了。但是内容与意识这两种互相反对力量的真理性是这样的结果:即两者都同样是正当的,而在由行动所产生的它们的对立中,两者都同样是错误的。行为的运动表明了在两种力量和两个有自我意识的人物之相互毁灭中有其统一性。对立面的自身和解就是死后在下界中的"忘记之川"(Lethe),或者以宽宥的形式表现在上界〔或世间〕的"忘记之川",并不是宽宥罪责,因为意识业已有了行为,它是不能否认罪责的,所需宽宥的乃是它的罪行,使它的赎罪心情得到慰安。两者都是

① 指意识,实即指悲剧中的人物,下同。——译者注

忘记，所谓忘记即指：实体的各个力量的现实性和行动的消失，以及体现各种力量的个体性①的消失，善和恶的抽象思想的力量的消失。因为它们之中没有一个单就其本身可以说是本质，而本质乃是全体在自身内的静止、命运的无运动的统一、家庭和政府之静止的存在，从而亦即其无活动性和无生命性、阿波罗和复仇女神爱伦尼的同等光荣，从而亦即其同等的非现实性和它们的精神生活与活动完全地简单地返回到宙斯。

这种命运使得天界的神灵越来越少，使得那个体性与〔神圣〕本质之无思想性的神人混合物越来越少。这种神人的混合使得那〔神圣〕本质的行为成为不一贯的、偶然的、有失神灵尊严的东西。所以古希腊哲学家要求把这样一些非本质的表象〔或形象〕排除掉，而这种排除工作其实一般讲来在悲剧里就已经开始了，这表现在：实体的区分是受概念支配的，因而个体性就是本质的个体性，而各种规定都是一些绝对的性格。悲剧里所表现的自我意识，因而只知道并且只承认一个最高的力量——宙斯，而且只知道和只承认这个宙斯是支配国家或家庭的力量，而且从知识的对立上来看，自我意识只知道并且只承认这最高力量是正在形成中的知识、关于特殊的东西的知识的父亲，——而且同时它又承认这最高力量是宣誓和复仇所呼吁的宙斯、是普遍的东西或潜藏于内心中的东西的宙斯。反之，那些进一步从概念发出、分散为表象形式的诸环节（这些环节的效准一个继一个地为合唱队所承认），并不表示悲剧英雄的思想感情（Pathos），而是使得英雄陷于激情、陷于偶然

① 个体性，这里指悲剧中的一个一个的人物、个人或神灵。——译者注

的非本质的环节，对于这些环节，合唱队当然仍予以赞扬，不过它们是不能构成英雄们的性格的，而且也不被英雄们所重视，并认为足以表达他们的本质。

此外，神圣本质自身的诸化身以及它的实体的诸性格也都融合在一起成为无意识的简单性。与自我意识相反，这种必然性具有所有出现的各个形态的否定力量的特性，在这个力量里，这些形象不唯不能认识自己，反而在其中毁灭了自己。自我只表现为被分配给各个英雄人物的东西，而不是出现在运动中起中介作用的因素。但是自我意识，自我的简单的确定性，事实上就是那否定的力量，是宙斯的实体性的本质的和抽象必然性的统一：这就是一切事物所要返回的精神的统一。因为现实的自我意识仍然与实体和命运是有区别的，所以一方面，它〔现实的自我意识〕就是合唱队或者毋宁是观赏的群众，他们把这种神圣生活的运动当作异己的东西而充满了恐惧，或者把这个运动当作切身的东西，但只引起了一种无所行动的同情心的感动。另一方面，虽然意识参加行动并与悲剧人物有联系，但这种联合是外在的，并且是一种伪装，因为这里面还没有真正的联合，还没有自我、命运和实体的联合。那出现在观众面前的英雄分裂为他的假面具和演员，剧中人和现实的自我。

悲剧中的主人公的自我意识必须从它的假面具里显露出来，并且表现其自身为知道它自己既是合唱队的神灵的命运又是诸绝对力量自身的命运，并且不复同合唱队、普遍意识相分离。

〔Ⅲ.喜剧〕 于是喜剧首先具有这样一个侧面，即把现实的自我意识表述为神灵的命运。这些原始的神灵作为普遍的环节，不是自我，也不是现实的。它们诚然具有个体性的形式，但是这种形式只是想象加给它们的，并不真正适合它们本身。那现实的自我并不以一个这样抽象的环节作为它的实体和内容。因此，现实的自我、主体，就被突出出来，超过这样的抽象环节，就像突出一个个别的特质那样，并且戴上突出这一特质的假面具，这样就说明了这个个别特质过分夸张，独自地要成为某种伟大东西所应招致的讽刺。抽象的普遍本质〔神灵〕的这种夸张和大吹大擂在现实的自我这里就被揭露出来了。正当普遍本质想要做出某种神圣正大的事情时，它却被表明为世俗的现实所束缚住，并摘下了假面具。那戴着假面具作为有重大意义的现实东西，在这里登台的自我，扮演着它一度想要充当的人物；但是它同样很快又摆脱了这种假象，而表露出它自己赤裸裸的平常面目，它并且表明它的赤裸裸的平常面目与真正的自我、演员以及观众是没有差别的。

当这种体现在个体形态中的本质性整个解体时，如果它的内容越是严肃、越是具有必然性意义的话，那么这种解体现象也就越富于恶作剧和辛辣的讽刺意味。神圣的实体在自身内便包含有自然的和伦理的本质性的意义。

〔1. 自然存在的本质〕　就自然事物看来，当现实的自我意识在利用自然事物来装饰自身、来修建住宅等等，并且利用自己的供品大张筵席的时候，现实的自我意识就已经表明自己是这样的一种命运：它已识破了〔自然的〕秘密，知道它和自然的独立自在性究竟是怎么一回事。在敬献面包和酒的神秘仪式里，自我意识使得这些自然事物的独立自在性以及它们的内在本质的意义一

起成为自己所有;而在喜剧里,它就意识到这种意义所包含的讽刺性。——现在就这个意义具有伦理的性质来说,一方面自然事物的本质意义就是具有国家或真正的人民(Demos)与个人的家庭生活这两个方面的民族,而另一方面它就是普遍体之自觉的纯粹知识或理性思维。——人民,即一般群众,知道自己是〔国家的〕主人和统治者,同时也知道自己的理智和见解应该受到尊重,于是他们就忘其所以,对国家施加压力,看不见自己的现实的特殊性所包含的局限;因而表现出他们自己对自己的看法与他们的直接存在,他们的必然性与偶然性、他们的普遍性与卑鄙性之间的可笑的对照或矛盾。如果从普遍性分离了的个别性原则以现实性的特有形式出现,公开地把持并管理国家(而个别性原则正是国家的隐患),那么这就更加直接地暴露出作为〔抽象〕理论的普遍体与实践有关的普遍体的对照或差异了,这也显示出直接个别性的目的摆脱普遍秩序而获得的完全解放和直接的个别性对于普遍秩序的嘲笑。①

〔2.神的抽象个体性之无本质性〕 理性的思维取消了神圣本质的偶然形态,与合唱队的无概念性的智慧(这种智慧提出了各式各样的伦理格言并且认为一大堆道德规则、特定义务和正义概念有权威性)相反,它把这些东西提高为美和善的简单理念。这个抽象的〔思维〕运动就是对包含在这些格言和规则内的辩证法意识,从而也就是对这些格言和规则以前所具有的绝对权威性的消失的

① 参看阿里斯多芬的喜剧《骑士》对当时雅典民主派领袖、典型政治煽动家克勒翁能言善辩、欺骗人民种种行径的讥刺。——译者注

明白意识。由于表象赋予那些神圣本质性的偶然的规定性和肤浅的个体性消失了，这些神圣本质性就它们的自然一面看来便只剩下它们赤裸裸的直接存在了，于是它们就成为“云”①，一种消逝着的烟雾，就像它们的那些表象一样。按照它们的被思维所规定的本质性，它们就成为美和善的简单思想，于是这些关于美、善抽象的简单思想，人们就可以用任何内容去填补。辩证知识的力量使得行为的特定格言和规则成为情欲和为情欲所引入迷途的青年的轻浮性格所任意歪曲利用，而且对于由日常琐屑生活的束缚而感到苦闷和烦恼的老年人来说，这无异于把欺骗的武器放在他们手里。美和美的纯思想因而表现出一出滑稽的戏剧：由于它们从意见中解放出来了——这意见既包含着它们在内容上的规定性，也包含着它们的绝对规定性，意识〔对它们〕的坚执，——它们就成为空虚的东西，而且正因为这样它们就变成偶然的个人意见和任性的玩物。

〔3. 确知自己即绝对本质的个别自我〕　于是前此没有意识的、持存于单纯的静止和忘记之中的、与自我意识分离的命运，在这里就和自我意识相结合了。个别的自我〔在喜剧里〕乃是一种否定的力量，由于这种力量并且在这种力量支配之下，诸神灵以及它们的各环节——特定存在着的自然和关于自然的诸规定的思想——都消失了；同时个别的自我并不是消失为空无，而是保持其自身于这种空无之中，坚持自身并且是唯一的现实性。艺术的宗

① “云”（Wolken），参看阿里斯多芬的喜剧《云》，此剧用夸张手法嘲笑苏格拉底，借以反对当时社会上利用诡辩和雄辩以取得政治权力和诉讼胜利的风气，并借用苏格拉底的口来破除传统宗教对神灵的迷信。黑格尔这里的意思是说，喜剧标志着个人意识的提高，伦理格言，神灵信仰的烟消云散，向天启宗教过渡。——译者注

教在个别的自我里完成其自身并且完善地返回到自身。由于具有自身确信的个别意识就是这种绝对力量,因而这绝对力量便失掉其为一个与一般意识相分离、相疏远的想象的东西的形式了,——就像雕像那样、也像有生命的美的形体或者像史诗的内容和悲剧中的诸较高力量与人物那样。再则,这里所达到的统一也不是崇拜和神秘仪式中不自觉的统一,而是戏剧演员本人和他所扮演的人物之融合为一,正如观众对表演给他们观赏的人物,感觉非常熟悉,就像看到他们自己在表演一样。这个自我意识所观看到的就是那原来采取本质性的形式与自我意识处于反对地位的东西,现在在他的思想、存在和行动里,却被消融了,并可以受他支配了;这是一切普遍的东西之返回到自身确信,有了这种自身确信,一切异己的东西就完全不显得可怕并失掉其独立存在,而且这种确信也是意识的一种健康状态,和自安于这种健康状态,这是在喜剧以外没有别的地方可以找到的。

三、天启宗教

通过艺术的宗教,精神便从实体的形式进展到主体的形式了;因为艺术的宗教产生出精神自己的形态并且赋予它的行动或自我意识,而自我意识只是消失在令人恐怖的实体里,在对神的简单信赖里又不能理解其自身。这种神圣本质之变成肉身从雕像开始,在雕像里只具有自我的外在形态,但自我的内在本质、它的能动性却落在它的外面。但是在崇拜的仪式里两方面就合而为一,在艺术宗教的结果里这种统一性达到了完成,同时又过渡到自我这一方面〔占优势〕；在个别意识完全回到自身确信的精神里，一切〔外在的〕本质性〔或实体性〕都沉没不见了。这个命题最足以表达这种轻松之感：自我是绝对的本质。那曾经把自我当作它的偶性的本质或实体，现在被降低为谓语了，而精神，在这种自我意识里，没有任何具有本质形式的东西与它相对立，它包含着这种对立的意识也就消失了。

〔Ⅰ.天启宗教概念的前提〕　自我是绝对本质这一命题显然是属于那非宗教的、现实的精神的；必须回忆一下，能说出这一命题的，是什么样的精神形态。这形态同时将包含把那个命题加以颠倒、把自我降低为谓语并把实体提高为主体的运动过程。这个过程必须这样来理解，即那颠倒过来的命题并不是自在地或者对我们〔研究精神现象的人〕来说，把实体转化为主体，或者换句话说，把实体加以那样的恢复，以致使得精神的意识返回到它的开端、返回到自然的宗教，而是对于自我意识来说，并且通过自我意识本身使这种颠倒成为事实。既然这个自我意识是有意识地放弃其自身，所以它就将会在它的外在化中保持其自身，并且仍然是实体的主体，但是正因为它是外在化了的东西，所以它同时具有这个实体的意识。换言之，既然自我意识由于牺牲了自己，才产生了作为主体的实体，所以这个主体仍然保持它原有的自我。试就两个命题来看，在第一命题里，主体只是消失在实体性中，而在第二命题里，则实体只是谓语，因而两方面都以相反的不同等的价值出现在每一方中，——这样得来的结果就会出现两种本性〔主体与实体〕的联合和渗透，在这种联合和渗透的情况里，两方面以同等的价值既都是同样的重要，但又只是同样作为环节。这样一来，精神既是把自身当作自己的对象性实体的意识,又同样是一种保持在自身之内的简单的自我意识。

艺术的宗教属于伦理的精神,这种精神在前面我们看到曾堕落在法权状态中,可以归结为这个命题:自我本身、抽象的个人①就是绝对的本质。在伦理生活里自我沉浸在民族精神之中,自我是充满了内容的普遍性。但是简单的个别性从这个内容里脱离出来,它的轻率意识把这种个别性纯化为个人、为抽象的普遍性的权利。在抽象的权利观念里伦理精神的实在性就丧失了,民族英雄的空无内容的精灵被集聚在一个万神殿里,——并不是集聚在一个富于形象(Vorstellung)的万神殿里,这些形象的淡薄无力的形式可以容许各人自由想象,而是集聚在抽象普遍性、纯粹思想的万神殿里,这种纯粹思想使得那些精灵无血无肉,并且给予那无精神性的自我、个别的个人以自在自为的存在。

但是这个自我,由于它是空虚的,便失掉了内容;这种意识仅仅在自身内是本质。它自己特有的定在,法律上对个人的承认,是一个没有内容的抽象物。因而它毋宁仅具有它自身的思想,或者说,由于它是在那里并且知道自身作为对象,所以它是非现实的东西。因此它只是斯多葛式的思维的独立性,而思维的独立性通过怀疑意识的运动,便发现它的真理性在那样一种被称为苦恼意识的形态里。

苦恼意识知道抽象的〔法律上的〕个人的现实价值是怎样一回

① 个人原文是 Person,译为人格、人身都不切当。抽象的个人,黑格尔用来指谓罗马帝国时期注重个人抽象的法律上的权利的那种意识形态。——译者注

事，也同样知道在纯粹思想里的抽象个人的价值是怎样一回事。它知道要求那样一种价值毋宁意味着完全丧失掉真正的价值。苦恼意识本身正是意识到了自身的这种丧失，并且放弃了关于自身的知识。——我们看到，这种苦恼意识正好构成了那自身充分快愉的喜剧意识的反面和补充。一切神圣本质都返回到喜剧意识里，换言之，喜剧意识是实体的完全外在化。反之，苦恼意识与此相反却是应该自在自为地存在的自身确信的悲剧的命运。在它的这种确信中，它是丧失了一切本质性〔一切价值和意义〕，甚至是丧失了自己关于本质性的这种自身知识的意识，——换言之，它是丧失了实体和自我〔主体〕的意识；苦恼意识是痛苦，这痛苦可以用这样一句冷酷的话来表达，即上帝已经死了。①

因此在法权状态下伦理的世界和伦理世界的宗教就消失在喜剧的意识里，而苦恼意识就是整个这种丧失的知识。苦恼意识既丧失了〔作为法权状态下的个人〕它的直接人格的自身价值，又丧失了它的间接反映在思想中的〔像斯多葛式的〕人格的价值。同样对神灵的永恒法则的信赖也消沉了，正如那指导人知道在特殊事情上如何做的神谕也沉默了一样。神灵的雕像现在变成了死尸，因为它们已经没有了有生气的灵魂，而颂神诗的歌词里已经没有了真诚的信仰。敬神的餐桌上已经没有陈设精神性的食品和饮料了，从节日和舞蹈里，人们的意识已经不能回复与神圣本质为一体的快愉的心情了。艺术的作品缺乏当初由于神灵与英雄的毁灭的

① “上帝已经死了”是黑格尔这书中的名言。现代存在主义者抓住这句话大做文章。黑格尔这里只是在表述苦恼意识这一独特意识形态有“上帝死了”的想法，并不表明他自己主张无神论。——译者注

悲剧而产生出自身确信来的那股精神力量了。它们现在就是它们为我们所看见的那样,——是已经从树上摘下来的美丽的果实:一个友好的命运把这些艺术品传递给我们就像一个少女把那些果实呈献给我们那样。这里没有它们具体存在的真实生命,没有长有这些果实的果树,没有构成它们的实体的土壤和要素,也没有决定它们的特性的气候,更没有支配它们成长过程的一年四季的变换。同样,命运把那些古代的艺术品给予我们,但却没有把它们的周围世界,没有把那些艺术品在其中开花结果的当时伦理生活的春天和夏天一并给予我们,而给予我们的只是对这种现实性的朦胧的回忆。所以我们欣赏这些艺术品的行动并不是对神灵的崇拜,通过这种崇拜我们的意识可以达到完备的并在其中得到充分满足的真理,反之,却只是外在的行动,类似从这些果实中擦去雨点,扫除灰尘,并且不去掌握那围绕着、创造着和鼓舞着伦理生活的现实性的内在因素,而去建立它们的外部存在、语言、历史等僵死因素之烦琐冗长的架格,不是为了自己生活于其中,而只是为了把它们加以表象式的陈列。但是正如那个把摘了下来的水果捧出给我们的少女超过那直接生长出水果的自然界:自然的条件和因素、树木、风雨、日光等等;因为她是在一个较高方式下通过自我意识的眼光和她呈献水果的姿态把这一切予以集中的表现;所以同样提供我们那些艺术品的命运的精神超过那个民族的伦理生活和现实;因为这精神乃是在它们那里还以外在的方式表现出来的精神在我们内心中的回忆,——它是悲剧命运的精神,这命运把所有那些个体的神灵和实体的属性集合成一个万神殿,集合成自己意识到自己作为精神的精神。

精神出现的一切条件都具备了，而这些条件的全体构成精神的成长、概念或自在存在的出现。——艺术创造的各个阶段所形成的圆圈〔或整体〕，包括了绝对实体外在化自身的各个形式。绝对实体体现在个体性的形式中是作为一件物品，作为感性意识的存在着的对象、作为纯粹的语言或者作为一种形态的变化过程，这种形态的特定存在并不越出自我之外，而只是一个纯粹消逝着的对象，——作为同在热情鼓舞中的普遍的自我意识的直接统一，并且作为在崇拜的行动里被中介了的统一，作为具有自我形象的美的形体，并且最后作为提高到了表象的实际存在，以及由这种存在扩大而成的一个世界，这世界最后被总结成为普遍性，这普遍性同样是对自身的纯粹确信。——这些形式，以及另一方面的诸形式，如个人的和权利的世界，脱离了内容的掠夺粗野意识，以及斯多葛主义的抽象思维的个人和怀疑主义意识之无休止的不安息，构成诸形态的圆圈式的整体。这些形态都企望着，拥挤着以便走进那逐渐取得自我意识的精神的周围而吸取新的生命。而浸透苦恼的自我意识一切痛苦和渴望就是它们的中心点，也是精神赖以出现的共同的分娩阵痛，——这个精神是一个包含那些形态作为它的各个环节的简单、纯粹的概念。

〔Ⅱ. 绝对宗教的简单内容：上帝化身的现实性〕　精神在它之内有着两个方面，像上面作为两个相反的命题所表明那样：一个命题说，实体外在化它自身而成为自我意识，与此相反，另一命题说，自我意识外在化它自身而成为事物性或普遍的自我。在这种方式下，两方面相互遇合，从而产生了它们的真正结合。实体的外在化、实体之变成自我意识表明了它过渡到它的反面，表明了必然性的无意识的过渡或者表明了实体潜在地就是自我意识。反之，自我意识的外在化表明了它潜在地就是普遍的本质，或者说，——因为自我是纯粹自为的存在，它在它的对方里即仍然是在它自身里，——这表明了实体之所以是自我意识，正由于，实体是精神，这是自我意识说的。因此关于这种精神，它曾经放弃了实体的形式而且以自我意识的形态取得定在，我们可以这样说——如果我们愿意引用适合于自然产生的名词的话，——精神有一个现实的母亲，但是却有一个潜在的父亲。因为现实性或自我意识和作为潜在性的实体是精神的两个环节，通过两者的相互外在化，每一方变成另一方，精神就以作为它们的统一而有其定在。

〔1. 神圣的自我意识的直接存在〕 只要自我意识仅仅片面地理解它自己的外在化，虽说它的对象因而对它来说既是存在又是自我，而且它知道一切定在都是精神的东西，然而真正的精神却还没有成为它的对象，即因为存在一般或实体本身没有从它那一方面出发同样地外在化它自身而成为自我意识。因为在那样情形下，一切定在只是从意识的立场看来才是精神的东西，而它本身并不是如此。照这样看来，精神只是一种想象的定在。这种想象即是狂诞情绪，它给自然和历史、给世界和早期宗教的神秘观念附加上另外一种不同的内心意义①，既不同于在现象上它们直接呈现给意识那样，而且特别在宗教那里，也不同于自我意识在宗教中所知道的那样，殊不知宗教乃是自我意识的宗教。但是这种意义乃

① 这是对新柏拉图主义那种妄诞的忘怀自我与神为一的神秘主义的简单评述。——译者注

是假借来的，是一件不能遮掩那赤裸裸的现象的外衣，因而不能赢得人们的信仰和尊敬，仍然不过是意识的阴沉沉的黑夜和特有的狂诞憧憬罢了。

因此，客观的东西的这种意义，如果不是单纯的想象或幻想的话，则它必须有其自在的本来的意义，这就是说，首先它必须对意识来说是从概念发生并且以必然性的方式而出现的。这样那自己认识的精神就对我们发生出来了，它是通过对直接意识的认识，或者通过对存在着的对象及其必然的运动的意识的认识而出现的。第二，这个概念，由于是直接的概念，也以直接性的形态为它的意识的对象，它自在地亦即按照概念的必然性而具有自我意识的形态，像存在或直接性（直接性就是感性意识的没有内容的对象）外在化其自身，并对意识说来成为自我那样。——但是直接的自在存在或存在着的必然性本身是和思维着的自在存在或对必然性的认识有区别的，——但这一区别同时又不存在于概念之外；因为概念的简单统一性就是直接存在本身。概念既是自身外在化的东西或被直观到的必然性之〔向主观〕转化，它也同样是在必然性内即是在自身内，并且知道并把握这必然性。——那采取自我意识形态的精神之直接的自在存在并不是别的东西，而即是现实的世界精神达到了这种关于自身的知识。然后这种知识才又进入它的意识，并且作为真理而进入它的意识。至于这情况如何发生的过程，上面已经阐述过了。

绝对精神自在地从而也就自觉地取得了自我意识的形态，——现在看来这一事实，成为世界的信仰了，精神作为一个自我意识亦即作为一个现实的人存在在那里了，精神成为直接确信的对象了,信仰的意识看到、感到和听到这个神圣性了①。这样一来,神圣性已不是幻想或想象,它是现实地在人的信仰意识中了。于是意识不再从它的内心、从思想出发,把神的思想和存在在自身内融合在一起,而是从直接当前的存在出发,并在其中认识神。——直接存在这一环节是这样地出现在概念的内容中:即,宗教的精神在一切本质性返回到意识时变成了简单的肯定的自我,正如现实的精神本身在苦恼意识里也是这种简单的有自我意识的否定性那样。特定存在着的精神的自我因而具有完全直接性的形式。它既不被认作被思维的或被表象的东西,也不被认作被产生的东西,像部分地在自然宗教里、部分地在艺术宗教里所看见的直接的自我的情形那样。反之这个神乃是通过感性直接地被直观为自我、为一个现实的个别的人;只有这样,神才是自我意识。

〔2.最高本质的概念因个别自我使得抽象性与直接性同一而达到完成〕 这种神圣本质之变成肉身,换句话说,神圣本质直接地本质上具有自我意识的形态,就是绝对宗教的简单内容。在绝对宗教里,神圣本质被认识到即是精神,换句话说,绝对宗教就是神圣本质对自己的意识,意识到自己是精神。因为精神就是在自己的外在化中对自身的认识,也是在它的异在(Anderssein)中保持与自身相等同的运动的神圣本质。但是这个本质就是实体,这是因为实体在它的偶然性里也同样返回到它自己,而不是把偶然性当成一个非本质的漠不相干的东西去对待,因而觉得自己好像处在一种异己的东西内,而毋宁是在异己的东西内即是在自身内,

① 这是指神化身为人的天启宗教——基督教的出现而言。——译者注

亦即因为实体即是主体或自我。——因此在这种宗教里神圣的本质就被启示出来了。它的被启示显然意味着它的本质是被知道了。但是它的被知道正由于它是作为精神、主要地作为自我意识这样的本质而被知道的。——当对象对意识来说是一个他物或异己的东西时，并且当意识并没有认识到那对象即是它自身时，则对意识来说，在它的对象里就存在着某种秘密的东西。当作为精神的绝对本质成为意识的对象时，这种秘密就停止其为秘密的或神秘的东西了。因为这个对象在其和意识的关系中，是作为自我而存在的；这就是说，意识在对象中直接认识到自己，或者意识在对象里启示给它自己。意识启示给它自己，只有在它自己对自身的确信里。意识的那种对象就是自我，但自我不是异己的东西而是和自身不可分离的统一，而是直接的普遍体。自我是纯概念、纯思维或自为存在。自为存在即是直接的存在因而亦即为他物的存在，并且作为这种为他物的存在，它立刻又返回到自身并存在于自身内。因此自我就是真正的和唯一的启示出来的东西。仁慈者、公正者、圣洁者、天地的创造者等等都是一个主体的谓语，都是些普遍环节，这些普遍环节都以主体为它们归宿的中心点，并且只有当意识在返回到思维时，它们才有其存在。——当它们只是被知道时，它们的根据、本质、主体本身还没有启示出来，并且同样普遍体的诸规定还不是这个普遍体本身。但主体本身，从而亦即这个纯粹普遍体，被启示为自我；因为自我正是这返回到自身的内在本质，而这内在本质直接存在在那里，并且是知道它直接存在在那里的那个自我的固有的确信。因此按照它的概念来说，它之被启示出来，就是精神的真实形态；并且唯有这个形态、概念，才是精神的本质和实体。精神是作为自我意识而被知道,并且是直接地启示给自我意识的,因为它就是自我意识本身。神的本性与人的本性是同样的东西,而现在直观到的就是这种统一性。

因此,在这里,意识,或者说,本质如何意识到它自己本身的方式,亦即本质所体现的形态,事实上与本质的自我意识是同一个东西。这个形态本身就是一个自我意识,因而它同时就是一个存在着的对象,而这个存在同样直接具有纯粹思想、绝对本质的意义。——作为一个现实的自我意识存在在那里的绝对本质,似乎是从它的永恒简单性里下降到较低的地位了,但是事实上只有那样它才第一次达到它的最高本质。因为只有当本质的概念达到它的简单的纯粹性时,它才既是绝对抽象(这绝对抽象是纯粹思维,因而亦即自我的纯粹个别性),并且由于它的简单性,又是直接的东西或存在。——所谓感性意识也正是这种纯粹的抽象;感性意识就是以存在、直接的东西为对象的一种思维。因此最低的东西同时就是最高的东西;那完全出现在表面上的启示,其中正包含着最深刻的东西。说最高的本质可以作为一个存在着的自我意识而看得见、听得到等等,事实上这就是最高本质的概念的完成;并且通过这种完成那最高本质就直接地作为真正的最高本质存在在那里(ist da)①。

① 按本书译者试把 Dasein 一字一般译成"特定存在",简称"定在",指在特定空间、时间内,有一定的质和量的存在。在这里黑格尔曾多次把 Dasein 一字拆开为"ist da"(是存在在那里)使用,足见黑格尔强调 Dasein 是特定地方的存在之意,亦即当作感性存在之意。常有人把 Dasein(定在或特定存在)误译成有必然性、现实性的"客观存在",又有人把 Dasein 译成对立统一,杂多统一,具有丰富内容、属于理性认识的"具体存在",似不了解黑格尔对 Dasein 一词的用法和确切意义。——译者注

〔3. 玄思知识是绝对宗教的社团的表象〕　这个直接存在在那里或定在不仅仅单纯是直接的意识，而同时又是宗教的意识。这种直接性不仅是不可分离地具有一个存在着的自我意识的意义，而且又具有纯粹在思维中的或绝对本质的意义。我们〔作为哲学家〕在我们的概念里所意识到的，即认存在是〔最高〕本质，也就是宗教意识所意识到的东西。存在和本质与思维（这思维直接地是特定存在）的这种统一性，固然是这种宗教意识的思想或间接知识，同样也是这种宗教意识的直接知识。因为存在和思维的这种统一性是自我意识，并且是真实存在在那里的，换言之，思维的统一性同时具有存在的统一性这种形态。因此神在这里正像它存在着那样被启示了；神存在那里正像它自在存在着那样。神作为精神存在在那里。神只有在纯粹玄思的知识里才可以达到，并且神只是在玄思知识里、只是玄思知识本身，因为神是精神；而这种玄思知识就是天启宗教的知识。玄思知识认识到神是思维或纯本质，认识到这种思维是存在、是特定存在，并且认识到特定存在是它自身的否定，从而是自我、这一个〔个别的〕和普遍的自我。天启的宗教所知道的正是这种自我。——前此世界的希望和愿望都急迫指向着这种启示进展、洞见到什么是绝对本质，并且在绝对本质中找到了这些希望和愿望的寄托。这种在绝对本质中直观到自身的欢乐情绪，在自我意识中得到实现，并且激动了整个世界。因为绝对本质是精神，它是那些纯粹〔抽象〕环节的简单运动，这运动表明了，绝对本质只有当它被直观着作为直接的自我意识时，它才被认识为精神。

自己知道自身是精神的这种精神概念本身仍然是直接的、还没有得到发展的概念。〔绝对〕本质是精神,或者说,它是显现出来了,它是启示出来了。这种最初的启示本身仍然是直接的;但是直接性同样是纯粹的间接性〔或中介性〕或思维,因此直接性必须在自己范围内阐明思维这一环节。——更确切地来考察,就可看到,精神,在自我意识的直接性中,只是这一个个别的自我意识,是和普遍性相反对的;它是一个排他性的一,它作为意识的对象而存在在那里,对意识说来是一个还在未经溶解的形式中的感性的他物。这个他物还不知道精神就是它的精神,换句话说,精神既是个别的自我,就还不是同样存在那里作为一个普遍的自我、作为一切自我。或者说,精神所采取的形态还没有概念的形式,这就是说,还没有普遍自我的形式;而这种普遍自我在它的直接现实性里,同样是〔辩证地〕被扬弃了的自我,它是思维、普遍性,而在普遍性中却又并不失掉其直接现实性。——但是这种普遍性的最初的、直接的形式还不就是思维自身的形式或作为概念的概念的形式,而乃是现实性的普遍性、个别自我的总体,和定在之提高为表象;正如一般讲来,并且为了举出一个特定的例证来表明,那经过了扬弃的感性的这一个最初只是知觉的"物",还不是知性的普遍。

因此这一个个别的人①,就是绝对本质的启示,在他身上作为个别的人,完成了感性存在的运动。它是直接当前存在的神;这样一来,他的存在就过渡到已经存在(Gewesensein)。那在感性上感到的神的当前存在的意识,便不复是正在听到神、正在看到神了。它是已经看见神,听到神了;只是因为它已经看见神,听到神,它本

① 这是指基督教中认作上帝变成肉体、绝对本质的启示的耶稣而言。——译者注

身才成为精神性意识，换言之，有如神从前作为感性的存在出现在意识前面那样，现在已是出现在精神里了。——因为那在感性上看见、听见神的意识本身只是直接的意识，它没有扬弃与对象的不同一性，没有使之返回到纯粹思维，而只是知道这一个对象性的个体是精神，但不知道它自身即是精神。在那个被知道作为绝对本质的直接定在的消逝里①，直接意识便取得它的否定的环节；精神仍然是现实性的直接的自我，不过已是作为〔宗教〕社团（Gemeinde）②的普遍的自我意识，而这普遍的自我意识是它自己固有的实体的主体，正如这实体在普遍的自我意识中是普遍主体那样。这种普遍自我意识并不单单是个别的主体，而是个别主体同宗教社团的意识在一起的，而就普遍自我意识对这个社团的关系来说，它就是个别主体的完善的全体。

但是过去和距离只是借以表达直接性方式如何被中介，或如何被设定为普遍性的不完善的形式；而直接性方式只是肤浅地被列入普遍性思维的要素内，作为感性的直接性保存在其中，并且被认作和思维的本性本身不是同一的。这只是〔从感觉〕被提高到表象范围，因为表象是感性的直接性和它的普遍性或思维的综合的〔外在〕联合。

这种表象的形式构成着规定性，通过这规定性精神意识到了它自己是在这个宗教社团之中。这种表象形式还不是达到作为概念的概念的精神的自我意识，中介的过程还没有完成。因此在存

① 这是指耶稣之死。——译者注

② Das Gemeinde 我们一致译作“社团”或“宗教社团”，实际上是指后来制度化、权威化的教会。——译者注

在与思维的这种联合里就出现了这样的缺点，即精神本质在此岸和彼岸世界上还沾染有不可调和的(Entzweiung)的形式。内容是真理的内容，但是它的各个环节在表象的范围内表达出来，便具有没有经过概念式的理解的性格，而只是表现为完全独立的外在地互相联系的各个方面。至于为了要使真的内容也对意识保持它的真的形式，那么就必须给予意识以较高的教养，把它对绝对实体的直观提高到概念，并且对它自身来说，把意识提高到自我意识的水平，像这个过程对我们〔哲学者〕说来，或自在地发生了那样。

这个内容必须按照像它存在于它的意识里那样的方式予以考察。绝对精神是内容，所以体现这内容的形态应是真理。但是它的真理不仅是宗教社团的实体或者宗教社团的自在存在，也还不仅是从这种内在性上升为表象的对象性，而是在于成为现实的自我、自己返回到自己、成为一个主体。这就是精神在它的宗教社团中所实现的运动，或者说，这就是精神的生活。因此究竟这个自身启示的精神自在自为地是什么，看来并不是通过把它在宗教社团中的丰富生活加以解开，并且把它追溯到它的原始的线索，多少有点像追溯到原始不完善的宗教社团的观念，甚或一直追溯到那个现实的人所说过的话①，就可以掌握到的。这种追溯是建筑在寻求概念解释的本能的基础上的；但是它混淆了作为第一次历史上的出现的直接定在的本源和概念的简单性。这样，把精神的生活加以贫困化，把社团的观念，以及社团对它这个观念所采取的行动一概丢掉，则所产生出来的将不是概念，而只是单纯的外在性和个

① “所说过的话”指耶稣说教的词句。——译者注

别性、直接现象的历史方式和对一个个别的臆想中的形象及其过去缺乏精神性的回忆。

〔Ⅲ.绝对宗教的概念的发展〕　精神是它的意识的内容，首先，是在纯粹实体的形式内，换言之，精神最初是它的纯粹意识的内容。〔其次，〕思维这个要素是它〔由普遍性〕下降到特定存在或个别性的运动。它们两者之间的中项就是它们的综合的联结，即转化到他物的意识，或者表象过程本身。——第三个环节是从表象和他物的回归，亦即自我意识自身这个要素。——这三个环节构成精神；精神在表象中分离开来，即由于它存在于它以一个特定的方式而存在，但这种特定性不是别的东西只是它的一个环节。因此它的实现运动就在于在它的每一个环节中亦即每一个要素中展开它自己本性的运动。由于每一个这种运动的圆圈都是自身完整的，则它的这种返回自己同时又是向另一个圆圈的过渡。表象构成纯思维和自我意识本身之间的中项，并且只是诸规定性中的一个；但同时，如已经指出的那样，表象的这种作为综合的联结的特性，散布在所有这些环节里，并且是它们的共同的规定性。

我们要加以考察的那个内容自身，已经部分地出现过作为苦恼意识和信仰的意识的表象了。但是在苦恼意识里，它具有这样的特性，即它是从意识里产生出来的并且是渴望着〔彼岸〕的内容，在这种内容里精神既得不到满足也得不到安定，因为精神的内容还不是自在存在，或者说，还不是以精神的实体作为精神的内容。反之在信仰意识里，内容是被认作世界的无自我性的本质，或者主要地被认作表象所给予的对象性内容，而表象一般是不能达到现实性的，从而也就没有自我意识的确信，这种确信由于一方面作为一种虚幻的知识，一方面作为一种纯粹的识见，是和内容相分离的。——与此相反，宗教社团的意识则以〔精神的〕内容为它的实体，而内容就是宗教社团对它自己的精神所具有的确信。

〔1. 在自身中的精神；三一体〕 精神最初被表象为在纯粹思维要素中的实体，因而它就直接是简单的、自身同一的永恒本质，但这永恒本质并没有本质的这种抽象意义，而是具有绝对精神的意义。不过精神并不是意义，也不是内在的〔本质〕，而是现实的东西。因为简单、永恒的本质，如果老停留在简单、永恒的本质的表象和名词里，则它只有按照空洞的名词说来才是精神。但是简单的本质因为是一个抽象，事实上它本身就是否定的东西，当然它是思维的否定性或自在的本质中的否定性，换言之，它是自己与自己的绝对区别或自己纯粹转化为他物。这简单的本质作为本质只是自在的或为我们而存在的。但是既然这种纯粹性正是抽象性或否定性，所以它就是自为的或者说它就是自我、概念。——这样它就是对象性的；并且由于表象把刚才所说及的概念的必然性理解为并表达为一个事变(Geschehen)，因此可以说，那永恒的本质为自己产生了一个他物。但是在这个他物内它同样直接地返回到自己；因为这区别是自身的区别，这就是说，它是直接地只是从它自身区别开，因而它就是那返回到自身的统一性。

这样就可以区分为三个环节：(1)本质的环节，(2)自为存在的环节(这一环节是本质的他物或对方、本质是为他物或对方而存在的)和(3)在他物中认识自身的环节或在他物中自为存在的环节。本质只是在它的自为存在中直观到它自身；它在这种外在化中只是在自身内；那把自己从本质排斥开的自为存在即是本质对它自身的知识；这种知识〔好像〕是说出来的话①，这话对说话人是外在化了、是脱离那说话的人了，但是同样这话立即就被听见了，并且只有这种听见自身的过程才是这话的存在。所以，当区别一经作出时，同样于作出之时，区别立刻就被消除了，并且当区别一经消除时，同样它立刻就被作出了，而真理和现实正是这种回到自身的圆圈式〔辩证〕运动。

这种在自身内的〔辩证〕运动表明了绝对本质是精神。那没有被把握为精神的绝对本质只是抽象的空虚，同样那没有被把握为这种〔圆圈式〕运动的精神也只是空话或空的名词。当精神的诸环节在它们的纯粹性里被把握住时，这些环节就是不安息的概念，这些概念只有在对方中才是它们真正的自身，并且只有在全体中才得到安息。但是宗教社团的表象意识却并不是这种概念式的思维，它所有的乃是没有思维的必然性的内容，它并不是把概念的形式，而是把父与子的自然关系带进纯粹意识的领域内。当它这样进行表象式的认识时，诚然本质也还是启示给它了，不过本质的各个环节，由于这种〔外在的〕综合的表象认识的缘故，一方面分离开来，彼此各不相干，以致它们不能够通过它们固有的概念彼此相互联系，另一方面，表象活动总是从它的这种纯粹对象往后退〔以致不能深入对象，〕只是外在地与对象相联系。对象是由一个异己的东西启示给表象意识的，并且在精神的这种思想里，表象不能认识到它自身，认识不到纯粹自我意识的本性。就表象的形式和基于

① “话”(Das Wort)在这里也含有希腊原字 logos(真理、道)的意思。——译者注

自然事物的关系而来的认识方式必须被超出而言，特别是就构成精神的运动的各个环节被当作孤立的、不可动摇的实体或主体，而不当作过渡的环节的看法必须被超出而言，则这种超出必须被看成概念的〔辩证〕逼迫，像我们前面在谈这个问题的另一方面时所曾经提到过那样；但是由于它只是本能，它错认了自己，它把内容也同形式一起予以排斥，这就无异于说，把内容降低到一个历史的形象〔或表象〕和由传统遗留下来的宝贝。在这里面所保存的只是信仰范围内的纯粹外在的东西，因而亦即一个缺乏知识内容的死东西，而信仰中的内在本质却消失了，因为内在本质将会是知道自身作为概念的概念。

〔2.外在化的精神；圣子的王国〕 那被表象为纯粹本质的绝对精神诚然不是抽象的纯粹本质，反之，后者正由于只是精神的一个环节，便被降低为精神的一个组成因素。不过在这一因素中，精神的表述过程，就形式来说，本身就具有本质作为本质所具有的同样的缺点。本质是抽象的东西，因而它就是它的简单性的否定面、一个他物；同样在〔纯粹〕本质这一因素中，精神就是简单统一性的形式，这形式也同样主要地是一个转化为他物的过程。——或者换句话说，永恒本质对它的自为存在的关系是纯粹思维之直接的简单的关系；在这种在他物中对自身的简单直观里，因而并没有设定他物本身的〔独立〕存在；这种异在是一种差别，而这种差别如在纯粹思维里那样直接又是无差别，——一种爱的承认，在爱中爱者与被爱者本质上并不是彼此对立的。那在纯粹思维因素中表达出来的精神主要地即不仅在纯思维之内，而乃是现实的，因为在它的概念内即包含着它的异在，这就是说，即包含着对纯粹的、仅仅在

思维中的概念之扬弃。

纯粹思维的因素，因为它是抽象的东西，所以本身毋宁正是它的简单性的他物〔或反面〕，因而必定要过渡到真正的表象的因素，——在这个表象因素中，纯粹概念的诸环节既各自取得一个实体性的定在彼此相互反对，同时它们又都是主体，这些主体不为第三者而彼此互不相干地存在，而是从彼此分离和彼此对立的状态中各自返回到自身。

〔(1)世界〕 因此那仅仅永恒的或抽象的精神将会变成自身的一个他物，换言之，将会进入定在并且立即进入直接的定在。它因而创造一个世界。这种创造就是用表象的语言按照概念的绝对运动去表达概念本身；或者表达这样的事实：那被表述为绝对抽象的简单的东西亦即纯思维，因为它是抽象的东西，就可以说是否定的东西，并因而是与自己相对立的东西，或者他物。——或者用另一方式来陈述同样的意思，还可以说，纯思维之所以是一个他物，是因为那被设定为本质的东西乃是简单的直接性或直接的存在，但是它作为直接性或存在，是缺乏自我的或缺乏内在性的因而就是被动的或为他物而存在的。——这个为他物的存在同时就是一个世界；那具有为他物而存在这个特性的精神就是前此包括在纯思维中的诸环节的静止的持续存在，因而也就是这些环节的简单普遍性之消除和它们之分散成它们各自的特殊性。

但是，世界并不仅仅是这样一种彼此外在地被抛掷在全体中及其外在秩序中的精神而已，毋宁相反，由于精神本质上是简单的自我，所以世界里也同样存在着自我：世界是特定存在着的精神，这种精神是具有意识并且把自身同作为他物或者世界的自身区别开来的那种个别的自我。——当这个个别的自我最初那样直接地被设定时,它还不是自为的精神;因而它就不作为精神而存在,它可以叫做天真的,但还不能严格地叫做善的。它为了在事实上成为自我和精神,它首先必须成为它自身的他物,正如那永恒的本质被表述为在它的对方〔或异在〕中与自身同一的运动那样。由于这个精神最初是被规定为直接地存在着的,或者被分散为它的各式各样的意识的,所以它的变成他物一般就是深入于自身。直接的定在转化为思想,或者说,仅仅感性的意识转化为思想的意识;而且由于这种思想是从直接性来的或者是有条件的思想,它就不是纯粹的知识,而是有着对方或异在的自身内的思想,并且因而是有善与恶的对立的自身内的思想。"人"被宗教意识加以这样神话式的表述,即:有了这样的事情发生,——这个事件的发生并不当作有必然性的,——人由于摘食了善与恶的知识之树的果子,就失掉了自身同一的形式,并且从天真意识的境界、从不待操劳就自行提供享受的自然界、从天堂中、从众多生物的园囿中被驱逐出来。

〔(2)善与恶〕 由于特定存在着的意识的这种自身深入直接在自身内引起自己的不同一,所以看来恶就成为意识自身深入的第一个特定存在了。并且因为善和恶的思想是完全对立的,而这种对立还没有消除,所以这个意识本质上只是恶的意识。但同时正由于这个对立,那反对恶的意识的善的意识也就出现了,而它们两者的相互关系也就建立起来了。——既然直接的定在转化为思想,而且,既然一方面意识的深入自身本身即是思想,而另一方面本质之变成他物这一环节,因而得到更确切的规定,所以〔意识之〕变成恶也可以进一步从外部的存在世界回溯并转移到那最初的思维领域里去。因此人们可以这样说,那光明之神的第一个儿子当他深入于自身时,便堕落了,但立刻就有另外一个儿子产生出来代替他的地位。而且,那些属于单纯的表象形式而不属于概念的形式,像"堕落"以及"儿子"等名词,也同样把概念的环节倒过来降低为表象,或者说,把表象带进到思想的领域。——即使把各式各样的别的形象〔如天使之类〕附会到永恒本质的异在(Anderssein)这一简单思想上去,并且也转而从这些形象深入自身,这也同样是无关重要的。同样这种附会必会受到称赞,因为这样一来,异在这一环节正如它应该那样,同时就可以表述为差异性(Unterschiedenheit),当然并不表述为一般的复多性(Vielheit),而乃同时表述为特定的差异性,从而一方面是简单地自己知道自己即是本质的圣子,而另一方面是个人外在化〔或放弃〕其自为存在,即放弃自己的独立存在而只知生活于对本质的颂扬中;于是就连外在化了〔放弃了〕的自为存在的重新返回以及恶之深入自身也都可以被归属于自为存在的外在化〔放弃〕这一方面去。就神圣本质的异在之分裂为二而言,则精神的诸环节,如果要加以计数的话,将可以更确切地被算作"四位一体",或者由于这个数目自身又分裂为两部分;一部分仍然保持为善,一部分成为恶,因而简直可以表述为"五位一体"。——但是对这些环节加以计数一般说来可以被看成无益之事,因为,一方面,那有区别的东西本身既只是一个单一的东西,即是说,只是关于区别的思想,而这关于区别的思想只是一个思想,同样它又是这一个特定的、与第一种有区别的东西相对立的第二种有区别的东西。但是,另一方面,计数之所以是无益之事,因为那种把多理解为一的思想必须从它的一或普遍性中分解出来,并且区别为多于三个或四个有区别的东西;这个普遍性与抽象的一、数的原则的绝对规定性对比起来,显得同数的关系本身说来,是无规定性的,从而这里所指的只是一般的数,这就是说,并不是指一定数目的区别。因此这里一般讲来纯从数目和计算着想完全是多余的,正如在别的场合下,单纯量和数的差别是没有思想性的,是无所谓的。

善与恶曾是思想所具有的确定的区别。只要它们的对立还没有消除,它们被表象为思想的本质,每一个是各自独立的,则人就是无本质的自我,并且是善与恶的定在和斗争的综合基地。但是这些善与恶的普遍力量同样隶属于自我,或者说,自我就是善与恶的实际体现。根据这一点就可得出这样的看法,正如恶不是别的,只是精神的特殊自然存在之深入自身,与此相反,善便是进入现实生活,并表现为一个特定存在着的自我意识。——在纯思维的精神里只是一般地被暗示为神圣本质的异在的〔或转化为他物〕东西,在这里,对表象说来,便更接近于它的实现。这种实现在表象看来包含在神圣本质的自我贬谪里,放弃它自己的抽象性和非现实性。那另一方面——恶的一面,便被表象当作一个异于、外在于神圣本质的事变;把神圣本质中的恶理解为上帝的愤怒,是那自身挣扎着〔以求解除自己的局限性〕的表象作用所能作的最高的、最严厉的努力,这种努力由于缺乏概念,仍然是无成果的。

于是神圣本质的异化就表明有双重的方式:(1)精神的自我和(2)精神的简单思想就是这两个环节,它们的绝对统一就是精神自身。精神的异化在于两者彼此相外,其一对于其他具有不同等的价值。这种不等同因而具有双重的特性;并且引起了两种联合,这两种联合以刚才所提到的两个环节为它们的共同环节。在一种联合里，神圣的本质被当作本质的一面，而自然的存在和自我被当作非本质的和即将被扬弃的一面。与此相反，在另外一种联合里，自为存在被当作本质的一面，而简单的神圣的本质被当作非本质的一面。两者的尚属空洞的中间环节就是一般的特定存在，亦即这两种联合中的两个环节之单纯的共同性。

〔(3)得救与和解〕　这种对立的解除并不是通过这被表象为彼此分离的、各自独立的双方的斗争即可作到。正由于它们的独立性，每一方必定自在地通过自己的概念在自身内消解自己。这个斗争最初只发生在这样的地方，在那里两方面皆停止其为思想和独立定在的混合体，而只是作为思想而相互对立着。因为在这样情况下，它们本质上只是作为特定的概念而处于对立的关系中；反之，作为独立的东西，则它们除了对立之外还有其本质性；它们的运动因而是它们自由的和自己固有的运动。双方的运动之所以都是自在的运动，这是因为这运动可以就双方和本身来加以考察，因此这种运动是从两者中被规定为自在存在着而与对方相反那一方开始。这样的运动就被认作自由的行动。但是，自在存在物的外在化的必然性即包含在这样一个概念里，那就是：自在存在物只有在对立中才获得它的规定性，正由于这样，它就没有真正的持存性。因此那没有自为存在，而以简单的东西当作本质的东西，它就必定外在化自身，走向死亡，并且通过死亡使得自己和绝对本质异化其自身，它具有自然的定在和个别自我的现实性。它的这种异在或它的感性的当前存在，就由于这第二次变为异在〔或第二个否定〕而返回到自身，并且被设定为扬弃了的、普遍的东西。这样一来，本质在它的感性的当前定在里就成为它自身；现实性的直接定在对本质已不复是异己的、外在的了，由于它是被扬弃了的、有普遍性的东西。因此这种死亡正是它作为精神的诞生。这种有自我意识的本质之扬弃了的、直接的当前存在，就是作为普遍的自我意识的本质。扬弃了的个别自我（这就是绝对本质）这一概念，因而直接地表明了前此只是停留在表象中的一个〔宗教〕社团的结构，现在作为自我返回到自身了；从而精神便从它的规定的第二个因素——表象——过渡到第三个因素——自我意识本身了。我们试再考察一下那种表象在它的进程中所采取的方式，那么我们就会首先看到表象用这样的方式说说神圣的本质具有人性。在这话里就已经说出了神和人本来就是没有分离的，正如说"在神圣本质从开始就在外在化它自身，它的定在深入自身并且成为恶"这句话里，虽并没有明说、但却包含了这样的意思，即这种恶的特定存在对神圣本质来说，本来并不是异己的东西；如果绝对本质真正地存在着一个外在于它的他物，如果它真的有所谓堕落，那么它就会只有绝对本质这个空名词。所以在自身这一环节毋宁正构成精神的自我的主要环节。——至于在自身内存在，从而亦即最初走向现实性，是属于神圣本质自身的，这对我们〔哲学者〕来说是概念，即因其对我们来说是概念，所以对表象〔或形象〕意识来说，就显得是一种不可理解的、非概念所能把握的事变。自在本性对表象意识采取了外在的漠不相干的存在的形式。但是认那两个看来互相背离的环节，绝对本质与自为存在着的自我，不是分离的这个思想，也表现在这种表象〔意识〕前面（因为表象〔意识〕具有真实内容），但这个思想只是到后来当神圣本质的外在化即神变成肉身时才表现在这一表象面前。这个表象在这种方式下还是直接的，因而还不是精神的，换言之，只是把神圣本质的人的形象看成是一个特殊的、而还不是普遍的东西，——这个表象，在这个意识看来，当它在形象化了的或取得人的形象的神圣本质重新抛弃它的直接的形象或存在，并返回到本质去的运动中时，它就成为精神的了。只有返回到自身的本质才是精神。——因此，总的讲来，神圣本质同对方的和解，特别是同对方的思想、同恶的和解，在这里就以表象的方式表述出来了。——如果按照概念的方式来表述这种神人的和解〔或统一〕的话，就应该说，神圣本质和整个自然界本来是同一的，正如自然界与神圣本质分离开只是无物那样，——当然这可以被看成非精神性的表述方式，这种表述方式必然会引起误解。既然恶与善是同一的，则恶就不是恶，而善也就不是善，毋宁两者都被扬弃了：一般的恶即在自身内（存在着）集中的自为存在，一般的善即忘我无私的简单意识。由于两者都是这样按照概念的方式表述的，所以同时也就昭示出两者的统一性；因为在自身内存在着的自为存在是简单的知识，而那无私忘我的简单意识也同样是纯粹在自身内存在着的自为存在。因此，如果必须说，善与恶，按照善与恶这个〔辩证〕概念看来，亦即按照它们不是善和恶这一点看来，它们是同一个东西，那么，同样也必须说，它们不是同一个东西，而纯全是不同的；因为简单的自为存在，或者也可以说纯粹知识，同样都是纯粹的否定性，或者是它们自身的绝对区别。只有这两个命题一起才对全体有了完成的表述，而且前一命题的断言和确说必须以不可克服的顽固性坚持它的对方〔即后一命题〕与它相对立。由于两个命题都是对的，所以两个命题都是错的，它们的错误在于把那些抽象的形式，如等同与不等同，同一性与非同一性当作某种真实的、固定的、现实的东西，并把它们当作根据。单是一方或对方都不具有真理性，真理性乃是双方的〔辩证〕运动，在这个运动里简单的同一是抽象，从而也是绝对区别，而绝对区别即自身区别、自己从自己区别开，因而就是自身同一。神圣本质一般讲来与自然，特别讲来与人性的同一性的情形也正是这样：神圣本质，就它不是本质而言，即是自然；自然，就它的本质而言，也是神圣的。但是只有在精神里，这两个抽象的方面才达到它们的真理性，即被设定为被扬弃了的环节，——这种设定是不能用判断及其无精神性的联系词"是"来表述的。同样，自然在它的本质之外是无物；但是这个无物本身同样也是有物，因有与无本身是同一的；它是绝对的抽象，因而是纯粹思维或在自身内存在，并且作为与精神统一性相反对的环节而言，它就是恶。对一般人来说，这个概念所产生的困难乃由于固执着抽象的联系词"是"，而忘记了思维〔的辩证性〕，在思维里，这两个环节既是也同样不是，——它们是一个运动，这个运动就是精神。——这种精神的统一性，或者说，其中差别只作为扬弃了的环节的这种统一性，对表象意识说来，就是上面所提到过的〔神与人的〕和解了，而且由于这种统一性是自我意识的普遍性，所以自我意识也就停止其为表象的意识了；思维的运动已通过表象而返回到自我意识了。

〔3. 在自己的充实状态中的精神；圣灵的王国〕 因此精神就被设定在第三种要素、普遍的自我意识中了；精神就是它自己的宗教社团(Gemeinde)。这个社团的运动作为自我意识的运动(而自我意识自身是和它的表象有区别的)，就是把已经成为潜在的东西

实现出来的过程。那死去了的神性的人或人性的神潜在的就是普遍的自我意识；他必须把这个潜在的普遍意识实现出来作为这种自我意识的对象。换句话说，由于自我意识构成表象所包含的对立的一个方面，亦即恶的一方面，这一方面把自然的定在和个别的自为存在当作本质，所以，恶这一方面（由于它被当作独立的一面，还没有被看成是一个环节），为了〔克服〕它的独立性起见，就必须自在自为地把它自身提高到精神的高度，或者说，就必须在它自身提高或克服恶的过程中去阐明精神的运动。

这种恶的一面的自我意识是自然的精神；自我必须从这种自然性退回到自身并深入到自身，这就是说，它必须变成恶。但是自然性已经潜在地是恶了；因此深入自身就包含着使自身深信那自然的定在就是恶。在表象意识看来，世界之变为恶和有恶的存在，是实际存在着的事实，同样，绝对本质与人之得到和解也是实际存在着的事实；但是对自我意识本身，按照形式说来，这种表象中的恶就只是一个扬弃了的环节——因为自我是一个否定的原则，——因而是一种知识，而知识乃是意识在自身内的一种纯粹活动。——同样，按照内容说来，这个否定的环节也必须得到表达。既然如上面所说，绝对本质已经自在地是同自身相和解并且是精神的统一体，在其中表象的诸部分是扬弃了的或者只是环节，所以这就表明了：表象的每一部分在这里都具有与它前此所有不相同的、相反的意义；由于这样，每一意义补充了它对方的意义，并且由于这样，内容才是一个精神的内容。既然每一方的规定性同样是它的相反的规定性，那在异在〔或对方〕中的统一性即精神的本质就完成了。正如在以前，两个相反的意义，对我们〔哲学者〕来说，或者就其本身来说，是结合着的，甚至等同与不等同、同一性与非同一性等抽象形式也是扬弃了的。

因此如果在表象意识里，自然的自我意识的内在化是实际存在着的恶，那么在自我意识范围内的内在化就是关于恶的知识作为某种自在地属于实际存在的东西。这种知识无疑地是一种变成恶的过程，不过只是变成恶的思想的过程，因而被承认为和解的第一环节。因为知识作为从自然的直接性（而自然的直接性是被认作具有恶的规定性的）返回自身，乃是对于自然的直接性的离弃和罪恶的消亡。并不是自然存在本身被意识离弃了，所离弃的乃是那同时被知道是恶的自然存在。那深入自身的直接运动也同样是一个中介运动，——它自己以自己为前提或者说它是它自己的根据；意识所以要深入自身的根据，即因为自然已经是自在地深入自身了。由于有了恶，人必须深入自身，而恶本身就是一种深入自身的过程。——正由于这样，这第一个运动本身只是直接的，或者只是它的简单的概念，因为它和它的根据是同一的东西。因此〔辩证〕运动或者向对方转化还必须在它较特殊的形式下才出现。

因此，除这种直接性外，表象意识的中介作用也是必要的。关于自然（作为精神的非真实存在）的知识，以及自我在自身内发生出来的这种普遍性自在地都是精神同它自身的和解。这种自在性，从那种未达到概念知识的自我意识看来，具有一种存在着和通过表象呈现给它的形式。因此这种把握(Begreifen)，对这种自我意识来说，还不是对于这样一种概念的抓住(Ergreifen)，这概念不仅认识到被扬弃了的自然性是普遍的，从而是同它自身相和解的，而乃是抓住了那样一种表象，在这种表象里，神圣本质通过它自己外在化的事变、通过它变成肉身的过程和它的死，它便同它自己的实际存在相和解了。——更确切点说，现在对于这种表象的抓住，表述出从前在表象形式内叫做灵魂的复活的事实，或者神圣本质的个别自我意识转变成普遍体或宗教社团的过程。——神性的人之死，作为死而言，是抽象的否定性，是这样一种运动的直接结果，这运动只是以达到自然的普遍性而告终。在精神的自我意识里，死便失掉其自然的意义，换句话说，它转化成刚才所提到的概念。于是死就从它的直接意义，就从这一个个别的人之不存在被美化成一种精神的普遍性，这精神[①]生活在它的宗教社团中，它在宗教社团中天天死去，也天天复活。

那属于表象要素的看法，即认绝对精神，作为一个个别的人，或者更确切些说，一个特殊的人，在它的特定存在里所表象的就是精神的本性，——这种基于表象的看法现在因而就转移到自我意识本身、提高到在它的异在〔或对方〕中保持着自己的知识了。所以这个自我意识实际上并没有死，并不像那个特殊的个人被表象为实际上死了那样，实际上乃是他的特殊性消亡在他的普遍性里，这就是说，消亡在他的知识里，这知识就是那自己与自己和解的本质。因此那最初先出现的表象的要素在这里就被设定为扬弃了的东西，换言之，被设定为返回到自我、返回到概念了；那在表象看来只是存在着的东西，现在转变成主体了。正由于这样，那表象因素，纯粹思维和纯粹思维中的永恒精神也不复在表象意识之外，更不在自我之外了；反之全体返回到自身的真正意义正在于包含所

① 这里所谓“精神”与基督教术语“圣灵”是一个字“Geist”。——译者注

有各环节在自身内。那为自我所抓住或掌握的中介者之死，即意味着他的对象性或他的特殊的自为存在的被扬弃，这个特殊的自为存在变成了普遍的自我意识。——另一方面，正由于这样，普遍就是自我意识，而单纯思维的纯粹的或非现实的精神就变成现实的了。中介者之死并不只是他的自然的一面或他的特殊的自为存在之死，死去的不只是脱离了本质的死躯壳，而且是神圣本质的抽象方面。因为只要他的死还没有完成〔神与人的〕和解，则这个中介者就是片面性的，他只知道把与现实性相对立的、思维的简单抽象当作本质；自我这一极端与本质还没有同等的价值；只有在精神里，自我才达到这一点。因此，被表象的这个中介者之死，同时即包含着那没有被设定为自我的神圣本质的抽象物之死。这样的死正是那感到上帝自身已经死了的苦恼意识[①]所深切感觉到的痛苦。这种沉痛的语言正表达了最内在的、简单的自我知识，也表达意识之返回到自我＝自我的黑夜的深处，这种自我同一的黑夜在它自身以外更不知道、也区别不出来任何东西。因此，这种〔痛苦的〕感觉，事实上，意味着丧失了实体，并丧失了实体与意识相对立的对象性。但是同时，这种感觉乃是实体的纯粹的主观性或对它自身的纯粹确信，而这种自身确信是实体作为对象或作为直接的、纯粹的本质所缺乏的。因此这种知识是一种精神化的过程，通过这一过程，实体变成了主体，实体的抽象和无生命性消亡了，因而它就变成现实的、简单的和普遍的自我意识了。

所以精神就是自己知道自己的精神；它知道自己；凡是是精神

① 请参看本卷第261页及译者注。——译者注

的对象的东西就存在，换言之，凡呈现在精神的表象中的就是真实的绝对的内容。这内容，我们看到，表现了精神自身。同时它不只是自我意识的内容，并且不只是自我意识的对象，而且它又是现实的精神。精神所以是现实的精神，因为它经历过它的本性的三个要素；这种自己通过自身的运动构成精神的现实性。凡是自己运动的东西，这就是精神。精神是运动的主体，同样精神也是运动自身，或者说，精神是为主体所贯穿过的实体。当我们进入宗教〔领域〕时，我们曾看到，精神这一概念是如何发展出来的，即作为一种有自身确信的精神的运动，这精神宽恕了恶，从而也同时抛弃了它自己固有简单性和生硬的不变性，换句话说，精神是：绝对对立的东西认识到自己与对方是同一的运动，而这种认识是打破两个极端之间的对立而达到的"一致"[①]——那获得神圣本质的这种启示的宗教意识直观到〔精神的〕这一概念，并且扬弃了它的自身和它所直观到的对象之间的区别；这种宗教意识由于是主体，所以也是实体，并且正因为或者只由于它是这种〔辩证〕运动，所以它本身就是精神。

不过，这种宗教社团在它的这种自我意识里还没有得到完成。一般讲来，它的内容是在表象的形式下作为它的对象，而这种宗教社团的现实的精神性，从它的表象〔形式〕到它自身的回归，都感受到二分化(Entzweiung)的侵袭，正如纯思维要素的本身也曾陷于二元化那样。这种宗教社团也没有意识到它自身的性质；它是这

---

① 这里的"一致"二字，原文作"Ja"，直译应作"是"或"是的"，是指对立面的和解，对话或统一，兹译作"一致"，使得文字较顺。俄文译本作"Да"(那里)，显然是错误的。——译者注

样一种精神性的自我意识:自己不以自己为对象,或者自己还没有发展到自己意识到自己的过程;不过就它是意识而言,它就具有曾被考察的那些表象。——我们看见,自我意识在它的最后的转折点上,有着自身内在化的过程,并且达到在自身内存在的知识;我们看见,自我意识抛弃(entäußern)它的自然定在,而达到纯粹的否定性。不过,这种否定性的肯定意义在于:这种否定性或知识的纯粹内在性,同样也是自身同一的本质,——换句话说,实体在这里已变成了绝对的自我意识,而这绝对的自我意识,在虔敬的意识看来,却是一个〔外在的〕他物。虔敬的宗教意识把知识的纯粹内在化之自在地即是绝对简单性或实体这一方面,理解为这样一种东西的表象,这东西并非按照概念看来是如此,而是当作一种外来的、异己的善良的恩赐行为。换言之,它并没有意识到,纯粹自我的这种深邃性是这样一种〔否定性的〕威力,由于这威力的作用,那抽象的本质就从它的抽象性里被拖下来,并且通过这种纯粹虔敬的力量而被提高为自我。——这样一来,自我的行动就对抽象本质保持着一种否定的意义,因为实体这一方面的外在化或放弃其自身对自我来说还是潜在的东西,而自我也同样还没有把握或理解它,换言之,没有在自我的行动本身内找到这实体或本质。——由于本质和自我的这种统一〔只是〕潜在地得到实现,所以意识对于它〔同本质〕的和解的观念也还停留在表象阶段。意识获得满足,是由于它外在地给它的纯粹否定性附加上它同本质的统一性这一肯定的意义;因而它的满足本身仍然带有一种远在彼岸与它对立的色彩。因此,它自己固有的和解,出现在它的意识内作为一个遥远的东西,作为一个在遥远的将来的东西,正如别的自我所达到的和解是表现为一个在遥远的过去的东西那样。正如那个别的神性的人只有一个潜在的父亲和一个现实的母亲，同样那普遍的神性的人、宗教社团，便以它自己特有的行动和知识为父亲，而以永恒的爱为母亲，这永恒的爱，它只是感觉到，但没有作为现实的直接的对象在它的意识内直观到。因此它的和解只是在它的内心里，但同它的意识还是分而为二的，并且它的现实性还是破碎而不完整的。那出现在它的意识中作为潜在性或纯粹中介性的一面，就是远在彼岸世界的和解；但是那出现在它的意识中作为当前现在、作为直接性和特定存在的一面，却是那还有待于神圣化的世界。当然这个世界潜在地是同〔神圣〕本质相和解的；当然神圣本质知道，它不复把对象当作自身的异化，而是当作在它的爱中与自己同一的。但是对自我意识来说，这个直接的当前存在还不具有精神的形态。这样，那宗教社团的精神，在它的直接意识里，就是与它的宗教意识相分离的；这宗教意识诚然宣称它们两者潜在地不是分离的，不过所说的不分离只是潜在的，不是实现了的，换言之，同样还没有成为绝对的自为存在。

丙(丁)、绝对知识

第八章　绝对知识

〔一、确知自己是存在的“自我”的简单内容〕

天启宗教的精神还没有克服它的意识本身,或者这样说也是一样,它的现实的自我意识还不是它的意识的对象;一般讲来,天启宗教的精神本身以及在它里面互相区别着的诸环节,都归属于表象范围并具有对象性的形式。表象的内容虽是绝对精神,不过还须进一步扬弃这种单纯的形式,或者毋宁说,因为这种形式是属于意识本身的,那么它的真理必定在意识所经历过的诸形态中显示过了。——对于意识的对象的这种克服〔或扬弃〕,不应当片面地理解,以为对象是指向自我回复的东西,而应当更确切地理解为为对象本身表明了自己对于自我说来是消逝着的东西;还应当理解为:正是自我意识的外在化建立了事物性,并且这种外在化不仅有否定的意义,而且有肯定的意义,不仅对于我们或者自在地有肯定意义,而且对于自我意识本身也有肯定意义。对象的否定或对象的自我扬弃对于自我意识所以有肯定的意义，或者说，自我意识所以认识到对象的这种虚无性，一方面，是由于它外在化它自己；因为它〔自我意识〕正是在这种外在化过程里把自身建立为对象，或者说把对象——为了自为存在的不可分割的统一——建立为它自身。另一方面，这里同时还包含另一环节，即自我意识又同样扬弃了这种外在化和对象性，并把这种外在化和对象性收回到它自身中，因而它在它的异在(Anderssein)本身里就是在它自己本身里。——这就是意识的〔辩证〕运动，而意识在这个运动里就是它的各个环节的全体。——意识必须同样按照对象的各个规定的全体去对待对象，并且按照全体规定中的每一规定去把握对象。对象的各个规定的全体使对象自在地成为精神性的东西，而对于意识来说，对象之所以成为精神性的东西，真正说来是由于意识把全体规定中的每一个别的规定都理解为自我，或者说是由于意识采取了刚才上面所说的对待各个规定的那种精神的态度。

因此，第一，对象是直接的存在或事物一般。——这相当于直接的意识；第二，对象是向对方的转化(Anderswerden)，它和意识的关系，(或为他存在和自为存在)，即受到意识规定而有了规定性(Bestimmtheit)，——这相当于知觉；第三，对象是本质或作为普遍的东西——这相当于知性。对象作为全体乃是由普遍通过规定到个别性的推论①〔推移〕或运动，以及相反地，从个别性通过扬弃了的个别性或者通过特殊规定到普遍的推论或运动。——因此，

① “推论”或三段式(der Schluß)，黑格尔在这里用来表示一个环节到另一个环节更到第三环节的推移、过渡和辩证运动。参看本卷第242页译者注。——译者注

意识依据这三个规定必定知道对象即是它自身。可是,我们这里所说的这种知识还不是关于对象的纯概念式的理解那样的知识;而是说,这种知识应当只在其发展中,或者说,应当在它的各个环节中,按其属于意识本身这一方面来加以表述,而真正的概念或纯粹知识的各个环节,则应当在意识诸形态的形式中表述出来。因而,在意识阶段中对象还没有表现为如像我们刚才所说的那样的精神性的东西;而意识对于对象的态度既不是就这种全体本身,也不是就这种全体的纯概念形式来考察它;相反,意识对待对象的态度,一方面,是把对象当作意识形态一般来看待,另一方面,是把对象当作我们集聚起来多种这样的意识形态来对待,而在这些意识形态中,对象的环节和意识态度的环节的全体,(只有当这全体消解为它的各个环节时)才能被揭示出来。

因此,就对于对象这方面的理解,像它是在意识形态中那样,只须回忆起先前那些已经出现过的意识形态就够了。——至于对象,就它是直接的,是一漠不相干的存在来说,那么,我们曾经看到,观察的理性就是在这种漠不相干的事物中寻找和发现它自己的,这就是说,观察的理性意识到它的活动也是一外在于自己的活动,正如它意识到对象只是一直接的对象一样。——我们也曾经看到,观察的理性在其最高阶段曾把它的规定表述在这样的无限判断中:我的存在是一事物。——而且还是一感性的直接的事物(如果把自我称为灵魂,那么它虽然也被表象为事物,但却是一不可见的、不可感觉到的等等的事物,因而事实上就不是直接的存在,不是人们在事物一词下所意指的那种东西)。——上述那一判断,如果直接从它的词句看来,它是无精神性的,或者宁可说它就是没有精神的东西本身。但是，按照它的概念来说，这个判断实际上是最富于精神的东西，而它的这个还没有在判断里明白出现的内在本质，正是另外两个必须予以考察的环节所要表达的。

事物就是我；在这个无限判断里事物事实上是被扬弃了；事物并不是自在的东西；事物只有在关系中，只有通过我以及它与我的关系，才有意义。——这个环节在纯粹的识见和启蒙思想中就已出现在意识之前了，事物纯全是有用的，并且只可从它们的效用性去考察它们。有教养的自我意识，经历了自身异化了的精神的世界，通过它的外在化创造了作为它自身的事物，因而，在事物中还保持着它自己，并且知道事物的非独立性，换言之，知道事物本质上只是为他的存在；或者说，如果对关系，亦即对在这里唯一构成对象的本性的东西加以完满的表述，那么，在有教养的自我意识看来，事物就是一种自为存在着的东西，有教养的自我意识，把感性确定性宣称为绝对真理，却反而把这个自为存在本身宣称为一个只是消逝着的环节，并且向它的对立面转化，即转化为听凭对方支配的为他存在的环节。

但是，对于事物的知识到此还没有完成；我们必须不仅按照存在的直接性和按照规定性来认识事物，而且也必须把事物作为本质或内在的东西，作为自我来认识。这种知识出现在道德的自我意识里面。道德的自我意识知道它的知识是绝对的本质性，或者，知道存在纯全是纯粹的意志或知识；道德的自我意识不是别的什么，它只是这个意志和知识；别的东西都只具有非本质的存在，即不是自在存在着的东西，只具有存在的空的外壳。因为道德的意识在其世界表象中把定在从自我之内排斥出去，让它暂时独立，同样它又重新把定在收回到它自己里面。最后，道德的意识，作为良心，就不再是交替地设置和颠倒定在和自我的过程了，它知道，它的特定存在本身就是它自身的这种纯粹确定性；道德的意识在行为时把自己设置在外面的对象性因素，无非就是自我关于自己的纯粹知识。

这些就是构成精神与其真正的意识相和解的各个环节；这些环节就其自身说都是个别的，唯有它们的精神的统一体才是形成这种和解的力量。但是，这些环节的最后一环必然是这个统一体本身，并且，很明显，这个统一体实际上是把一切环节都结合在自身之内的。在它的定在中确信它自己的精神，不是以别的东西而只是以这种关于自己的知识作为定在的要素；精神宣称它的所作所为都是以义务的信念为依据的，它的这种语言就是它的行为的效准，——行为是概念的简单性的第一个自在存在着的分离，又是从这种分离中的回复。前一个运动〔分离〕所以转变为第二个运动〔回复〕，是因为要求承认的因素把自己设定为关于义务的简单知识，以与差别和分裂为二(Entzweiung)相对立，而分裂为二是包含在行为本身中的，并且在这种方式下形成了铁一般的现实以与行为相对立。不过，我们在宽恕〔过恶〕中就曾看到了，这种坚硬性是如何自身消融和被抛弃了的。因此，在这里对于自我意识说来，现实既是作为直接的定在，这样除了是纯粹的知识以外，便没有别的意义；同样地，现实又是作为特定的存在或者作为关系，这样，它就是自相对立着的东西，也是一种知识，一方面是关于这个纯粹个别的自我的知识，一方面是关于作为普遍知识的那种知识。在这里同时便设定了第三环节，这个环节即普遍性或本质，对于对立双方的每一方来说，都只是被当作知识才有效；并且对立双方终于也扬弃了那还剩下的空洞的对立，而成为“我＝我”的知识；这个个别自我就是直接的纯粹的知识或普遍的知识。

因此，意识与自我意识的这种和解的成立表明来自两方面：一方面是在宗教的精神里，一方面是在意识本身里。这两方面彼此之间的区别在于：前者是自在存在形式中的和解，后者是自为存在形式中的和解。正如我们所看到那样，它们最初是彼此分离的；意识在意识诸形态借以出现在我们面前的顺序中，一方面，达到了这个顺序中的各个个别的环节，一方面，远在宗教也赋予它的对象以现实的自我意识的形态以前，就达到了各个环节的结合。这两方面的结合还没有被揭示出来；正是这个结合结束了精神的诸形态的系列；因为在这个结合中精神达到了自我认识，精神不仅知道它自在地或按其绝对的内容说是怎样的，也不仅知道它自为地按其无内容的形式说或从自我意识方面看是怎样的，而且知道它自在和自为地是怎样的。

但是，这种结合业已自在地发生了，特别是在宗教、在表象向自我意识的回复中，不过这种结合还不具有本来的形式，因为宗教这一方面是“自在”的方面，而“自在”的方面是同自我意识的运动相对立的。因此，结合〔不属于自在的方面〕而相反地属于另一方面，即自身回复的一方面，这方面在自身中就包含着它自己和它的对立面，而且不仅是自在地或以一种一般的方式，并且还是自为地或以发展了的和有差别的形式包含着它们。内容，以及具有自我意识的精神的另一方面，只要它是另一方面，它就是完满地现存着的并且被揭示出来了的；那尚未实现的结合乃是概念的简单的统一性。概念在自我意识本身这方面也已经是现存着的;但是正如在前面出现的那些形态那样,概念也和其余的那些环节一样,都是一种特殊的意识形态的形式。——因此,概念是自己确知自己的精神的形态这样一部分,这部分仍然停留在它的概念里并被称为美的灵魂(die schöne Seele)。美的灵魂即是自我确知的精神在其纯粹透明的统一性中关于它自身的知识,——即自我意识,这自我意识知道关于纯粹的在内在自身的这种纯粹知识就是精神,知道它不仅是对于神的直观,而且是神的自我直观。——由于这种概念坚持把它自己跟它的实现化对立起来,它就是片面的形态,我们既曾经看见这种片面的形态消逝为空虚的泡影也曾经看到它的肯定的外在化和前进的运动。通过这种实现化,这种无对象的自我意识的自身固执性,概念与其充实内容相对立的规定性就被扬弃了;概念的自我意识获得了普遍性的形式,而它保留下来的则是它的真实的概念或已经得到了实现的概念,也就是关于纯粹知识的知识,不过这种纯粹知识不是像义务那样的抽象的本质,而是像本质那样的知识,这一种本质知识,就是一种纯粹的自我意识,而这一种自我意识同时就是真实的对象;因为真实的对象就是自为存在着的自我。

这个概念,一方面在行动着的自身确定的精神中,另一方面在宗教中,使自己得到了实现;在后一种形态〔宗教〕中,概念获得了绝对内容作为内容,换句话说,获得了处于表象的形式中,即处于对意识说来是异在的形式中的内容。与此相反,在前一种形态〔精神〕中,形式就是自我自己,因为形式包含行动着的自身确定的精神,自我是在履行着绝对精神的生活。像我们看见的那样,这种形态就是上述简单的概念，不过这概念放弃了自己的永恒的本质，而在那里存在着或者行动着。正是在概念的纯粹性中，包含着上述简单概念的分裂为二或表现于外，因为这种纯粹性就是绝对的抽象性或否定性。同样，正是在纯粹知识本身中，具有简单概念的现实性的要素或它所包含的存在的要素，因为这种纯粹知识就是简单的直接性，而这直接性既是存在（Sein）和特定存在（Dasein），又是本质；前者是否定的思维，后者则是肯定的思维本身。最后，这个特定存在同样是从纯粹知识——正如它既是特定存在又是义务那样——回复到了自己的存在或恶的存在。这种步入自身（Insichgehen）构成概念的对立，从而是关于本质的非行动着的、非现实的纯粹知识的出现。但是，它〔纯粹知识〕出现在这种对立中，就是参加这种对立；本质的纯粹知识自在地放弃了它的简单性，因为它就是分裂为二或否定性，而分裂为二或否定性就是概念。就这种分裂为二是变成自为（Fürsichwerden）的过程而言，它就是恶；就它是自在存在而言，它就是持续的善。——现在，那最初是自在地发生的东西，同时也是为意识而发生的，而为意识的东西本身就具有二重性：它既是为意识的，又是它的自为存在或它自己的活动。因此，那已经自在地被设定了的同一个东西，现在重复地把自己既作为意识关于它自己的知识，又作为有意识的活动。每一方都为了对方而放弃了它据以出来反对对方的那种规定性的独立性。这种取消〔独立性〕的活动就是对自在地构成开端的那种概念的片面性的同一个放弃活动；不过现在这是它自己的放弃活动，正如它所放弃的概念是它自己的概念一样。——开端的那种自在的东西，作为否定性，真正说来同样是中介性的东西；因而，它现在把自己设定为它真正是的那样,而否定的东西则是每一方为了对方而有的规定性,并且自在地是自我扬弃着的东西。对立双方的一方是在自身内存在,亦即在它的个别性存在对普遍性的不等同性,另一方是在自身内存在的抽象的普遍性对自我的不等同性;前一方听任它的自为存在消亡,并且外在化自己,自己承认自己〔的局限性〕;后一方放弃它的抽象普遍性的坚硬性,并从而听任它的无生命的自我和它的不动摇的普遍性消亡;于是,前一方通过作为本质的普遍性环节补充了自己,后一方通过作为自我的普遍性补充了自己。通过行动的这种运动,精神——精神之所以是精神,只是由于它在那里存在着,由于它把它的定在提升为思想并从而提升为绝对的树立对立面的活动,并且从这种树立对立面的活动中回复自身,而这种回复正就是通过这种树立对立面的活动和在这种活动本身中进行的——就作为知识的纯粹的普遍性(这种知识就是自我意识),作为自我意识(这个自我意识就是知识的简单的统一性)而出现了。

因此,在宗教里曾经是内容或者是表象他物的一种形式的东西,在这里就是自我自己的行动,正由于概念在起着结合作用,所以内容就是自我自己的行动;因为这个概念,正如我们看到的那样,就是知道自我在自身内的行动即是一切本质性和一切特定存在的知识,就是关于这个主体即是实体的知识,和关于实体即是这种对于主体的行动的知识的知识。——我们在这里所增加的东西,一方面,只是把各个个别的环节集合起来,这些环节中的每一个就其原则来说都表现着整个精神的生命;另一方面,是在概念的形式中把概念坚持下去,其实概念的内容应该说早已在上述各个环节中被揭露了，而概念本身应该说早已出现在一种意识形态的形式中了。

〔二、科学即对自我自身的概念式的理解〕

这个最后的精神形态——这个精神赋予它的完全而真实的内容以自我的形式，从而就同时实现了它的概念，并且它在这个实现化过程里仍然保持在它的概念之中——就是绝对知识；绝对知识是在精神形态中认识着它自己的精神，换言之，是〔精神对精神自身的〕概念式的知识。真理在这里不仅自在地完全等同于确定性，而且也具有自身确定性的形态，或者说，真理是在它的特定存在中，这就是说，它是在自己知道自己本身的形式下成为能知的精神的对象。真理是这样的内容，这内容在宗教中还不等同于它的确定性。可是，当内容获得了自我的形态时，它就等同于它的确定性了。由于这样，本质自身，即概念，就成为特定存在的要素，或者，对于意识具有对象性的形式。在这种特定存在的要素中显现在意识面前的精神，或者在这里换个说法也是一样的：意识在这种要素中产生出来的精神，就是科学。

因此，这种知识的本性、各个环节和运动已经表明它就是自我意识的纯粹的自为存在；这种知识就是我，就是这个我，而不是别的我，但它同时直接地是中介了的或被扬弃了的普遍的我。——这个我具有一个内容，它把这个内容同自己区别开；因为它就是纯粹的否定性或自己分裂为二的活动；它就是意识。这个内容在其差别中本身就是我，因为内容是自身扬弃的运动，或者，是那和我同一的纯粹否定性。我在作为有差别的内容中返回到自身;而内容只是由于我在它的异在里就是在它自己那里,才得到概念式的把握。这个内容,更确定地说来,无非就是刚才说过的运动本身;因为内容就是贯穿自身而且是作为精神而自为地贯穿自身的精神,所以如此,是由于,内容在其对象性中就具有概念的形态。

至于说到这个概念的特定存在,那么,科学是不会在精神达到关于自己的这种意识以前,出现在时间和现实中的。作为知道它是什么精神,只有在精神完成了它的工作以后才会存在,而且除去在它完成它的工作的地方以外,也绝不会在别的地方存在的,它的这个工作就是:克服它的不完善的形态,促使它自己意识到它自己的本质的形态,并这样地使它的自我意识和它的意识相调和。——自在自为地存在着的精神,就它在它的各个环节中是有差别的而言,就是自为存在着的知识,就是一般的概念式知识,这样的概念式知识本身还没有达到实体,换言之,它本身还不是绝对知识。

实际上,认知着的实体先于其形式或概念形态就在那里存在着①。因为实体是还没有发展的自在存在,或者说,是在还没有展开其运动的简单性中的根据或概念,因而是内在性或还没有在那里存在着的精神的自我〔或主体〕。凡在那里存在着的东西,就是还没有发展的简单的东西和直接的东西,或者,是一般表象意识的对象。既然认识是精神的意识,而在这种意识看来,那自在地存在

① 这里所谓"在那里存在着"(ist da)和下面的"没有在那里存在着",都是指"Dasein"(定在或特定存在)而言,是表象意识的对象。——译者注

的东西，只当它是为自我的存在，是自我的存在，或者，是概念时，才是存在的，基于这个理由，认识的活动起初只具有一个贫乏的对象，跟这个对象对照起来，实体和对实体的意识是更为丰富些。实体在这种意识里是启示了的，不过这种启示事实上却是隐蔽；因为实体还是无自我的存在，而启示了的只是对它自身的确定性。因此，最初属于自我意识的只是有关实体的各个抽象的环节；但是，由于这些环节是作为纯粹的运动而继续推进自己，所以自我意识就愈益丰富其自身，一直到它从意识那里夺取了整个的实体，把实体的各个本质性的整个结构吸收到自身之内，而且——因为对待对象性的这种否定的态度同样是肯定的，是一种设定，——把实体从自身中产生出来，并从而为意识重新建立起实体。因此，在知道自己是概念的概念中，各个环节先于实现了的全体而出现，而那些环节的运动就是这个全体的形成过程。相反地，在意识中则是全体——不过是未经概念理解的全体——先于各个环节而出现。——时间是在那里存在着的并作为空洞的直观而呈现在意识面前的概念自身；所以精神必然地表现在时间中，而且只要它没有把握到它的纯粹概念，这就是说，没有把时间消灭〔扬弃〕，它就会一直表现在时间中。时间是外在的、被直观的、没有被自我所把握的纯粹的自我，是仅仅被直观的概念；在概念把握住自身时，它就扬弃它的时间形式，就对直观作概念的理解，并且就是被概念所理解了的和进行着的概念式的理解的直观。——因此，时间是作为自身尚未完成的精神的命运和必然性而出现的，而这个必然性就意味着必然使自我意识在意识里面具有的那一部分丰富起来，必然使自在存在的直接性——这是实体在意识中具有的形式——运动起来,或者反过来说:必然使被认作内在东西的自在存在、使起初是内在的那种东西实现出来和启示出来,这就是说必然促使自我意识能达到自身确定性。

基于这个理由就必须说,没有什么被认识了的东西不是在经验中的,或者同样的意思也可以表述为:没有什么被认识了的东西不是作为被感觉到的真理、作为在内心中被启示的永恒的东西、作为被信仰的神圣的东西或作为任何可以说出来的东西而出现的。因为经验正在于:内容——而内容就是精神——自在地就是实体,因而也就是意识的对象。但是,这个本身即是精神的实体,就是它变成它自在地是那个东西的过程;而且只有作为自己回复到自己的变化过程,精神自身才真正是精神。精神自在地就是运动,就是认识的运动,——就是由自在转变为自为,由实体转变为主体,由意识的对象转变为自我意识的对象,这就是说,转变为同时又被扬弃了的对象,或者转变为概念的运动。这个运动是向自己回复的圆圈,这圆圈以它的开端为前提并且只有在终点才达到开端。——因此,既然精神必然是自身内的区别过程,所以它的全体,在被直观时,就同它的简单的自我意识相对立;又因为全体是有差别的东西,所以全体本身又区别为它的被直观了的纯粹概念,时间,与内容或自在存在。实体作为主体,本身就具有最初的内在必然性,必然把自己表现为它自在地所是的那个东西,即把自己表现为精神。只有完成了的对象性的表现才同时是实体回复到自身的过程,或者是实体变成自我〔或主体〕的过程。——因而在精神没有自在地完成自己,没有把自己完成为世界精神以前,它是不能作为具有自我意识的精神而达到它的完成的。因此,宗教的内容在时间上比科学更早地表达了精神是什么，但是，唯有科学才是精神关于它自身的真知识。

推动精神关于自己的知识的形式向前开展的运动，就是精神所完成的作为现实的历史的工作。宗教的社团，就其最初是绝对精神的实体说，乃是一种粗糙的意识，这种意识的内在精神越是深刻，它就具有越野蛮的和严酷的定在，而它的蒙昧的自我对于它的本质、对于它的异己的意识内容，就要担负越来越艰苦的工作。只有意识放弃了以一种外在的、即异己的方式来扬弃异己存在（Fremdsein）的希望以后，意识（因为被扬弃的异己的方式就是向自我意识的回复）才转向它自己，转向它自己的世界和现在，才发现这世界是它的财产，从而迈出了从理智世界下降的第一步，或者毋宁说，才以现实的自我来使理智世界的抽象要素具有生命或精神。意识通过观察，一方面发现了定在是思想而且对定在有了概念式的理解，同时反过来，它在它的思维中看见了定在。[①] 当意识首先这样抽象地表述了思维与存在、抽象的本质与自我的直接统一，当它以更纯粹的方式把最初的光明本质表述为广延与存在的统一（因为广延是比光明更相似于纯粹思维的简单性），并从而使东方的实体在思想中重新苏醒[②]同时，精神却在这个抽象的统一性，这个无自我的实体性面前畏缩倒退，而坚持个体性以与实体性相对立。[③] 然而，只有当精神在教养中把个体性外在化，从而使个体性成为定在并把个体性贯穿在一切定在中，只有当精神达到

① 笛卡尔。——原编者
② 斯宾诺莎。——原编者
③ 莱布尼茨。——原编者

了效用的思想，[1]并且在绝对自由的原则下把定在理解为它的意志之后，[2]精神才把它的最内在深处的思想揭示出来，并且把本质表述为“我＝我”。[3] 但是，这个“我＝我”乃是自身返回到自身的运动；因为，既然这个等同性作为绝对否定性是绝对的差别，所以“我”的自身等同性就和这个纯粹的差别相对立，而这个差别既是纯粹的，并且对于认识自己的自我来说同时又是对象性的差别，它就必须被表述为时间，这样一来，正如从前本质曾被表述为思维与广延的统一，现在本质就应被理解为思维与时间的统一；但是，孤立的差别，听其自身不静止、不停顿的时间，反而会陷于自身崩溃；时间是广延的对象性的静止，而广延则是纯粹的自身等同性，即我。——或者可以说，我(Ich)不仅仅是自我(Das Slbst)，而且它是自我的自身等同性；不过，这个等同性是完全的和直接的自身统一性，换言之，这个主体同样是实体。实体就其自身说似乎只是空无内容的直观，或者，是对这样一种内容的直观，这个内容作为特定的内容，只会具有偶然性而没有必然性；只有当实体被设想为或被直观为绝对的统一性时，它才会被认为是“绝对”，而一切内容，就其多样性而言，都必定会在实体之外而被归入于不属于实体的反思，因为实体不是主体，不是反思自己和在自身中反思自己的东西，也就是说，实体没有被理解为精神。如果真的要谈到某种内容的话，那么情况就会是这样：一方面，内容的存在好像是为了被投到“绝对”的空虚的深渊里似的，另方面，内容好像是外在地从感性

① “启蒙主义”的原则。——原编者
② 康德。——原编者
③ 费希特。——原编者

知觉那里袭取而来的。知识仿佛是达到了事物，达到了与知识本身不同的事物，并且达到了多样性的事物的差别，不过谁也不理解，这一切是怎样和从哪里来的。①

但是，精神已向我们表明，它既不仅是自我意识退回到它的纯粹内在性里，也不是自我意识单纯地沉没到实体和它的无差别性里，而是自我的这种运动：自我外在化它自己并自己沉没到它的实体里，同样作为主体，这自我从实体〔超拔〕出来而深入到自己，并且以实体为对象和内容，而又扬弃对象性和内容的这个差别。那从直接性超拔出来的第一个反思，就是主体自身同它的实体区别开的过程，或者是概念的自身分而为二〔Entzweiung〕、纯粹自我的深入自身和变化过程。由于这个区别是"我＝我"的纯粹活动，所以概念就是特定存在的必然性和上升，这个特定存在是以实体为其本质，并且是自为地持存着的。但是，特定存在的自为地持存，乃是被设定具有特定形式或规定性的概念，因而同样是概念自身的内在运动，即概念下降到简单的实体里的运动，而实体则只有作为这种否定性和经历否定运动才成为主体。——一方面，我既无须固执自我意识的形式而与实体性和对象性的形式相对立，仿佛它害怕它的外在化似的，——精神的力量不如说正是在它的外在化中始终保持其自身等同，而且作为自在自为地存在着的东西，精神把自为存在和自在存在都同样只设定为环节；另一方面，我也不是把各种差别都抛回到"绝对"的深渊里并且宣称这些差别在绝对里都是同一的那样的一个第三者；相反，知识毋宁是好像并不活

① 谢林。——原编者

动,它只是在观察那些有差别的东西是如何在它自身中运动,和如何返回到它的统一的。

〔三、达到概念式理解的精神向着特定存在的直接性的返回〕

因此,精神在〔绝对〕知识中结束了它形成形态的运动,尽管精神在这些形态形成的过程里是同意识的已经得到[①]克服的〔主客〕差别或对立相伴随的。精神已获得了它的特定存在的纯粹要素,即概念。内容就其存在的自由而言,即是自身外在化的自我或自我知识的直接统一。这种外在化的纯粹运动,如果我们从内容方面来考察它的话,构成着内容的必然性。杂多性的内容,作为特定的内容,是在关系中而不是自在的,并且是使得它扬弃它自身的不安静,或否定性;因此,必然性或杂多性,正如自由的存在一样,也是自我〔或主体〕;而具有这种自我的形式的内容——具有这种形式的定在直接地就是思想——就是概念。因而,当精神达到概念时,它就在其生命的这种以太中展开它的定在和运动,而这就是科学。在科学中,精神运动的各个环节不再表现为各种特定的意识形态,而是由于精神的差别已经返回到了自我,它的各个环节就表现为各种特定的概念及这些概念的有机的、以自身为根据的运动。如果说在精神现象学中每一环节都是知识与真理之间的差别和差

① 按"已经得到克服",原文为 überwundene Nnterschiede,贝利的英译本和什彻特的俄译本均作"不可克服",不知有何根据,存此供参考。——译者注

别得到自身扬弃的运动，那么，相反地，科学并不包含这种差别及其扬弃，而是由于每个环节具有概念的形式，它〔概念〕就把真理的对象性形式和认识着的自我的对象性形式结合为直接的统一体。每一环节不是作为从意识或表象到自我意识以及相反地从自我意识到意识或表象的反复往来的运动而出现，而是作为纯粹的、即摆脱了它的意识中的现象的形态，即纯概念而出现，而纯概念的前进运动只是依赖于它的纯粹的规定性。相反地，一般讲来，科学的每一抽象的环节总有一个表现着精神的形态跟它相对应。正如特定存在着的精神①并不比科学更为丰富，所以同样，特定存在着的精神就其内容而言也不是更为贫乏。以意识形态的形式去认识科学的诸纯概念，这就构成它们〔纯概念〕的实在性的方面；按照这一方面，科学的本质、概念——概念在科学里是被当作为思维简单中介作用的，——就在于把这种中介过程的各个环节加以分解和拆开，并且按照内在的对立，对它们加以阐述。

科学本身内就包含着纯粹概念抛弃其自身的形式的必然性和由概念向意识过渡的必然性。因为自己知道自己的精神，正由于它把握了它自己的概念，所以才是直接的自身等同性。这种等同性就在其差别性来看，便是关于直接东西的确定性，或我们开始由以出发的感性意识。这种把自己从其自身的形式中解放出来的过程，就是最高的自由和自己对自己有了确实可靠的知识。

可是，这个外在化〔或放弃〕还是不完全的；外在化表达了自身确定性对于对象的关系，而对象正因为处在关系中，它就还没有获

① 指在历史上实际出现的特定的精神现象或意识形态。——译者注

得充分的自由。知识不仅知道自己,而且也知道它自身的否定,或自身的界限。知道自己的界限,就意味着知道牺牲自己。这种牺牲就是这样一种外在化过程,精神在这种过程中,以自由的偶然的事件的形式,表现它成为精神的变化过程①,把它的纯粹的自我直观为在它外面的时间,把它的存在同样地直观为空间。② 精神的这个最后过程,自然界,是它的活生生的直接的变化过程;自然界,外在化的精神,就其〔在时空中的〕实际存在来看,无非是永恒地放弃或外在化它的持续存在的过程和重建主体的运动。

但是,精神的变化过程的另一方面,历史,是认识着的、自身中介着的变化过程——在时间里外在化了的精神;不过,这种外在化也同样是对外在化自己本身的外在化;否定者即是对它自己本身的否定者。这个变化过程呈现一种缓慢的运动和诸多精神前后相继的系列,这是一个图画的画廊,其中每一幅画像都拥有精神的全部的财富,而运动所以如此缓慢,就是因为自我必须渗透和消化它的实体的这全部财富。因为精神的完成在于充分地知道它是什么,知道它的实体,所以这种知识就是它的深入自身过程,在这一过程里它抛弃了它的现时存在(Dasein)并把它的形态交付给回忆。精神在深入自身时曾经沉陷在它的自我意识的黑夜里,不过它的消逝了的定在是保存在这个黑夜里的;而这个被扬弃了的定在——先前有过的然而又是从知识中新产生出来的定在——是新的定在,是一个新的世界和一个新的精神形态。精神在这里必须

① “das Werden”,另有生成、变易、形成等不同译法。这里译为“变化”或“变化过程”,黑格尔这里是说精神、历史、自然都有发生发展的变化过程。——译者注

② 参阅:《小逻辑》第224节和《自然哲学》导言。——译者注

无拘束地从这种新的精神形态的直接性重新开始，并再次从直接性开始成长壮大起来，仿佛一切过去的东西对于它来说都已经丧失净尽，而且似乎它从以前各个精神的经验中什么也都没有学习到。但是，回忆（Erinnerung）[1]把经验保存下来了，并且回忆是内在本质，而且事实上是实体的更高的形式。因此，虽然这个精神看起来仿佛只是从自己出发，再次从头开始它的教养，可是它同时也是从一个更高的阶段开始。在实际存在中，这样形成起来的精神王国，构成一个前后相继的系列，在这里一个精神为另一个精神所代替，并且每一个精神都从先行的精神那里接管〔精神〕世界的王国。这种代替和接管过程的目标是“秘奥”[2]的启示，而这种“秘奥”就是**绝对概念**；因此，这种启示就是绝对概念的“秘奥”的扬弃，或者说，就是绝对概念的广延，亦即这个在自身内存在着的“我”的否定性，而这否定性就是绝对概念的外在化或实体，——而且这种启示是它〔绝对概念〕在**时间**中的体现，即是说，这个外在化是在它自身内外在化自己的，从而，这个外在化存在于它在自己的〔空间的〕广延中，也存在于它的秘奥它的自我中。**目标**、绝对知识，或知道自己为精神的精神，必须通过对各个精神形态加以回忆的道路；即回忆它们自身是怎样的和怎样完成它们的王国的组织的。对那些成系列的精神或精神形态，从它们的自由的、在偶然性的形式中表现出的特定存在方面来看，加以保存就是历史；从它们被概念式

① 德文 Erinnerung 原是“回忆”、“记忆”的意思，但 Erinnerung 在这里有“使内在化”，提高为“内在东西”的意义，黑格尔在这里是指把经验总结、提高、上升为内在的逻辑规律。——译者注

② 秘奥（die Tiefe）直译应作“深处”或“深奥”。——译者注

地理解了的组织方面来看，就是精神现象的知识的科学。两者汇合在一起，被概念式地理解了的历史，就构成绝对精神的回忆和墓地，也构成它的王座的现实性、真理性和确定性，没有这个王座，绝对精神就会是没有生命的、孤寂的东西；唯有

从这个精神王国的圣餐杯里，
他的无限性给他翻涌起泡沫。①

---

① 按这两行诗是从席勒所写《友谊》一诗摘引而来，又改动了几个字。原诗共十节，这两行诗是引的最末一节的最末两行，因比较费解，兹将这节诗全文译出如下：

伟大的世界主宰，
没有朋友，深感欠缺。
为此他就创造出诸多精神，
反映自己的幸福，以求心赏意悦
这最高的本质，不曾找到
任何东西和他品级相若。
从整个灵魂王国的圣餐杯里，
无限性给他翻涌起泡沫。

结合全节来看，可以比较明了黑格尔引用这两行诗句的意思：1. 伟大的世界主宰就是诗中所谓“最高的本质”，也就是黑格尔所谓绝对精神。2. 绝对精神、世界主宰或上帝也有缺陷，没有朋友，感到孤寂，换言之，绝对精神、上帝也有矛盾，为了解除矛盾，它不得不外在化它自己，创造一序列的精神或精神形态，这就是他所谓的“精神王国”作为它的幸福的反映。以求心赏意悦。3. 这种认上帝、世界主宰也有矛盾，也逃不出辩证法的规律，而上帝创造世界是由于自身有了矛盾和缺陷，对基督教神学的传统，真可说是离经叛道。但是，说上帝是绝对精神，说它创造和主宰的世界，是一个“精神王国”(实是资产阶级王国)，充分暴露了黑格尔的客观唯心主义。4. 在这个精神王国的海洋中(即指圣餐杯中)翻腾起一浪接一浪的波涛(即指诗句中所谓泡沫)，有矛盾发展的辩证过程，也表明黑格尔的辩证观点。5. 黑格尔把原诗句中的灵魂王国改为精神王国，是与席勒的原诗句所谓“创造出诸多精神”的意思相符合。这里精神王国就是指一序列的世界精神或精神形态的总体。从历史的保存来看，已经过去了的精神形态就是绝对精神的回忆，陈列古董存放骨灰盒的墓地；另一方面，从概念式地理解绝对精神矛盾发展无限的长河来看，还会在它面前翻腾起无限的泡沫或浪涛。——译者注

译　后　记

黑格尔:《精神现象学》下卷,同上卷一样,仍然是根据荷夫麦斯特本1952年版(Hegel: Phänomenologie des Geistes, herausgegeben von Johannes Hoffmeister, 1952, Verlag von Felix Meiner in Hamburg)翻译的。在翻译过程中,除查对荷夫麦斯特本所据以加工的较早出版的拉松(G. Lasson)版本之外,全部参考了贝利(J. B. Baillie)1932年重版的英文译本和伊波利特(J. Hyppolite)1939年初版的法文译本,有些地方还查对过什彻特(Г. Шцет)1959年的俄文译本。

这个中文译本的正文和目录中每一篇章之下用六角括弧〔　〕加入的小标题,是根据1921年的拉松本和伊波利特的法译本并参考俄译本中的小标题翻译过来的。这些小标题,虽非黑格尔著作所原有,也不都能概括标题下的全部内容,但过去编者和译者增补进去,是因为它们有助于理解各该段落的大意,所以中译本仍采用了它们,以便读者参考。

译者在一些地方为了补足原文语意,继续使用了上卷译文用过的在必要的地方略增几个字或一句话的办法。凡增补的字句,也都置于六角括弧内,以表示是译者补足的。例如"在我们〔研究现象学的人〕看来","自我〔或主体〕","自我〔或个人〕":在前一短句的六角括弧内经译者补充文字后,就表明那里所说的"我们"不是泛指一般的我们，而是确指用辩证法探讨精神现象发展的人或读者；而以下两处所谈的“自我”(Das Selbst)，也有特殊意义，前一“自我”是指与实体相对立的“主体”，后一“自我”是指与社会全体相对立的“个人”或个体。大家都知道，《精神现象学》是西方哲学史上最晦涩最难读的著作之一。虽有译者增补的字句和简单脚注，但恐怕帮助并不多。

这册下卷丙(乙)论“精神”一章，是王玖兴译、贺麟校阅的，丙(丙)论“宗教”一章是贺麟译、王玖兴校阅的，丙(丁)论“绝对精神”一章由杨祖陶译成初稿，经贺麟和王玖兴校阅和修改过的。

《精神现象学》的这个下卷译稿，原已于 1965 年 5 月完成，并交由商务印书馆编校付排，于 1966 年秋季印成校样交给译者。这次正式出版之前，我们又进行了认真的修改，增补了脚注，许多地方等于重译。

本书上卷出版后，曾有不少读者来信，对下卷的翻译出版寄予殷切希望。现在这个下卷几经反复校订终于出版，深愿不辜负读者的期望。但尽管如此，限于种种条件，仍难免有欠妥当甚或错误的地方，译者所加的脚注和六角括弧内的补足字句，也不免有欠妥当甚或错误的地方，都希望读者多加指正。

译 者

1976 年 12 月 10 日

图书在版编目(CIP)数据

精神现象学. 下卷/(德)黑格尔(Hegel,G. W. F.)著;贺麟,王玖兴译. —北京:商务印书馆,1979. 4(2024. 5 重印)
(汉译世界学术名著丛书)
ISBN 978-7-100-00567-8

Ⅰ. ①精… Ⅱ. ①黑… ②贺… ③王… Ⅲ. ①黑格尔,G. W. F.(1770～1831)—现象学 Ⅳ. ①B516.35 ②B089

中国版本图书馆 CIP 数据核字(2010)第 085313 号

汉译世界学术名著丛书
精神现象学
下 卷
〔德〕黑格尔 著
贺 麟 王玖兴 译

商 务 印 书 馆 出 版
(北京王府井大街 36 号 邮政编码 100710)
商 务 印 书 馆 发 行
北京市艺辉印刷有限公司印刷
ISBN 978-7-100-00567-8

1979 年 4 月第 1 版 开本 850×1168 1/32
2024 年 5 月北京第 17 次印刷 印张 10⅛
定价:46.00 元